Dutch for Reading Knowled

Dutch for Reading Knowledge

Christine van Baalen
EuroCollege University of Applied Sciences,
Rotterdam

Frans R. E. Blom
University of Amsterdam

Inez Hollander
University of California, Berkeley

John Benjamins Publishing Company
Amsterdam / Philadelphia

^{TM} The paper used in this publication meets the minimum requirements of the American National Standard for Information Sciences – Permanence of Paper for Printed Library Materials, ANSI z39.48-1984.

Library of Congress Cataloging-in-Publication Data

Dutch for reading knowledge / Christine van Baalen, Frans R.E. Blom, Inez Hollander.
p.   cm.
Includes bibliographical references and index.
1. Dutch language--Readers. 2. Reading comprehension. 3. Dutch language--Textbooks for foreign speakers--English. I. Blom, F.R.E. II. Hollander, Inez, 1965- III. Title.
PF117.B33   2012
439.1386'421--dc23   2012019005
ISBN 978 90 272 1196 5   (Hb; alk. paper)
ISBN 978 90 272 1197 2   (Pb; alk. paper)
ISBN 978 90 272 7356 7   (Eb)

John Benjamins Publishing Company • P.O. Box 36224 • 1020 ME Amsterdam • The Netherlands
John Benjamins North America • P.O. Box 27519 • Philadelphia PA 19118-0519 • USA

Table of contents

Acknowledgments

We wish to thank the Dutch Taalunie in The Hague, the Professional Fund for Lecturers and the European Studies program at UC Berkeley for funding the research of this book.

Students in the Dutch Studies program at UC Berkeley assisted us in giving feedback on the manuscript and gave us insights into their translation process. We hope that their desire for a reading knowledge/translation textbook for Dutch will be fulfilled by this book.

For linguistic and didactic advice as well as moral support, we were especially grateful for our colleagues from the Netherlands and the US. They are Tonya Dewey, Niko Euba, Wijnie de Groot, Chrissy Hosea, Cathie Jones, Alice van Kalsbeek, Claire Kramsch, Niklaus Largier, Jenneke Oosterhoff, Nadia Samadi and Tom Shannon.

We also want to thank the very professional staff of John Benjamins for shepherding the manuscript through its various stages of production. Kees Vaes was particularly helpful from beginning to end and we want to thank him for his faith in the manuscript and his patience when we met with unexpected bumps in the road.

Lastly, I want to thank my co-authors Christine van Baalen en Frans Blom for their endurance, support and inspiration. While working long-distance and communicating via e-mail and skype were not always ideal, I feel encouraged by the promise of this book, which fills a large gap in the Dutch for reading knowledge market.

Inez Hollander, Ph.D.
Dutch Studies, UC Berkeley

Introduction

During Dutch Studies conferences in 1998 and 2001 the subject of teaching Dutch for Reading Knowledge was a hotly debated topic.[1] More importantly, teachers of Dutch outside the Netherlands have been saying for decades that there is a pressing need for a Dutch for Reading Knowledge textbook to cater to the great many international scholars who, thus far, have not been able to penetrate deeply into archives, research texts and scholarly resources because of the language barrier.

Aside from the enormous academic legacy produced by Dutch scholars, there are also a great many Dutch-language collections and archives in and outside of the Netherlands. Because of this, Christine van Baalen writes in her article "De noodzaak van Nederlands als bronnentaal" that it has become a "moral imperative" for Dutch Studies programs abroad to develop a tool that will unlock these archival collections and scholarly resources.[2] This would involve the development of a Dutch for Reading Knowledge curriculum, but since there is no textbook, teachers of Dutch abroad have had to improvise by developing their own materials.[3] An added challenge has been that the "regular" Dutch language classes, which are offered abroad and in the Netherlands, subscribe to the communicative competency model dictated by the CEFR (The Common European Framework of Reference for Languages) guidelines. This model does not meet the specialized translation needs and does not promote the

---

1.   A reading knowledge ability in Dutch can be defined as the ability to read archival, research and scholarly texts in Dutch. This reading skill is something international scholars and researchers need to acquire if their research areas involve Netherlandic culture, history and/or science.

2.   Van Baalen, Christine. 2011. De noodzaak van Nederlands als bronnentaal in Nederlandstalige collecties in het buitenland. *Kunsttijdschrift Vlaanderen*: 49–50. To give an indication of the depth and wealth in Dutch-language archival material, Mara de Groot writes in her 2011 article that the Dutch East India Collections in Jakarta and The Hague alone amount to 10 kilometers of archival material. See: Het Internationale Nationaal Archief *Kunsttijdschrift Vlaanderen*, February 2011, <http://users.telenet.be/gerdavanfleteren/vlaanderen/inh334.htm>

3.   French, German and Spanish have offered reading knowledge books and curricula for years, and while Sugeng Riyanto, M. P. B. Manus, Andry Nurthaho and Ismarini did develop a Dutch for Reading Knowledge series in 1997 (*Bahasa Belanda, sebagai Bahasa Sumber*, Jakarta: Erasmus Taalcentrum), this book only serves Indonesian scholars who need help reading Dutch colonial sources.

intensive Dutch reading skills of international scholars who need to be able to *read* and *translate* rather than speak and write in Dutch.

To satisfy the demand for a Dutch for Reading Knowledge textbook and method, Christine van Baalen, Frans Blom and Inez Hollander began exploring the writing of such a textbook in 2009. The project was subsidized by the Institute of European Studies and the Professional Development Fund of UC Berkeley & UC-AFT, and further made possible by a generous research grant from the Dutch *Taalunie*, located in The Hague. The fact that there were three publishers interested in this manuscript was another indication that there was indeed a palpable demand for a Dutch for Reading Knowledge textbook. Van Baalen, Blom and Hollander decided to go with Amsterdam-based publisher John Benjamins for its solid reputation in Linguistics and Translation Studies, its international distribution channels and its commitment to the eBooks industry.

Unlike reading knowledge books in French, German and Spanish, which offer a wide variety of texts dealing with wide-ranging topics, the Dutch market need for a book seems to be determined by certain thematic areas in which the Netherlands has played a leading role in the world. These areas pertain to anthropology, archeology, architecture, (art-) history, astronomy, biology, design, law, linguistics, medical science, musicology, sociology, urban planning and water management. For this particular volume the following topics have been singled out: architecture and design, social issues and social legislation, (im)migration, water, (post)colonialism, and the Dutch Golden Age.

This first Dutch for Reading Knowledge textbook, which has been written for the classroom but is also suitable for self-study, is aimed at what Herman Poelman has defined as the ability "to read Dutch texts as fast as possible with the least amount of baggage."[4] In spite of challenges like a recurring "vocabulary gap" (fluent readers utilize a vocabulary which ranges between 10,000 and 100,000 words), ours is a methodology involving the use of reading strategies, grammar education, translation tips and warnings (represented in grey in this book), and vocabulary strategies which will help the student with what can be labeled as "translation shortcuts".[5] While this book offers a grammatical foundation in Dutch, it also relies on reading strategies, which

---

4. Poelman, Herman. 1999. Nederlands als bronnentaal: Leerpsychologische implicaties. *Nederlands 200 jaar later, Handelingen dertiende Colloquium Neerlandicum*: 535–546; Poelman's piece can also be found online at dbnl.org [Digitale Bibliotheek voor de Nederlandse Letteren]; see <http://www.dbnl.org/tekst/_han001199701_01/_han001199701_01_0033.php/>

5. Grabe, William. 1991. Current developments in second language research. *TESOL Quarterly*, vol. 25, No. 3: 380.

will hopefully turn the reader into a more astute strategist rather than a mere translator or reader of Dutch.

In contrast with other reading knowledge books in other languages which tend to practice straightforward translation, this book constantly forces the student to look critically at the underlying syntax of a sentence, its verb forms, the tense of its verbs, its word groups, and the etymology and/or morphology of certain words. A more sophisticated reader, who can decode a text on more than one level, will automatically be a more skillful translator and interpreter: since the 1970s researchers have pointed out that "reading is not primarily a process of picking up information from the page in a letter-by-letter, word-by-word manner [but rather] good readers use knowledge they bring to the reading and then read by predicting information, sampling the text, and confirming the prediction." As such "the reader contributes more than do the visual symbols on the page."[6]

Although strategic reading tips and exercises are offered widely in the book, it is also important to know the difference between what is called scanning and skimming. While scanning means glancing "rapidly through a text either to search for a specific piece of information (name, date) or to get an initial impression of whether the text is suitable for a given purpose," skimming is used to determine the gist of the text.[7] Both are valuable strategies, which should *precede* delving more deeply into a text.

Because Dutch and English belong to the same branch of Germanic languages, this book will rely on a comparative model in which the user will use his knowledge of English to compare and contrast and thus gain a deeper insight into the grammatical structures and morphological characteristics of Dutch. Speakers of German are at an advantage learning Dutch and although this book is targeted at an audience of beginners who have no knowledge of Dutch, it speaks for itself that the more experienced the learner is in foreign languages, the sooner he will pick up Dutch as well.

Although a good dictionary (starting with the Van Dale Dutch-English pocket edition, but ideally the two-volume Van Dale Dutch-English full edition, which one can also purchase as a CD-ROM) is a helpful, and ultimately necessary tool, it is recommended the student use the dictionary as a last resort since it stands in the way of knowledge acquired through grammatical and vocabulary reading strategies, both of which this book tries to advocate for and reinforce as pertinent reading and translation habits.[8] Our classroom experience is that students reach for the dictionary

---

6.   Grabe, 1991, 375–376.

7.   Nuttall, Christine. *Teaching Reading Skills in a Foreign Language* (Cambridge: Heinemann, 1986: 49).

8.   See <www.vandale.nl>

too soon and, as a result, start translating texts word-for-word, whereas using reading strategies *before* using a dictionary has proven to be more efficient.[9]

This book contains six chapters with six different themes and three theme-related texts per chapter. The texts are "real life" specimens, featuring Dutch discussions at an academic level. Authentic (and not "dumbed down"), these book reviews, newspaper articles and scholarly pieces are representative of the kinds of texts which students and scholars may encounter in their research. Permission to republish these texts, which do not always appear in full, have all been obtained from the authors and/or publications, and Van Baalen, Blom and Hollander want to thank Arjen Ribbens, Henny de Lange, Sandra Jongenelen, Sander Pleij, Gert Hekma, the editors of *Nederlands Dagblad*, Cor van der Heijden, Paul Scheffer, Dirk Tang, Gijsbert van Es, Paul van der Steen, Adrie van Griensven, J. A. H. G. M. Bots and Frans Blom for their generosity in lending their work for the purpose of Dutch reading knowledge practice.

The different Dutch texts in this book offer vocabulary in the following manner: in every first text, the student will be provided with an extensive vocabulary list, listing both general words and words related to a theme or specialty, like water, for example. The second text will only list theme or research-focus related words and the third text will list *no* vocabulary items at all, to imitate the kind of real-time conditions of facing an unknown text.

It should be noted that we do not rely on a foreign-language methodology based on word frequency. Because of the highly specialized jargon which readers have to work with in these texts, we teach them how to work with authentic material in which words occur which are in fact low in general frequency. In other words, frequency has no significant didactic value in this book. Whereas frequency may play a role in the earlier-mentioned communicative method, our objective has been to create a multi-level strategy for translation and not hand students a core vocabulary of, for example, the 2000 most frequent words in the Dutch language.[10]

---

9. See also Hosenfeld, Carol et al. 1981. Second language reading: A curricular sequence for teaching reading strategies. *Foreign Language Annals* 14: 415–22.

10. The following links indicate that word frequency, even in the more conventional foreign language methodologies, has not been endorsed as a trustworthy prop of overall foreign-language education. See <http://www.let.vu.nl/nl/nederlands-als-tweede-taal/ik-wil-nieuw-lesmateriaal-laten-ontwikkelen/index.asp> for methodologies based on the 2000 most frequent words in Dutch; see <http://taalschrift.org/editie/80/leer-eens-frans-met-61-woorden> (which demystifies the use of traditional frequency lists); and <http://snvt.taalunieversum.org/Taalunieversum/Woordenschat/6_2.html> (an article which questions frequency lists and advocates the inclusion of low-frequency words. Nonetheless, if one is eager to know the most frequent words in the Dutch language, one may want to resort to P. J. van der Horst's *Stijlwijzer* which gives the following breakdown: Most common words in Dutch: *de* (the), *van* (of; from), *een* (a/one), *en* (and), *het* (the), *in*

A quick word on vocabulary education is necessary: it is vital to be aware that students go through six phases when learning new vocabulary. They are:

1. preparation/warm up and activation of pre-knowledge of words because of the knowledge of other languages or words
2. guessing the semantics: deriving the meaning of a word without a dictionary
3. contextualization, if steps 1 and 2 are fruitless
4. affirming the meaning of a word, using a dictionary or consulting with the teacher
5. consolidation, attained through memorization and using the word in the proper context
6. testing

Foreign-language teachers may discover that students have a better "word recall" when words are presented (and practiced) in their so-called "word fields", which means that offering words thematically gives students a better success rate of remembering them. The fact that the texts in this book are organized thematically will hopefully lead to greater vocabulary retention and "mind mapping".

As for dictionary use, teachers may, at their own discretion, want to use extra lesson time to devote to using a Dutch-English dictionary, especially if students have never used foreign-language dictionaries before. First-time foreign-language dictionary users should be aware of conjugated verbs, as most dictionaries will give the infinitive form and not the conjugated form. Thus while regularly conjugated verbs in English and Dutch will still be traceable (i.e. *Jan opende de deur*: John opened the door > infinitive: openen (Eng: to open), the irregular verbs are obviously much harder to spot: *Jan sprak met Ellen*: John spoke with Ellen > infinitive: *spreken* (Eng: to speak). A list of irregular verbs is included in this book on p. 173 (Appendix 2), but one may also want to consult Henry Stern's *201 Dutch Verbs*.[11]

Because Dutch has fewer foreign-language roots than English, a useful exercise for students is to practice with so-called vocabulary trees to see the many derivatives of a certain word root, like the word root TROUW in the example below:

(in), *op* (on), *dat* (that), *die* (that/those/who), *voor* (for), *hij* (he), *ik* (I), *zijn* (to be/his), *was* (was), *aan* (on/to), *ook* (also). Most common nouns: *mensen* (people), *tijd* (time), *man* (man), *jaar* (year), *plaats* (place), *vrouw* (woman), *leven* (life), *dag* (day), *aantal* (number) and *werk* (work). Most common adjectives: *groot* (big), *nieuw* (new), *laatst* (last), *klein* (small), *later* (later), *lang* (long/ tall), *heel* (very). Most common verbs: *zijn* (to be), *hebben* (to have), *worden* (to become), *zullen* (will/shall), *kunnen* (can/to be able to), *moeten* (must/to have to), *zeggen* (to say), *komen* (to come) *maken* (to make/do), *doen* (to do/make). Van der Horst, P. J. *Stijlwijzer: Praktische handleiding voor leesbaar schrijven* (Den Haag: Sdu Uitgevers, 1996).

11. Stern, Henry. *201 Dutch Verbs: Fully Conjugated in All the Tenses* (New York: Barron's Educational Series, 1979).

trouwjurk (wedding dress)   betrouwbaar (trustworthy)   wantrouw (distrust)

trouwerij (wedding)   vertrouwelijk (confidential)......vertrouwd (trusted; familiar)

trouwen (to marry)   vertrouwen (to trust)

TROUW

LOYAL

FAITHFUL

In the different chapters, students will find exercises at the word level too, which will hopefully lead to a greater understanding of Dutch-English similarities, Dutch word roots as well as the meaning of certain prefixes, suffixes and compounding.

While Google Translate is widely used, caution is recommended as Google Translate does not give context or example sentences, which (better) dictionaries do use. An interesting open source Dutch-English resource can be found at <http:// nl.bab.la/woordenboek/nederlands-engels/>, which also gives an array of contexts in which a word occurs and thus offers more nuance and information than Google Translate. Naturally, it is obvious that specialized dictionaries are extremely useful (if they exist) for the different disciplines, in which a student practices his/her reading knowledge. Once one has attained some reading knowledge, it may be useful to read a Dutch book (in one's area of research) next to an existing English translation and use this exercise also as a departure point for the compilation of one's own specialized vocabulary list.

As for the English translations given in this book, please note that since students are learning to translate, they are not helped with "smooth" or "free" translations – rather, students need to see how the sentences translate and therefore we have opted for a more literal translation at times, to accommodate the learning process. That translations, as a result, may sound somewhat awkward (and "more Dutch") is not because of our own incompetence in English but because we have tried to aid the student's insight into the translation process.

Finally, there are several useful appendices in the back of the book, containing items like archival resources in the Netherlands, Flanders and elsewhere, a glossary of grammatical terms, an answer key to the different chapters, an alphabetical vocabulary list, a list of irregular verbs, a pronunciation guide, a list of Dutch numbers, a bibliography and of course an index.

Although parts of the manuscript have been reviewed by peers and students in various stages of its production, there is always room for improvement, so readers and users of this book are encouraged to contact the authors, so that they can work on improving the book in future hard copy and e-editions.

Hopefully this book will spur new directions in research and new discoveries in Dutch-language archives and (re)sources. Needless to say, Van Baalen, Blom and Hollander wish that this book may be the impetus, or at least a beginning for a broader Dutch for Reading Knowledge curriculum, and possibly even a Dutch for Reading Knowledge accreditation, inside and outside the Netherlands.

Berkeley, April 21st, 2012

Christine van Baalen
(*EuroCollege University of Applied Sciences*, Rotterdam, the Netherlands)

Frans Blom
(*University of Amsterdam*, Amsterdam, the Netherlands)

Inez Hollander
(*University of California at Berkeley*, Berkeley, USA)

Apples from the same tree?

A contrast analysis of Dutch and English

Similarities

While an English speaker may think Dutch is as alien as seeing windmills in central London, the two languages are remarkably similar, descending from the same Germanic roots. After Frisian, a language spoken in the Dutch province of Friesland, Dutch is in fact the most closely related language to English, which also explains why Dutch speakers generally pick up English much faster than they do French or Russian. On a word level this is more than obvious:

German	Dutch	English
Apfel	*appel*	apple
Tisch	*tafel*	table
weiss	*wit*	white

Beyond the lexical level, there are many other similarities too. For instance, the comparative and superlative forms are almost identical in Dutch and English in that both languages takes the -*er* suffix in the comparative and reveal an -*st*- cluster in the superlative. Compare Dutch: *groot-groter-grootst* to English: big-bigger-biggest

Notice too how English and Dutch are clear "cousins" in the irregular comparative and superlative forms of words like *goed*/good (Dutch: *goed/beter/best* and English: good/better/best).

Irregular plurals and verb forms in Dutch also show a correspondence with English. Thus Dutch: *kind* (irregular plural: *kinderen*) is similar to English: child (irregular plural: children). The Dutch verb *zwemmen* is irregular in the simple past, showing a vowel change: *zwom,* which is comparable to a similar vowel pattern in English, with "to swim" changing into "swam" in the past tense.

Regular verbs which, in English, have an -*ed* ending in the past tense, have a -*te(n)* or -*de(n)* endings in Dutch, and it is equally interesting to see that the demonstrative in English and Dutch are closely related: this/that in English is *dit/dat* and these/those is *deze/die.*

But looks can be deceiving: beware of the phenomenon called "false friends" or "false cognates"; these are words that share an etymological relationship and look the same but have acquired different meanings over time; thus the Dutch verb *willen* is certainly related to the English verb "will", but has a different meaning, notably "to want" as in *Hij wil Parijs bezoeken om het Louvre te zien*: He wants to visit Paris to see the Louvre. Likewise English *dapper* has nothing to do with Dutch *dapper* as the English word means "smart-looking; charming" whereas the Dutch counterpart means "courageous". Dutch and German share more false cognates than English and Dutch, yet a warning is in place here.

While German is also related to English, it is a little further removed from English than Dutch because it still uses case distinctions, which means that nouns receive a different article (and sometimes a different ending), depending on whether the noun is, for example, the subject (nominative case) in the sentence or the direct object (accusative case). In a case-governed language (like German and Latin), word order can be more fluid as you can tell by the endings or article of a word whether, for example, it is an indirect object (dative case) or a subject.

Because Dutch and English lost case distinctions altogether, word order tends to be more rigid, that it is to say, a native speaker of English will know that the subject always precedes the verb and the verb always precedes the object(s); English is therefore known as a S(ubject)-V(erb)-O(bject) language.[12] In Dutch, there is more variety as the object may come after the verb or before, depending on the sentence and number of verbs in the sentence. A more elaborate explanation of the different kinds of verb placement can be found below.

As a reader of Dutch texts it is important to be aware of the similarities between Dutch and English as it can help with vocabulary issues, i.e. deciphering words without using a dictionary, but it can also aid in sentence structure. A student of Dutch at UC Berkeley once noted that she saw the workings of Dutch more clearly once she imagined how Shakespeare would say it, for example, in turns of phrase like "I think not that…" (Dutch: "Ik denk niet dat…"). The truth is that Elizabethan English (considered the first form of "modern" English) had already departed from its Germanic roots, whereas Dutch at this point in time was more resistant to change and stayed more Germanic. Thus it would be more correct to say that Old English is much closer to modern Dutch than it is to modern English. This also means that this Dutch kinship with English is more apparent in Geoffrey Chaucer (1343–1400) than it is in William Shakespeare (1564–1616). Here are some lines with particularly Dutch echoes from the Prologue to Chaucer's *Canterbury Tales*:

---

12. Remnants of the genitive can still be found in Dutch in the words *'s morgens* which comes from *des morgens* and which means "in the morning"; there is also *'s ochtends* (also: in the morning), *'s middags* (in the afternoon), *'s avonds* (in the evening) and *'s nachts* (at night). The same *'s* can be found in the more old-fashioned geographical names of The Hague (*'s Gravenhage*: literally meaning "the hedge of the count") and Den Bosch (*'s Hertogenbosch*: literally meaning "the woods of the duke").

Whan that Aprille with his shoures soote
Wanneer april met zijn buien zoet
The droghte of March hath perced to the roote
De droogte van maart heeft gepord tot in de wortel
…
And small fowles maken melodye
En kleine vogels maken melodieën
That slepen all night with open ye
Die slapen de hele nacht met open ogen

It might be helpful for the reader, student and scholar alike to keep this kind of linguistic crossbreeding in mind, as it may be part of the mentioned translation shortcuts, which leads to faster interpretation and translation.

Differences (and potential challenges for English-speaking learners of Dutch)

As far as word order goes, in simple single-verb sentences Dutch seems to be, like English, an SVO-language:

e.g. *Rembrandt (S) schilderde (V) de Nachtwacht (O).*
Rembrandt (S) painted (V) the Nightwatch (O).

A more appropriate way to describe Dutch word order is the V2 principle (Verb Second).

This rule dictates that the finite verb takes the second position in the sentence. In the previous example, the finite verb *schilderde* is in second position, while the subject *Rembrandt* takes the first position.

But what happens if an adverbial group is put in first position, such as the phrase *Tussen 1639 and 1642* (between 1639 and 1642)? According to the V2 principle, the finite verb *schilderde* must come in second position, and, consequently, the subject *Rembrandt* moves to the third position:

e.g. *Tussen 1639 en 1642 / schilderde / Rembrandt / de Nachtwacht.*
[1. adverbial group / 2. finite verb / 3. subject / 4. object]
Between 1639 and 1642 Rembrandt painted the Nightwatch.

The V2 principle in Dutch, with the finite verb in second position, is a significant difference from English. When an adverbial group is placed in first position, this principle is also responsible for a switch between the positions of the subject and finite verb: this is called inversion of subject and (finite) verb, and is a very common phenomenon in Dutch.

The difference in syntax between English and Dutch is even greater in complex sentences when the verbal group consists of the finite verb and other verb forms like an infinitive or participle form. In that case, the finite verb is still in second position, but the main verb (infinitive of participle) moves to the end of the sentence or clause:

> e.g. *Rembrandt / heeft / de Nachtwacht / geschilderd.*
> [1. subject / 2. finite verb / 3. object / 4. main verb]
> Rembrandt painted the Nightwatch.[13]

The above example reveals the basic syntax of Dutch sentences. With the verb(s) in final position, and the finite verb placed in second position, Dutch could be called an SOV-language with interference from the V2 principle: SVOV. Here is another example:

> e.g. *In Nederland / heeft / hij / mooie windmolens / kunnen fotograferen.*
> [1. adverbial group / 2. finite verb / 3. subject / 4. object / 5. double infinitive]
> In the Netherlands, he was able to photograph beautiful windmills.

There is one more important difference in sentence patterns between Dutch and English and that amounts to subclause syntax. Subclauses are dependent on the main clause or sentence. Consider, for example, the sentence "Most people who live in the Netherlands, can speak English": the embedded subclause *who live in the Netherlands*, cannot stand by itself but it is dependent on the main clause, which is *Most people [...] can speak English.*

In Dutch, this sentence would read:

> *De meeste mensen die in Nederland wonen, / kunnen / Engels / spreken.*
> [1. subject   / 2. finite verb / 3. object / 4. main verb]

The main clause [*De meeste mensen [...] kunnen Engels spreken*] exhibits SOV word order again, with interference from the V2 principle (SVOV). The first position is taken by the subject (*De meeste mensen*), the second position has the finite verb *kunnen* and the main verb is placed at the end (*spreken*); as a result, the object (*Engels*) takes the position in between, as the only place that remains.

However, if we zoom in and focus on the embedded subclause (*die in Nederland wonen*), the finite verb *wonen* is to be found at the end (and not in second position). What this means is that V2 interference does not apply to syntax in subclause constructions. In fact, subclauses in Dutch are plain SOV constructions, having all verbs in one cluster at the end. Here is one more example:

---

13. Note that the Dutch perfect is often translated with the English simple past. In Chapters III and IV this will be explained in more detail.

e.g. *De Nachtwacht die Rembrandt tussen 1639 en 1642 heeft geschilderd, hangt nu in Amsterdam.*

The Nightwatch, which Rembrandt painted between 1639 and 1642, hangs in Amsterdam now.

In this construction, the finite verb of the main clause is *hangt,* taking second position (V2), after the subject group *De nachtwacht die Rembrandt tussen 1639 en 1642 heeft geschilderd* which has the first position. Within the subject group, the embedded subclause has its verbal cluster *heeft geschilderd* at the end, as the V2 principle does not get activated in subclauses.

In other words, Dutch and English share the same syntax in main clause constructions if there is only one verb. If the main clause has a more complex verbal structure, you will find the finite verb in second position and the rest of the verbs at the end. Subclauses, on the other hand, display an SOV structure, with all the verbs at the end.

Finally, there is a marked difference between Dutch and English sentence patterns in questions. Dutch does not use the English do-construction to ask a question. Instead, it marks questions by using inversion, placing the finite verb in first position, and the subject in second position. Questions, therefore, exclusively allow for changing the V2 principle into a V1 principle, while the rest of the verbs are placed at the end.

e.g. *Was / Rembrandt / in zijn atelier?*
[1. finite verb / 2. subject / 3. adverbial group]
Was Rembrandt in his studio?

Kan / Rembrandt / de belangrijkste schilder van Nederland / genoemd worden?
[1. finite verb / 2. subject / 3. nominal group / 4. remaining verbs]
Can Rembrandt be named the most important painter of the Netherlands?

Is / hij / al / naar de dokter / gegaan?
[1. finite verb / 2. subject / 3. adverbial groups / main verb at the end]
Has he gone to the doctor yet?

Woonde / Rubens / in Antwerpen?
[1. finite verb / 2. subject / 3. adverbial group]
Did Rubens live in Antwerpen?

Verb positions and related word order issues are the first thing to consider when translating a sentence. Because Dutch syntax is one of the more challenging and disorienting topics for English speakers, this topic will be revisited in various places in the book.

Needless to say, besides syntax, there are many other differences between Dutch and English, such as negation (English generally uses the *do*-verb plus *not*; Dutch uses *niet* or *geen*) or the Dutch reflexive and separable verbs (which English does not have). Also, Dutch uses adjectival endings (*-e*) where English does not, and as for the adverbial suffix *-ly* in English, Dutch does not use it at all. Another suffix to be aware of is the Dutch diminutive or the *-je* suffix of nouns, which is used to indicate that something is small: so a *huis* is a house but a *huisje* is a little house.

Since all grammatical issues will resurface in the upcoming texts and chapters, this preliminary contrast analysis will have to suffice. By being aware of the underlying grammatical rules, and syntax in particular, the reader will "warm up" to decoding the ultimate meaning of a sentence, which leads to our first translation tip, namely: grammatical analysis of the sentence should always *precede* out-of-context word-for-word checking in a dictionary.

The limits of my language mean the limits of my world.
Ludwig Wittgenstein

The greatest gift is the passion for reading. It is cheap,
it consoles, it distracts, it excites, it gives you knowledge of the world
and experience of a wide kind. It is a moral illumination.
Elizabeth Hardwick

Chapter I

Architecture and design

As early as the sixteenth century Dutch explorers, mapmakers and painters captured the world's attention with their unique vision of the world, landscapes, interiors and portraits. Some have even argued that the Dutch inclination towards the arts, which has been enhanced by what has been described as the unique quality of "Dutch light", has stimulated the visual arts to such a degree that the Dutch have continued to play a dominant role worldwide and thus have produced a high(er) number of well-known painters rather than authors or musicians: we have Rembrandt and Van Gogh, but we do not have a Shakespeare or a Mozart.

In the nineteenth and twentieth centuries, this sensitivity of the optic nerve and artistic vision continued, but influenced by the industrial revolution, modernism and postmodernism, Dutch artists also began to develop their aesthetics in the areas of industrial design and architecture.

Hendrik P. Berlage (1856–1934), who will be featured in the second text (a newspaper article from *Trouw*, one of Holland's national newspapers), is also known as the Father of Modern Architecture in the Netherlands. While his early work, which has been dubbed "Hollandse Zakelijkheid" (Dutch realism/pragmatism), shows commonalities with the brickwork architecture of Henry Hobson Richardson, his later work reveals the strong influence of American architect Frank Lloyd Wright.

Berlage forms the bridge between the traditionalists and the modernists, like the Dutch group (of painters, designers and architects) De Stijl (1917–1931). Influenced by Cubism, De Stijl strived after pure abstraction by using straight lines, squares and rectangles as well as primary colors to create a sense of spiritual harmony and order. Famous artists in the group were Theo van Doesburg, Piet Mondriaan, Bart van der Leck and Gerrit Rietveld.

In 1993, Dutch design gained great momentum once more, introducing "droog design" (Gijs Bakker and Renny Ramakers) at the furniture fair in Milan. "Droog" translates as "dry" and is, according to Ramakers, best described as a back-to-basics design, offering simplicity that has a dry sense of humor about it. In the last few years, Dutch design has also become synonymous with sustainability and green design. Both the first text and the last one in this chapter discuss the latest trends and names in design, and feature the international importance of the work of contemporary architect, Rem Koolhaas.

Text I.1   *Design is de nieuwe kunst*[14]
   by Arjen Ribbens

Verzamelaars vochten tot voor kort nog vooral om antiek meubilair. Nu stappen ze over op
5   *design. Dat wordt gezien als een goede investering.*

Milaan, 24 april. Bedlampjes van drie meter hoog, gehaakte cactussen en een Fred Flint-
stone-auto ingelegd met mozaïeksteentjes. Welkom in de wondere wereld van Marcel
Wanders. De 43-jarige designer uit Amsterdam, wereldberoemd geworden met zijn stoel
van handgeknoopt touw, had de grootste tentoonstelling van de Salone del Mobile, de
10   meubelbeurs in Milaan waar 300.000 bezoekers van over de hele wereld de nieuwste ontwikkelingen op designgebied konden bekijken.

In een oude fabriek aan de Via Tortona exposeerde Wanders enige tientallen nieuwe ontwerpen. Geen meubels die hij in opdracht van zijn vele klanten maakte, maar 'personal
15   editions', door de medewerkers van de Marcel Wanders Studio zelf vervaardigd. "Weken-
lang heb ik zitten haken, tot ik mijn handen nauwelijks meer kon bewegen", zegt Fabiana
Vidal Leão de Aquino, de Braziliaanse verkoopmanager van de ontwerpstudio.

20   Op verzoek toont Vidal de prijslijst. De reuzenbedlampjes kosten 50.000 euro per stuk,
een cactus 20.000 euro. Enorme bedragen, vindt ook de manager. Toch, zegt ze, hoeven we niet te twijfelen of haar baas wel trouw blijft aan zijn uitgangspunt om design
te democratiseren. Om haar gelijk te bewijzen loopt ze naar een kast met goudkleurige
klei-hompjes. Deze 'One Minute Sculptures' kneedt Wanders in hooguit zestig seconden
25   samen met zijn 8-jarige dochter Joy. Ze zijn al te koop vanaf 300 euro, zegt Vidal. "Voor
iedereen is dus een echte Marcel Wanders beschikbaar."

In Milaan bleek Wanders lang niet de enige ontwerper die heeft ontdekt dat de markt rijp
is voor meubels in gelimiteerde oplage. Van de Iraaks-Britse sterarchitecte Zaha Hadid
30   waren bijvoorbeeld zeker vijftien edities te koop: fruitschalen van plexiglas (vanaf 24.000
euro), een plafondlamp die licht geeft in alle kleuren van de regenboog (93.000 euro) en
verschillende meubels (prijzen tot ver boven de 70.000 euro).

Maar het waren vooral jonge ontwerpers uit Nederland die vooroplopen bij deze ont-
35   wikkeling. Naast Wanders boden zeker twintig 'Dutch designers' meubels in gelimiteerde
oplage te koop aan. Droog Design, het Amsterdamse designplatform, presenteerde van
Joris Laarman een aluminium 'bottenstoel' (van 35.000 euro, oplage: 12). Maarten Baas
had succes met zijn serie 'Sculpt', kinderlijk gevormde metalen meubelen, onder meer een
kast van 60.000 euro (oplage: 10).
40

---

14. *NRC Handelsblad*, April 24th, 2007. Internet edition: <http://vorige.nrc.nl/thema_archief_oud/
themavandedag/article1791226.ece>

Studio Job trok internationaal het meest de aandacht. Het samenwerkingsverband van Job Smeets en Nynke Tynagel had dan ook maar liefst twee grote solo-exposities. Bij de Italiaanse mozaïekfabrikant Bisazza presenteerden zij supergrote beelden van onder meer een theepot en een taartschaal. Bij de New Yorkse galeriehouder Moss acht bronzen beelden van huishoudelijke voorwerpen, van een kolenkit tot een toren van vier pannen. Nog voor 45
de opening kocht het Groninger Museum de complete serie (prijzen variërend van 24.000 tot 39.000 dollar, oplage: 5).

Meubels en designvoorwerpen gepresenteerd als kunst – de meubelbeurs van dit jaar bevestigde daarmee een trend die al enige tijd zichtbaar is. Vochten de rijken der aarde bij de 50
veilinghuizen een paar jaar geleden nog om antiek meubilair, nu doen twintigste-eeuwse meubelstukken recordprijzen. Een uit 1949 daterende glazen tafel met houten onderstel van de Italiaanse architect Carlo Mollino bracht bij Christie's onverwachts 3,8 miljoen dollar op, twintig keer de geschatte opbrengst. Bij Sotheby's in New York werd een pas twintig jaar oude aluminium divan van de Australische ontwerper Marc Newson onlangs 55
afgehamerd voor 968.000 dollar.

Vocabulary lists

It is wise to start your own vocabulary lists early, especially in those word fields which are essential to your area of expertise or study. It would be equally wise to use an alphabetical list which lists the word as it may appear in a text, plus added information such as what kind of article a noun takes, what kind of prefix a separable verb may take, or what kind of infinitive/participle the verb has. With regard to the vocabulary lists in the featured texts, a similar system will be used, that is, the nouns are listed with their definite article (*de/het*): the explanation of these articles will be forthcoming in this chapter. Verbs are given as they occur in the text with the infinitive in between brackets. The same applies to adjectives: they will be listed as they occur in the text, so with or without an e-ending. Since pluralization and adjectival endings have not been explained yet, these early vocabulary lists will be more explicit.

Vocabulary of *Design is de nieuwe kunst*

Lines:

1	nieuw-e	new
	kunst (de)	art
4	verzamelaar-s (de)	collectors
	vochten (vechten)	fought
	meubilair (het)	furniture

7	drie	three
	hoog	high
8	auto (de)	car
	wereld (de)	world
9	uit	from
	stoel (de)	chair
10	groot-ste	biggest
	tentoonstelling (de)	exhibit
11	meubelbeurs (de)	furniture fair
	bezoeker-s (de)	visitor(s)
	van	from
	hele (<heel-e)	whole; entire[15]
12	ontwikkeling-en (de)	development(s)
	bekijken	to view; to see
14	oud-e	old
	exposeerde (exposeren)	exhibited
	enig-e	some
	tientallen	tens of, mostly likely translated into "dozens of"
15	ontwerp-en (het)	designs
	in opdracht van	commissioned by
	zijn	his
	vele (<veel-e)	many
	klant-en (de)	customers
	maakte (maken)	made
	maar	but
16	vervaardigd (vervaardigen)	constructed
17	wekenlang	for weeks on end
18	bewegen	to move
	verkoopmanager (de)	sales manager
20	per stuk	per piece
21	bedrag-en (het)	amounts
22	twijfelen	to doubt
	uitgangspunt (het)	objective; starting point
23	loopt naar (lopen)	walks to
	kast (de)	cabinet
24	zestig	sixty
26	iedereen	everybody
	beschikbaar	available

---

15. *heel* most often modifies an adjective or an adverb, meaning "very", as in *dat is een heel interessante tentoonstelling*: that is a very interesting exhibit. Also common is to turn *heel* into *hele*, as in *dat is een hele interessante tentoonstelling*.

28	heeft (hebben)	has
	ontdekt (ontdekken)	discovered
29	oplage (de)	edition
30	waren (zijn)	were
	vijftien	fifteen
31	kleur-en (de)	colors
34	vooroplopen	to lead the way
35	Naast	Next to/Besides
	boden aan (aanbieden)	offered
41	trok (trekken)	drew
	aandacht (de)	attention
	samenwerkingsverband (het)	collaborative
44	beeld-en (de)	statues
45	voorwerp-en (het)	objects
	toren (de)	tower
46	kocht (kopen)	bought
50	bevestigde (bevestigen)	confirmed
	tijd (de)	time
	zichtbaar	visible
51	veilinghuis-/zen (het)	auction houses
	geleden	ago
	twintigste-eeuws-e	twentieth-century
52	tafel (de)	table
	houten	wooden
54	geschat-te	estimated
	opbrengst (de)	proceeds
56	afgehamerd (afhameren)	auctioned off

Strategic reading exercise

For the moment, read only the first two paragraphs of *Design is de nieuwe kunst*, an article that appeared in Dutch newspaper, *NRC Handelsblad*. Try not to look at the individual word meanings, but try to guess the words from the context. After reading the first two paragraphs, answer the following questions:

1. Where does this take place?
2. Can you guess what this text is about?
3. Without looking at the vocabulary list, what do you think the word *bezoekers* means (line 11)?
4. Who is Marcel Wanders?
5. What words are related to English words, or remind you of English words?

Read the rest of the text and determine whether the first two paragraphs were good indicators of what the text deals with as a whole.

Translation tip: Review per paragraph

As was already explained in the introduction, more effective foreign language readers are those who do not decipher a text word by word (like a translation machine would do) but rather line by line, and paragraph by paragraph. Try to reduce your dictionary dependency and make sure to tackle a text in larger segments, looking up maybe three or four words per paragraph.

Strategic tip
To determine the topic of the text, try to read the opening and closing paragraphs only. Organized authors will announce the topic of a text in a thesis statement in the first or second paragraph and will conclude the topic in the final paragraph.

Grammar

Indefinite article

The indefinite article (*a(n)* in English) is always *een* in Dutch. So *een ontwerper* is "a designer". Please note that *een* is also used for the number one: *een voorwerp* is 'an object', but can also mean 'one object', when distinctively spelled as *één*. The above text contained quite a few numbers and since numbers are an important part of your "core" translation knowledge, a list of the most important numbers can be found on page 193 (Appendix 5) of this book.

Definite article(s)

While English has only one definite article (*the*), Dutch has two (*de* and *het*). In Dutch a noun which is masculine or feminine pairs up with the definite article *de*:

> *de kunst* = the art
> *de verzamelaar* = the collector

When the noun is neuter, it pairs up with the definite article *het*:

> *het meubilair* = the furniture
> *het samenwerkingsverband* = the collaborative

A word of caution: *het* can also appear without a noun following it and in those cases it means "it": [...] *het waren vooral jonge ontwerpers uit Nederland die vooroplopen* (l. 34), which translates (literally) into: It was especially young designers from the Netherlands who led the way.

The vocabulary list of the above text and its nouns (which are given with their respective article, a habit worth adopting when learning new vocabulary, i.e. learn the noun *with* the article), shows that the majority of nouns take *de*. In fact, about 70% of all Dutch nouns take *de*.

Moreover, it is important to know that all plural nouns take *de,* even if they are *het*-nouns in the singular, so *het samenwerkingsverband* becomes *de samenwerkingsverbanden.*

Please also be aware that diminutives (the adding of a -*je* suffix to make something smaller) are always neuter even if the original noun is masculine or feminine. In other words, *de tafel* becomes *het tafeltje* (the little table), changing back into *de* in the plural again: *de tafeltjes* (the little tables).

Demonstratives

The selection of the right demonstrative (*this/that; these/those* in English) depends on whether a noun is a *de* or a *het*-word. Accordingly, *het* corresponds with *dit* or *dat*: *dit samenwerkingsverband, dat meubilair,* whereas *de,* on the other hand, corresponds with *deze* or *die*: *deze kunst, die verzamelaar.*

Because all *het*-words change into *de*-words in the plural, remember that the only possible demonstrative for the plural is *deze* (these) and/or *die* (those). In a table, it looks like this:

definite article	plural	demonstrative	plural demonstrative
de	de	deze/die	deze/die
het	de	dit/dat	deze/die

Translation warning: Some other uses of *die* and *dat*

Watch out, for *die* and *dat* may not always be demonstratives, but can also serve as relative pronouns as is manifested in the following examples from the above text:

(a) *Geen meubels die hij in opdracht van zijn vele klanten maakte, maar 'personal editions.'* (ll. 15–16)
Not [so much] pieces of furniture, which he made, commissioned by his many customers, but "personal editions".

(b) *…een plafondlamp die licht geeft in alle kleuren van de regenboog.* (l. 31)
…a ceiling lamp which emits light in all the colors of the rainbow.

In addition, *die* is often used in spoken language and colloquial usage as a replacement of the personal pronoun *hij* (he) or *zij/ze* (they); notice, for instance, how in the next example, *die* is used to refer back to *they*, i.e. *verzamelaars* (collectors).

(c)   '*Met een gelimiteerde editie maak ik het aantrekkelijk voor verzamelaars.*
Die denken: blij dat ik er één van de acht heb.'
"With a limited edition I make it attractive for collectors. They think: [I am] happy that I have one of the eight."

Dat can also take the guise of a subordinating conjunction with verbs like thinking (*denken*), saying (*zeggen*), believing (*geloven*), knowing (*weten*), understanding (*begrijpen*) etc. For example:

(d)   *In Milaan bleek Wanders niet de enige ontwerper die heeft ontdekt dat de markt rijp is voor meubels in gelimiteerde oplage.*   (ll. 28–29)
It seemed that in Milan Wanders was not the only designer who had discovered that the market was ready for limited-edition furniture.

Finally, *dit* and *dat* (and *het*) can be used pronominally which means that it can be followed by a plural form of the verb. In English you cannot do this, so you will have to translate it differently. For example:

(e)   *Dat zijn leuke kinderen.*
They are nice children.

(f)   *Het zijn dure meubels.*
Those are expensive pieces of furniture.

(g)   *Dit zijn de mooiste schilderijen die ik ooit gezien heb.*
These are the prettiest paintings I have ever seen.

Grammar exercise: Demonstratives
Explore the above text and try to identify all the different uses of *deze, die, dit* and *dat*. Check your answers with the answers in the back of the book, on p. 199.

Nouns: Pluralization into -en and -s

Whereas the English plural takes an -*s* suffix (one tree, two trees), Dutch plurals have either the -*s* suffix or the -*en* suffix. The selection for either suffix depends on both the lexical nature of the noun and on the last or last two letters. For now, it is sufficient to recognize the pluralization mechanism. To use two examples from the above text, in lines 4 and 7 we see an -*s* pluralization: *verzamelaar-s* and an -*en* pluralization: *cactus-sen*.

Translation warning: Words ending in -*en*

Like plural nouns, Dutch infinitives and plural forms of finite verbs also end in -*en*, so a word that ends in -*en* could either be a plural noun, an infinitive or plural verb form. Using an example sentence from the text (ll. 11–12), you will see one plural with an -*s* suffix (*bezoeker-s*), one with an -*en* suffix (*ontwikkeling-en*) and two words ending in -*en*, which are not plurals but the plural past tense of *kunnen* (*konden*) and the infinitive *bekijken*:

> [...] *waar 300.000* bezoekers *van over de hele wereld de nieuwste* ontwikkelingen *op designgebied* konden bekijken:

> [...] where 300,000 visitors from all over the world could view the newest developments in the area of design.

Once again, relying on the context will be essential in determining whether a word ending in -*en* is a plural noun or a verb.

Nouns: Pluralization into -*s* or *'s*

While many nouns end in -*en* in the plural, an attached -*s* or the *'s* is also a common plural noun ending in Dutch. For example when a word ends in:

(1) -*el, -em, -en, -er, -je*, the noun receives an attached -*s* (like English):[16]
   een tafel, drie tafels (one table, three tables)
   een bezem, tien bezems (one broom, ten brooms)
   een toren, zes torens (one tower, six towers)
   een ontwerper, vijf ontwerpers (one designer, five designers)

Note: Most new words in Dutch, such as English loanwords, exhibit the attached -*s* too in plurals: *een computer, vier computers* (one computer, four computers).
   Finally, the noun has an *'s* suffix in the plural when the word ends in the following vowels:

(2) -*a, -i, -o, -u, -y*: *drama-drama's, ski-ski's, auto-auto's* (car, cars), *paraplu- paraplu's* (umbrellas), and *baby- baby's*

---

16. The dash represents a consonant; thus while it is *tafels*, when you make a plural of the word *stoel* (chair), you get *stoelen*.

Some spelling changes need to be taken into account when forming plurals in Dutch; this is important to know because when a word is looked up in the dictionary, the singular rather than the plural form of the word will be listed:

a. long or double vowels like *aa, oo, uu* etc. drop one vowel in the root of the word when combined with the *-en* plural ending: e.g. *raam-ramen* (window(s)), *boot-boten* (boat(s)), *meer-meren* (lake(s)).

b. conversely, words with single short vowels in the singular (and root of the word) double the last consonant to keep the vowel short in the plural, e.g. *kip-kippen* (chicken(s)), *mes-messen* (knife/knives).

c. the *s/z* interchange, i.e. with words ending in *-s*; the *-s* changes into an intervocalic *-z* when the plural suffix *-en* is added: *huis-huizen* (house(s)), *kaas-kazen* (cheese(s)).

d. there is also an *f/v* interchange, that is to say with words ending in *-f*, the *-f* changes into an intervocalic *-v* in the plural, e.g. *brief-brieven* (letter(s)), *neef-neven* (nephew(s)).

e. words ending in *-ee* or *-ie* often receive the regular plural suffix *-en* too, but to aid pronunciation, a dieresis (ë) is placed over the last *-e*: *zee-zeeën* (sea(s)), *democratie – democratieën* (democracy/cies). A brief guide to Dutch pronunciation can be found on page 179 (Appendix 3).

f. loanwords from Greek and Latin can either take a Dutch plural (*-en* or *-s*) or can take a more Latin-sounding plural (*-a*, for example), so *museum* can be *museums* or *musea*, *datum* (date) can be *datums* or *data*, *catalogus* (catalogue) can be *catalogussen* or *catalogi*.

g. nouns ending in *-heid* (these nouns are usually abstract in meaning), obtain a *-heden* suffix in the plural, i.e. *verantwoordelijkheid* (responsibility) becomes *verantwoordelijkheden* in the plural. Likewise *ijdelheid* (vanity) becomes *ijdelheden* in the plural.

h. just like English irregular plurals (children, mice etc.), we also have a few irregular plurals in Dutch such as *ei-eieren* (egg(s)), *stad-steden* (city/cities), *schip-schepen* (ships(s)), *kind-kinderen* (child(ren)).

Lastly, there are a few nouns with a short vowel that do **not** double the consonant in the plural formation (see b). These are exceptions but as some of these frequent words may be part of your core vocabulary, examples of these plurals are given here:

dag-dagen [day(s)] (and *not* as one might expect when following the spelling rule: **daggen*), *god-goden* (god(s)), *hertog-hertogen* (duke(s)), *hof-hoven* (court(s) or garden(s)), *oorlog-oorlogen* (war(s)), *slag-slagen* (battle(s)), *weg-wegen* (road(s)), *gebrek-gebreken* (failing(s)), *verbod-verboden* (prohibition(s)) and *verdrag-verdragen* (treaty/treaties).

Grammar exercise: Plurals

Return to the first five paragraphs of *Design is de nieuwe kunst*, find the plurals and identify possible spelling rules; determine what the singular form of the plural might be.

Next, underline the words which have the singular form and try to form plurals, with the correct spelling rule in place. Answers can be found on pp. 199–200.

Text I.2   *Berlage krijgt zijn nieuwe Jachthuis weer terug*[17]
        by Henny de Lange

Jachthuis Sint Hubertus in het Nationale Park De Hoge Veluwe wordt gerestaureerd. Het   5
moet weer het 'totaalkunstwerk' worden dat architect Berlage voor ogen stond.

Opvallend klein is de bedstee waarin Helene Kröller-Müller sliep als ze in het Jachthuis Sint Hubertus in het Nationale Park De Hoge Veluwe verbleef. Eigenlijk verwacht je niet dat ze zo klein van stuk was – slechts 1.52 m – gelet op haar reputatie van een dame met   10
een ijzeren wil. Zelfs de beroemde architect Berlage die diverse gebouwen ontwierp voor de steenrijke Kröller-Müllers, waaronder het Jachthuis Hubertus op hun landgoed De Hoge Veluwe, was niet opgewassen tegen haar. Toen Helene Kröller-Müller een serre wilde aan haar zitkamer, kwam die er, ook al was Berlage daar faliekant op tegen omdat deze uitbouw de symmetrie van het jachthuis doorbrak. Dit conflict was voor Berlage ook   15
een breekpunt: na zes jaar voor het echtpaar te hebben gewerkt tegen een jaarsalaris van 14.000 gulden (omgerekend komt dat nu neer op 350.000 euro), was hij de tirannieke bemoeizucht van Helene zo zat, dat hij een punt zette achter de samenwerking.

Als je ronddwaalt door het bijna honderd jaar oude jachthuis, krijg je het gevoel dat   20
Helene Kröller-Müller (1869–1939) elk moment kan opduiken, al was het maar om bezoekers die stiekem een laatje opentrekken van een kast, bestraffend toe te spreken. Op haar kaptafel liggen de haarborstels en kammetjes strak in het gelid. De sprei is zonder één rimpeltje glad over haar kleine bed getrokken. Het echtpaar Kröller-Müller had, zoals veel rijke mensen in die tijd, gescheiden slaapkamers. Daarbij valt meteen op dat het bed van   25
de heer des huizes zeer royaal van formaat is, zowel in lengte als breedte.

Het is fascinerend om rond te lopen door het jachthuis, waar het hele jaar door rondleidingen worden gegeven. Deze winter leiden die ook naar de kelders, die normaal niet toegankelijk zijn voor het publiek. Daar liggen nog allerlei bouwmaterialen die over zijn   30
gebleven van de bouw. Die komen misschien nog goed van pas, vertelt architect Maarten

---

17. *Trouw*, January 6th, 2010. Internet edition: <http://www.trouw.nl/tr/nl/4324/nieuws/archief/article/detail/1578881/2010/01/06/Berlage-krijgt-zijn-Jachthuis-weer-terug.dhtml>

Fritz. Hij kreeg onlangs de opdracht voor de restauratie van het jachthuis, dat tussen 1916 en 1920 werd gebouwd en nu dringend toe is aan een grote opknapbeurt. Fritz won de door de Rijksgebouwendienst uitgeschreven architectenselectie met een plan, dat de sa-
35   menhang tussen architectuur, inrichting, tuin en landschap zoals Berlage die voor ogen stond, weer volledig zal herstellen.

Berlage ontwierp het Jachthuis Sint Hubertus als een Gesamtkunstwerk. Hij bedacht niet alleen het exterieur van het gebouw, maar ook de inrichting compleet met meubilair,
40   vloerkleden en wanddecoraties. Zelfs het serviesgoed tot en met de theelepeltjes toe zijn een ontwerp van Berlage. Ook het omringende park met vijvers en de oude toegangswe- gen ontstonden op de tekentafel van de Amsterdamse architect. Dat maakt het jachthuis ook in cultuurhistorisch opzicht bijzonder: van Berlage zijn verder geen ontwerpen van landhuis inclusief tuin- en parkaanleg bekend. […]
45

Een gemakkelijke klus wordt de renovatie van het jachthuis niet, vertelt architect Fritz, omdat alle (inmiddels verouderde en onveilige) installaties zijn weggewerkt achter de wanden en vloeren van geglazuurde bakstenen. Die kun je niet zomaar verwijderen. De architect heeft inmiddels alle tekeningen van Berlage en oude foto's van het gebouw be-
50   studeerd. Het is een zwaar en duister gebouw, zegt de architect. "Ruimtelijk is het niet één van de toppers van Berlage." De hal is de enige hoge ruimte, de andere vertrekken hebben allemaal een relatief laag plafond en kleine ramen, waardoor het geheel nogal somber overkomt. Het was dus niet zo vreemd dat Helene Kröller-Müller erop stond dat er een serre aan haar zitkamer werd gebouwd.

Vocabulary of *Berlage krijgt zijn Jachthuis weer terug*

Lines:

8	klein	small
11	gebouwen (het)	buildings
	ontwierp (ontwerpen)	designed
25	slaapkamers (de)	bedrooms
26	lengte (de)	length
	breedte (de)	width
29	kelders (de)	cellars
30	bouwmaterialen (het)	building material(s)
32	opdracht (de)	assignment
33	opknapbeurt (de)	facelift; renovation
35	samenhang (de)	coherence
36	herstellen	to restore
41	ontwerp (het)	design
42	toegangswegen (de)	access roads
	ontstonden (ontstaan)	came into being

43	geen	no
44	bekend	known
47	weggewerkt (wegwerken)	removed (from view)
	achter	behind
48	bakstenen (de)	brick
49	tekeningen (de)	drawings
50	zwaar	heavy
	Ruimtelijk	Spatially
51	vertrekken (het)	rooms
52	plafond (het)	ceiling
	ramen (het)	windows

Strategic reading exercise

For the text *Berlage krijgt zijn Jachthuis weer terug*, a vocabulary list, with words relating to architecture, is given above. By merely looking at this list, what can you predict about the text? In a class context you can discuss this with your fellow students.

1. When translating the title, can you guess what the text is about?
2. The first four paragraphs describe the house; in the last paragraph the architect, who is in charge of the renovations, points out some of the renovation challenges. What are some of these and what does he use to be as faithful as possible to the original architecture and design of the place? Try to do this by paraphrasing rather than translating.

Translation warning: Guessing versus "blanking"

In the various strategic exercises that are offered in this book, you are encouraged to use guessing as a tool, but we must add a warning here, as guessing can also take a translation in the wrong direction. Putting blanks in for words that are not known may be a safer way to go, as these words may be revealed as the context emerges while translating. Look, for instance, at the following examples where students guessed in translation (a) and (b) and, while guessing, completely derailed the translation, whereas the more experienced student/reader in (c) blanked out the words and thus left more of the original meaning intact:

> *In hun pijlkokers steken wel 20 of 30 pijlen allemaal bestreken met gif.*
>
> a.   In their prisons are about 20 or 30 prisoners altogether stricken with grief.
> b.   In their pillboxes they stock 20 or 30 pills all of which are bound with twine.
> c.   In their _____ there are 20 or 30 _____ all covered in poison.

Correct translation: "In their quivers 20 or 30 arrows are shoved/inserted, all of them covered in poison." Clearly translation (c) is much closer to the correct translation, so the safer bet is "to blank" rather than guess.

Grammar: Personal pronouns

Below you see an overview of the subject form of the personal pronoun:

Singular	English	Plural	English
1. *ik*	I	1. *wij/ we*	we
2. *jij/je*[18]	you	2. *jullie*	you
<u>*u*</u>	you (formal)	*u*	you (formal)
3. *hij*	he	3. *zij/ze*	they
zij/ze	she		
het	it		
men	one[19]		

Note that *zij/ze* can be *she* or *they*, for example: *zij deed dat* versus *zij deden dat* (she did that versus they did that). Use context (especially the agreement with finite verb) to determine which pronoun is used.

In terms of frequency in texts, the third person singular (*hij/zij/ze/het*) and plural (*zij/ze*) are most common. If one looks at the Berlage text for example, one can see that *zij* (i.e. Helene), *hij* (i.e. Berlage) and *het* occur most often.

Possessive form of the personal pronoun

Singular	English	Plural	English
1. *mijn*	my	1. *ons*	our (for *het*-nouns); *onze* (for *de*-nouns)
2. *jouw/je*	your	2. *jullie*	your
uw	your (formal)	*uw*	your (formal)
3. *zijn*	his	3. *hun*	their
haar	her		

In less formal writing (and written dialogue) the possessive *mijn* is sometimes written as *m'n* (mine) and *zijn* as *z'n* (his) and *haar* as *d'r* (her). Since reading knowledge requires recognition of words rather than active use, it is recommended that all these pronouns are learned by heart (Dutch-English), as if they were new vocabulary items.

---

18. *jij* is the emphatic form and *je* is the unemphatic form; the same goes for *zij/ze* (both singular and plural) and *wij/we*. Either form is used with similar frequency.

19. *Men* is the indefinite pronoun and is used when one uses <u>one</u> in English, as in: *One could argue....> Men zou kunnen beargumenteren....*

Translation warning: *zijn*

Please note that *zijn* is the possessive "his", but it is also the infinitive and the plural form of the frequently used verb *zijn* (a verb which will be conjugated below, together with another frequently used verb, namely *hebben* (to have)):

> *Dat kan nooit <u>zijn</u> koffer <u>zijn</u>.*
> That can never be his suitcase.

Object (direct or indirect object) form of the personal pronoun

Singular	English	Plural	English
1. *mij/ me*[20]	me	1. *ons*	us
2. *jou/je*	you	2. *jullie*	you
u	you (formal)	*u*	you (formal)
3. *hem*	him	3. *hen/hun/ze*	them
haar	her		

Formal *u* is commonly used to create interpersonal distance or when addressing strangers, even if the addressee is of the same age/generation; generally, Dutch people will insist on or give the other the permission to use the informal *je/jij*, as Dutch society has become much less formal in the last fifty years or so.

N.B. 1: *hen* is the direct object form or comes after a preposition:

> a. *Ik heb <u>hen</u> niet gezien.*
> I did not see <u>them</u>.

> b. *Heb je het boek aan <u>hen</u> gegeven?*
> Did you give the book to <u>them</u>?

N.B. 2: *hun* is the indirect object form (as well as the possessive form):

> c. *Ik heb <u>hun</u> het boek gegeven.* (*hun* = indirect object)
> I gave <u>them</u> the book.

> d. *Het is hun boek.* (*hun* = the possessive)
> It's <u>their</u> book.

N.B. 3: *ze* is used as the object (both direct and indirect) form in spoken language or in less formal texts; since most Dutchmen do not know the (exact) difference between

---

20. Once again, *mij* is the emphatic form, whereas *me* is the unemphatic form. Likewise, the second person singular in the object form is *jou* emphatically and *je* unemphatically.

hen and *hun* anymore, the safe bet is to use *ze* instead, unless of course one deals with a more formal text or context.

> e.   *Heb je ze het boek gegeven?*
>   Did you give them the book?

> f.   *Heb je ze niet gezien?*
>   Didn't you see them?

Grammar exercise: Pronouns

1.   Find the personal pronouns in ll. 1–9, and determine whether they are subject, object or possessive and then translate them.
2.   What does the pronoun in line 9 say about the degree of formality of this text; based on that, could you guess what kind of publication *Trouw* is?
3.   In lines 10 and 13 you see two instances of *haar*: determine whether they are subject, possessive or object forms of the pronoun.
4.   In line 12 *hun landgoed* is used: how would you translate this phrase?
5.   In line 30 there are two instances of *zijn*: are they forms of the possessive?

Grammar: The verbs *zijn* and *hebben*

The verbs *zijn* (to be) and *hebben* (to have) are extremely important verbs, not only because they occur quite often as main verbs, but also because they are helping verbs (or auxiliary verbs) in the perfect. On top of that, *zijn* is also a helping verb in the passive:

> – *Kees heeft een mooie auto.* (*heeft* = main verb)
>   Kees has a beautiful car.
> – *Kees heeft de hele dag gegeten.* (*heeft* = helping verb)
>   Kees has eaten all day long.
> – *De foto is door Kees gemaakt.* (*is* = helping verb, passive voice)
>   The picture was taken by Kees.

Zijn and *hebben* are slightly irregular in both the present tense and past tense, so learn these verbs by heart as soon as possible:

Present tense *zijn*		Past tense *zijn*	
1. *ik ben*	1 *wij/we zijn*	1. *ik was*	1. *wij/we waren*
2. *jij/je bent*	2. *jullie zijn*	2. *jij/je was*	2. *jullie waren*
u bent	*u bent*	*u was*	*u was*
3. *hij/zij/ze is*	3. *zij/ze zijn*	3. *hij/zij/ze is*	3. *zij/ze waren*

Present perfect: *ik ben geweest* (I have been)   **Pluperfect:** *ik was geweest* (I had been)

Present tense *hebben*		Past tense *hebben*	
1. *ik heb*	1. *wij/we hebben*	1. *ik had*	1. *wij/we hadden*
2. *jij/je hebt*	2. *jullie hebben*	2. *jij/je had*	2. *jullie hadden*
u hebt/heeft[21]	*u hebt/heeft*	*u had*	*u had*
3. *hij/zij/ze heeft*	3. *zij/ze hebben*	3. *hij/zij/ze had*	3. *zij/ze hadden*

Present perfect: *hij heeft gehad* (he has had)   **Pluperfect**: *hij had gehad* (he had had)

Please note that if *je* follows the verb, which occurs in Dutch questions for example, the *-t* ending is omitted:

<u>Heb</u> je je boeken meegenomen? (in the affirmative one would say *Je <u>hebt</u> je boeken meegenomen*).
Have you taken your books with you?

<u>Ben</u> je verliefd op Ans? (in the affirmative: *Je <u>bent</u> verliefd op Ans*)
Are you in love with Ans?

Grammar: Present tense regular verbs

The present tense of most other verbs follows a similar pattern, i.e. the 2nd and 3rd person singular add a *-t* to the 1st person singular form or root of the verb (*maak*), and the plural forms are the same as the verb's infinitive (*maken*). So the present tense of *maken* (to make) is conjugated as follows:

1. *ik maak*	1. *wij maken*
2. *jij/je maakt*	2. *jullie maken*
u maakt	*u maakt*
3. *hij/zij/ze maakt*	3. *zij/ze maken*

N.B. 1: The root of the verb (*maak*) is also the imperative form of the verb, used to give directions or commands:

<u>Maak</u> nu je huiswerk, of je gaat vroeger naar bed.
Do your homework now or you will go to bed earlier.

N.B. 2: The spelling rules for the plural were given on p. 18. It is important to know that the same spelling rules apply to conjugating the verbs; note especially the *s/z* and *f/v* interchange in verbs like *lezen* (to read) and *leven* (to live): so it is *ik lee<u>s</u> een boek*, but *wij le<u>z</u>en Harry Potter*. Likewise, it is *hij lee<u>f</u>t niet meer* (he is no longer alive) and *zij le<u>v</u>en nog lang and gelukkig* (they live happily ever after).

---

21. *hebt* or *heeft* are both used as a conjugation for <u>u</u>.

Future tense

Rather than using a helping verb (like will/shall) to indicate future tense, Dutch uses the present tense to indicate the future: e.g. *Morgen blijf ik thuis maar overmorgen ga ik met mijn schoonmoeder naar die nieuwe film*: Tomorrow I will stay home but the day after tomorrow I will go to that new movie with my mother-in-law.

Grammar and translation exercise: zijn

1. Look at the second paragraph of the Berlage text (ll. 8–18) and find all the forms of the verb *zijn*; after that, determine in each case whether the conjugated form of the verb *zijn* is the main verb in the sentence, or the helping verb.

2. Look at the third paragraph (ll. 20–26), which has been written in the present tense (or at least part of it has), and translate the following phrases (subject and verbs). For the verbs that are not given in the infinitive or the plural form, give the infinitive:

    – *Als je ronddwaalt*
    – *krijg je het gevoel > je krijgt het gevoel*
    – *Helene Kröller-Müller kan opduiken*
    – *was het > het was*
    – *liggen de haarborstels > de haarborstels liggen*
    – *de sprei is getrokken*
    – *Het echtpaar had*
    – *Daarbij valt op*
    – *het bed van de heer des huizes is*

Translation warning: Inversion

was het > het was and *liggen de haarborstels > de haarborstels liggen* are examples of a word order phenomenon we call inversion.

Inversion of subject and finite verb occurs if the sentence or clause does not begin with the subject, hence the sentence *al was het* (clause starts with *al*) inverts subject (*het*) and finite verb (*was*). The clause with *Op haar kaptafel liggen* exhibits the same mechanism: the first position in the sentence is taken by the prepositional/adverbial phrase *Op haar kaptafel*, so the finite verb (*liggen*) follows in second position (i.e. the V2 principle which was also explained in the contrast analysis) and precedes the subject (*de haarborstels*), which comes in position three.

In line 20 (*krijg je*) we see inversion of subject and finite verb too, because the main clause is preceded by the subclause *Als je ronddwaalt* etc. which, as a whole, takes the first position:

[*Als je ronddwaalt door het bijna honderd jaar oude jachthuis,*] [*krijg je het gevoel*] [*dat Helene Kröller-Müller (1869–1939) elk moment kan opduiken*]

[1. subclause#1] [/ 2. finite verb main clause / 3. subject main clause / 4. object main clause /] [5. Subclause #2]

Grammar exercise: Word order

Return to the final paragraph (ll. 46–54) of the Berlage text and identify the subject and verb(s) in each clause and explain whether (and why) there is inversion or not. Please note that the clause starting with *omdat alle* etc. (l. 47) and *waardoor het geheel* etc. (l. 52) are subclauses in which SOV syntax rules apply. We will return to word order matters in Chapters V and VI.

Text I.3   *Rem Koolhaas maakt architectuur die de logica opblaast*[22]
by Sandra Jongenelen

Is Rem Koolhaas (1944) de belangrijkste architect van Nederland? De vraag naar de beste zwemmer ter wereld is veel gemakkelijker te beantwoorden. Daarvoor bestaan tenminste 5 objectieve regels. De tijd die de stopwatch na een wedstrijd aangeeft, is bepalend. Maar wat zijn de criteria voor de grootste architect?

Is de hoeveelheid gebouwen die Koolhaas realiseerde doorslaggevend? In dat geval is de titel niet op hem van toepassing. Hij ontwierp in Nederland veel minder vierkante meters 10 dan veel van zijn collega's. In het verlengde daarvan geldt Koolhaas ook niet als de architect met de meeste invloed op de bebouwde omgeving.

Maar toch luidt het antwoord op de eerste vraag bevestigend. Dat heeft te maken met zijn invloed op architecten. Niemand heeft zo veel betekend voor de generatie na hem én de 15 avant-garde als hij. Ex-medewerkers kopiëren en interpreteren zijn manier van werken, in Nederland, maar ook wereldwijd. Zijn architectenbureau kent vestigingen in onder andere Rotterdam, New York en Beijing.

Cruciaal voor Koolhaas' architectuur is het werkproces dat bestaat uit een cocktail van ei- 20 genwijsheid en een relativering van het belang van individuele creativiteit. In de ogen van Koolhaas is de architect geen kunstenaar bij wie de inspiratie van binnenuit komt. Hij zet het idee van het sculpturale genie overboord door gebruik te maken van collagetechnieken.

Komt er een opdracht binnen dan laat hij een groot aantal mensen binnen zijn bureau een 25 maquette maken. Dag en nacht werken ze eraan als een soort moderne slaven, waarna Koolhaas uit bijvoorbeeld veertig bouwwerkjes enkele onderdelen pikt die hij vervolgens laat samenkomen in een nieuw geheel; dat is soms verrassend sculpturaal. [...]

---

22. *SICA (Stichting Internationale Culturele Activiteiten) Magazine*, 2008. Internet edition: <http://www.sandrajongenelen.nl/architectuur-die-de-logica-opblaast-91>

30   Hoe Hollands is Rem Koolhaas? […]
Vestigt Koolhaas […] een Nederlandse stijl op de wereld? En is er sprake van Dutch Design? Een aantal jaren geleden werd het label op én beeldende kunst én architectuur en
design geplakt, maar dat was vooral een commerciële constructie. Dutch Design kwam uit
de koker van een aantal mensen en instellingen, waaronder het Nederlands Architectuur-
35   instituut en de Nederlandse overheid, die Nederlands design als een soort exportproduct
probeerden te verkopen.

Kenmerkend voor Dutch Design was de ratio, de ironie en de heldere kleuren, klonk het
voortdurend, maar door alle disciplines op één hoop te gooien werden de oppervlakkige
40   overeenkomsten zichtbaar. In navolging daarop ontstonden oppervlakkige discussies.
Dutch Design is geen school zoals de Amsterdamse School en De Stijl.

Het is een bedacht concept, een soort reclamemiddel, vergelijkbaar met BritArt, geconstrueerd door kunstverzamelaar en reclameman Charles Saatchi. De BritArt-kunstenaars
45   behoren niet tot een stroming, hoewel ze van een beperkt aantal academies komen, ongeveer even oud zijn en bijna allemaal een relatie met elkaar hadden.

Een jaar of tien geleden was Dutch Design een realiteit van tijdschriften en congressen,
die gevoed werd door het ministerie van OCenW. Een ambtenaar hield zich fulltime bezig
50   met architectuur. Het had niets te maken met de werkelijkheid. Na Nederland kwamen
andere landen als Zwitserland en Frankrijk in het vizier.

Nadat de verantwoordelijke minister en ambtenaar opstapten, droogde de Haagse geldstroom op en kwam de grilligheid van de Rijksoverheid aan het licht. De beroemdheids-
55   carrousel van architecten kwam tot stilstand en de hype waaide over. Iedereen kon weer
gewoon aan het werk, een typisch Rotterdams en Nederlands verschijnsel.

Strategic reading exercise
While skimming the above text, which appeared in a magazine featuring international cultural
activities, consider the following questions:

1. Who is Rem Koolhaas? (clue: see line 4)
2. Why is he important? (clue: in line 7, the author mentions criteria. Can you distill from the
    text what criteria the author mentions?)
3. In line 15, the author gives the answer to the importance of Koolhaas: what is it?
4. What does the author say about Dutch design?
5. Try to paraphrase, rather than translate, the following phrases and sentences:

    – *Kenmerkend voor Dutch Design was de ratio, de ironie en de heldere kleuren […]*   (l. 38)
    – *Dutch Design is geen school zoals de Amsterdamse School en De Stijl.*   (l. 41)
    – *Het is een bedacht concept, een soort reclamemiddel, vergelijkbaar met BritArt, geconstrueerd
      door kunstverzamelaar en reclameman Charles Saatchi.*   (l. 43)
    – *Een jaar of tien geleden was Dutch Design een realiteit van tijdschriften en congressen, die
      gevoed werd door het ministerie van OCenW.*   (ll. 48–49)

6. What happened to Dutch design: paraphrase or summarize the last three lines of the article to find the answer.

Grammar: Formation of questions and word order in questions

In English and Dutch we can form questions in two ways:

1. closed questions: these are an inquiry about an occurrence, an event or an act and this type of question can only be answered with "yes" or "no": Did you do the dishes? Has he graduated? Can we come in? In Dutch, this kind of question always starts with the finite verb in first position whereas in English, the helping verb/ dummy verb *do* is used: e.g. <u>*Vestigt* *Koolhaas een Nederlandse stijl op de wereld?*</u> (l. 31): <u>Does</u> Koolhaas establish a Dutch style for the world?
2. open questions: an open question starts with an interrogative pronoun (who (m), what and/or which) or interrogative adverb (why, where, how, when). These questions cannot be answered with a simple "yes" or "no" but require a broader answer or explanation. The possible answers are infinite, hence the term "open" question. For example,

> *Maar wat zijn de criteria voor de grootste architect?*   (l. 7)
> But what are the criteria for the greatest architect?

Frequently used Dutch interrogative pronouns and adverbs are:

– *wie* (who)
– *wat* (what)
– *waar* (where)
– *wanneer* (when)
– *waarom* (why)
– *hoe* (how)

In Dutch open questions are formed by two subsequent steps:

1. adding an interrogative at the beginning of the sentence
2. inverting the finite verb and subject

For example, the affirmative sentence *Rem Koolhaas is de belangrijkste architect in Nederland* can be transformed into a variety of open questions:

(a) Wie: *Wie is de belangrijkste architect in Nederland?*
(b) Waarom: *Waarom is Rem Koolhaas de belangrijkste architect in Nederland?*
(c) Waar: *Waar is Rem Koolhaas nu?*

Grammar and translation exercise: Questions

Formulate open questions combining the given interrogatives with the following affirmative sentences from the text, then translate the question into English:

- *Hoeveel + Hij ontwierp veel minder [...] dan [...] zijn collega's*   (ll. 10–11)
- *Waar + Zijn architectenbureau [heeft] vestigingen in Rotterdam, New York en Beijing*   (ll. 17–18)
- *Hoe + Dag en nacht werken ze eraan als moderne slaven*   (l. 26)
- *Wanneer + Een jaar of tien geleden was Dutch Design een realiteit van tijdschriften en congressen*   (l. 48)

Translation tip: Words with prefixes

Like English words (verbs, nouns/adjectives), some Dutch words have certain prefixes, which will change or even negate the meaning of the word it precedes. Rather than looking these words up in the dictionary, you will be able to guess the word if you look at the root first and then combine it with the prefix to discover the possible meaning of the word.

For example the prefix *wan-* often negates the word, so *wanhopen* is the opposite of *hopen* (to hope) and thus means *to despair*. *Wanorde* is the opposite of *orde* (order), so implies *disorder*. *Wanschapen* means mis-created and *wanbeleid* means mis-management.

Here is a list of common prefixes and the semantic impact they (may) have on the root verb, noun or adjective:

1. *be-* turns an intransitive verb (a verb that does not need an object) into a transitive verb (a verb that needs an object). For example, *rekenen* (intransitive) versus *berekenen* (transitive), as in

    Hans kan niet zo goed rekenen.
    Hans is not so strong at doing math.

    De ober berekent het bedrag.
    The waiter is calculating the amount.

In terms of meaning, a *be-*word can also mean "to provide with", so *bewapenen* (root is the noun *wapen*, which means weapon) means to provide with a weapon.

2. *ge-*: besides *ge-* being the prefix marker for the participle (see IV.1, p. 81), *ge-* can be used in combination with the root of the verb and then usually has a negative meaning: *geklets* (*kletsen* is to chat) refers to gossip. *Geklaag* (*klagen* is to complain) is the act of complaining and viewed as a pejorative activity by the person who uses the word. And *veel gedoe* is much ado. Notice also that this construction (*ge* + root

of the verb + no ending) turns a verb into a neuter noun requiring *het* for the definite article: *Het geklets van de buurvrouw werd een probleem*: The gossip(ing) of the neighbor became a problem.

3. *her-*: is much like the English prefix *re-* and implies repetition of a certain action or thing. A *herexamen* is a retake of an exam and *herzien* means to review/revise.

4. *on-*: is much like English *un-*, and is often combined with nouns or adjectives thereby negating them. Thus an *onding* is a thing that does not work or is useless, while *ondenkbaar* is unthinkable.

5. *ont-*: what *on-* does for the adjective or noun, *ont-* does for the verbal root and is akin to the prefix *de-* in English. This means that *ontluizen* is to *delouse* while *ontzuiling (depillarization)* is de opposite of *verzuiling* (pillarization).[23] Note that *ont-* also has the connotation of *starting to*, so *ontwaken* is the beginning of the act of waking up, and *ontstaan* is the beginning of coming into existence.

6. *ver-*: has the basic meaning of changing something's original status: thus *verbouwen* is to renovate (and not to build) and *vergroten* means to make bigger/enlarge, and *verbeteren* (a national pastime of the Dutch) means that you are correcting someone or something (presumably to make it better). The Americanization of the Netherlands would thus be the *veramerikanisering van Nederland*. It may have the connotation of a change having a negative result. Thus *vergroeien* means to grow into the wrong direction or grow together and *verlopen* means to *expire*.

We need to give the following caveat: sometimes one may have words that take on the guise of a root being modified by a prefix. Here are a few examples: *verzinnen* (to make up), *vergeten* (to forget), *gebeuren* (to happen). The problem is that for these words, the root is not an existing word in itself, so that semantic differentiation can not be activated.

Word guessing exercise: Words with prefixes
Go through the three texts and find the *be-, ver-* and *ont-* words and see if you can arrive at their meanings by analyzing them or explaining them with minimal dictionary use. The first text in the next chapter also has quite a few samples of these kinds of words. Answers are found in the back on p. 203.

---

23. The notion of pillarization will return in the next chapter. Suffice it to say for now that pillarization was the way in which (prewar) Dutch society was organized, with the different pillars representing the different religions. This separate but equal model was intended to prevent religious strife between the different religions. In the 1960s when religion was questioned more and the Netherlands became more secular, depillarization (*ontzuiling*) began to occur.

Chapter II

Secularization, social legislation and liberties in Dutch society

While the 1960s were a very turbulent time and the start of a counter culture movement in the United States, Holland also found itself at the eye of the counter culture storm in the 1960s and 1970s, and changed almost overnight from a fairly staid, conservative and religious country to a liberated, progressive and secular place. While letting go of its Christian mores and societal structure of pillarization ("verzuiling" turning into "ontzuiling"), the Dutch, and the baby boomers in particular, embraced feminism, pacifism and socialism as the new religion. This triggered new legislation mirroring the importance and acquisition of new social rights and privileges.[24]

Although the condoning of soft drugs use and prostitution had already been in place for years as the result of a kind of Dutch laissez-faire pragmatism, prostitution became officially legal in 2000. The legalization of same-sex marriage followed in 2001. With the further erosion of religious beliefs and churchgoing in the Netherlands, euthanasia was legalized in 2002.

The Dutch have become attached to these newly gained freedoms but at the same time these new laws were (and are) causing dissonance with EU-legislation, which has not advanced as rapidly as Dutch legislation. Likewise, some new and predominantly Muslim immigrants in the Netherlands believe these kinds of social liberties are in conflict with their religion and therefore have spoken out against them; this has caused a culture clash, the dramatic breaking point of which was the rise of the populist and right-wing politician Pim Fortuyn, his murder and the subsequent murder of filmmaker and critic of Islam, Theo van Gogh. Some have referred to these events as the Dutch 9/11.

Because of these recent developments and a rise in animosity towards the Muslim population, Holland has been forced to engage in discussions about national identity. Also, because the umbrella of organized religion is no longer there, social critics, like Sander Pleij does in the article below, ask questions about the Dutch moral compass. The second article, which appeared in a publication of De Waterlandstichting, deals with sexualization in the Netherlands and questions that have been asked in Dutch Parliament (and in the media) about the pace of sexualization and the influence of the Internet. The third text, a newspaper article from *Nederlands Dagblad*, is unrelated to the other two but deals with the legislation of euthanasia.

---

24. To cater to religious diversity Dutch society used pillarization, a kind of separate but equal model in which the different pillars represented all the different religions. So if you were Catholic, you went to Catholic school, played soccer for a Catholic club and subscribed to Catholic magazines. This model worked at the time but has also been viewed as one of the causes of a lack of integration (and assimilation) of the latest Muslim immigrant groups in the Netherlands.

Text II.1   *Nederland bestaat niet*[25]
        by Sander Pleij

Grote groepen kiezers zwalken heen en weer van links naar rechts en weer terug. De vorig
5   jaar gerezen crisis in de Nederlandse politiek is nog geenszins opgelost. Een groot deel
van de bevolking zweeft stuurloos in het rond; men wil wel stemmen maar voelt zich niet
gebonden aan een politieke partij.

Politici zijn niet leidinggevend op het gebied van de moraal. Wie dan wel?
10

Onlangs viel op de radio een discussie te beluisteren over de uitspraak van Gretta Duisenberg dat zij zes miljoen handtekeningen tegen Israël wilde verzamelen. Een discussiant zei
dat hij het grondig oneens was met die uitspraak, maar dat Gretta Duisenberg er niet om
naar de rechtbank moest worden gesleept. Hij vond de rechterlijke macht slechts 'een mar-
15   ginale toetsing'. Met andere woorden: de rechter voert wetten uit en is geen moreel ijkpunt.

Maar wie zorgt er dan wél voor het morele ijkpunt? Wie spreekt het gezaghebbende oor-
deel uit over de woorden van Gretta? Wie stelt hardop welke waarden belangrijk zijn en
welke niet?
20

Afgelopen jaar verenigde de politiek de discussie over de moraal tot een roep om fatsoen
in de tram. Het tussenkabinet en de Tweede Kamer vergaderden een volle dag over de
Nederlandse 'normen' en 'waarden'.

25   Uitkomst: geen uitkomst.

De Nederlandse moraal bestaat niet. Leidinggevend op het gebied van de moraal was vroeger de kerk of een ideologie – ook een soort geloof. In de verzuilde samenleving vonden
burgers binnen hun eigen zuil een identiteit. Ging het om belangrijke zaken als moraal,
30   ideologie en waarden in het leven, dan was daar de top van de zuil als zin- en betekenisge-
ver. De paraplu Nederland die zich boven die zuilen uitstrekte, formuleerde geen krachtig
idee van wat Nederland was en moest zijn, anders dan een eenheid in verdeeldheid. De
paraplu over de zuilen diende vooral om de samenleving zo te reguleren dat elke zuil zoveel mogelijk in zijn eigen waarde werd gelaten.
35

Toen de zuilen naar het einde van de vorige eeuw toe verkruimelden, verschrompelden
ook de zuiltoppen die zorg droegen voor zin en betekenis. De inwoners van Nederland
konden hun identiteit niet meer halen uit hun eigen zuil. Dus *moesten* politiek en koningshuis leidinggevend worden wanneer het ging om de wezenlijke redenen van het bestaan
40   in dit land. Maar de monarchie kreeg de muilkorf van de politiek om en hield het bij wat
cryptische termen in de kersttoespraak van de koningin.

---

25. *Groene Amsterdammer*, January 18th, 2003. Internet edition: <http://www.groene.nl/2003/3/
nederland-bestaat-niet>

In de praktijk bleek dat wat de zuilen bond vooral het non-aanvalsverdrag van de verzuiling was geweest: de tolerantie. Die tolerantie komt niet voort uit een moraal of uit een christelijke of andere levenswaarde. Tolerantie was een pragmatisme. Door een wapenstilstand zonder aanvullende filosofische rechtvaardiging tot doel te verheffen, ontsloeg de overheid zich in de tijden van verzuiling van zin- en betekenisgeving. 45

In zijn belangrijke boek *Republiek der rivaliteiten* (2002) constateert hoogleraar Nederlandse geschiedenis Piet de Rooy dat 'in de loop der tijden geen werkelijk verband is gelegd tussen de natiestaat en een vaste nationale identiteit'. Nederland is geen 'politiek idee' geworden. De Rooy verklaart deze stelling uit de verzuilde traditie die het primaat bij de delen legde en niet bij hun eenheid. Nederland was een land van 'pragmatische compromissen' tussen 'aanhoudende rivaliteiten'. 50

55

Dat is de geschiedenis. De Rooy besluit zijn boek met de volgende zinnen: 'Met de ontzuiling in de jaren zestig kwam veel politieke energie beschikbaar. Even leek het dat deze gebruikt zou worden voor de ontwikkeling van een nieuw idee over 'Nederland': de beste verzorgingsstaat in Europa en een lichtend voorbeeld op het terrein van vredes- en veiligheidspolitiek. Maar dit idee liep stuk op de klippen van de weerbarstige werkelijkheid, zowel nationaal als internationaal. De oude rivaliteiten zijn in tal van musea bijgezet, aan de nieuwe wordt gewerkt.' 60
[...]
Pim Fortuyn deed wat de paraplu boven de zuilen vroeger niet deed maar wat de toppen van de zuilen hebben gedaan: hij gaf zin en betekenis aan het leven van de roerloos geworden delen van de bevolking door een richting aan te geven van het land. 65

Wanneer het ging om zijn kritiek op asielzoekers en de islam en de daaraan gepaarde aanval op multiculturalisme en cultuurrelativisme trok de 'Nederland is vol'-gedachte alle aandacht. Minstens zo belangrijk was het feit dat in zijn strijd tegen het multiculturalisme 70 Fortuyn tegelijk zijn status vestigde als beschermer van de Nederlandse identiteit. Hij was patriot, een man met een visie op Nederland en liet de Nederlanders die zijn visie deelden trots zijn op hun land, en dus op zichzelf. 'Professor' Pim Fortuyn gaf een grote groep inwoners van Nederland een identiteit: hij maakte ze burgers van Nederland, een land met een volgens hem 'joods-christelijke, humanistische cultuur'. 75
[...]

Vocabulary of *Nederland bestaat niet*

Lines:

4	kiezers (de)	voters
	heen en weer	back and forth
	en weer terug	and back again
5	geenszins	not at all
	opgelost (oplossen)	resolved

6	deel (het)	part
	bevolking (de)	population
	stemmen	to vote
7	gebonden aan (binden)	bound/connected to
9	leidinggevend	endowed with leadership
	gebied (het)	area
11	uitspraak (de)	statement
12	handtekeningen (de)	signatures
13	was het oneens met	disagreed
14	rechtbank (de)	court of law
	gesleept (slepen)	dragged
	rechterlijke macht (de)	judiciary
15	marginale toetsing (de)	marginal test
	Met andere woorden	In other words
	rechter (de)	judge
	voert…uit (uitvoeren)	executes/implements
	wetten (de)	laws
16	moreel ijkpunt	moral benchmark
17	gezaghebbende	authoritative
18	oordeel (het)	verdict
	waarden (de)	values
	belangrijk	important
21	Afgelopen jaar	Last year
	verenigde	united
	roep om	call for
	fatsoen (het)	decency
22	tussenkabinet	interim cabinet
	Tweede Kamer	Dutch Parliament (literally: Second Chamber)
	vergaderden (vergaderen)	had a meeting
23	normen (de)	standards/norms
25	uitkomst	results
27	bestaat (bestaan)	exists
	vroeger	formerly, in the past
28	kerk (de)	church
	geloof (het)	religion
	verzuilde samenleving (de)	pillarized society
29	binnen	inside
	eigen	own
	zaken (de)	matter(s)
30	zin- en betekenisgever	giver of sense/meaning (literally)
31	paraplu (de)	umbrella
	zich uitstrekte	expanded

	(zich uitstrekken)	
	krachtig	powerful
32	eenheid (de)	unity
	verdeeldheid (de)	division
33	diende	served
34	zoveel mogelijk	as much as possible
	in eigen waarde laten	to respect someone's values
36	verkruimelden (verkruimelen)	crumbled
	verschrompelden	withered
	(verschrompelen)	
37	zorg droegen (zorg dragen)	took care of
	inwoners (de)	resident(s)
38	halen uit	to retrieve from
	Dus	So
39	wanneer het ging om	when it involved
	wezenlijke redenen (de)	actual reasons
40	hield het bij (houden bij)	limited itself to
	muilkorf (de)	muzzle
41	kersttoespraak (de)	Christmas speech
	koningin (de)	queen
43	bleek (blijken)	appeared
	non-aanvalsverdrag	non-attack treaty/peace treaty
44	komt voort uit	comes forth from
	(voortkomen uit)	
46	wapenstilstand (de)	armistice
	rechtvaardiging (de)	justification
	doel (het)	goal
	verheffen	to raise
	ontsloeg zich (ontslaan)	let itself off the hook
47	overheid (de)	government/state
50	werkelijk	real
	verband (het)	connection
51	tussen	between
52	verklaart (verklaren)	explains
	stelling (de)	thesis
53	legde het primaat bij	put most importance on
	(leggen)	
54	aanhoudende rivaliteiten	continuing rivalries
56	geschiedenis (de)	history
	besluit (besluiten)	concludes
	zinnen (de)	sentence(s)

57	kwam beschikbaar (komen)	came available
	Even leek het (lijken)	For a moment it seemed
58	gebruikt zou worden (gebruiken/zullen/worden)	would be used
	ontwikkeling (de)	development
59	verzorgingsstaat	welfare state
	lichtend voorbeeld	illuminating example
	vredes-	peace
60	veiligheidspolitiek (de)	security politics
	liep stuk op (stuklopen)	broke down on
	klippen (de)	cliffs
	weerbarstige	unruly
	werkelijkheid (de)	reality
61	in tal van	in many
	zijn bijgezet (bijzetten)	are shown
65	roerloos	rudderless
66	richting (de)	direction
68	asielzoekers (de)	asylum seekers
69	aanval (de) op	attack on
69–70	trok alle aandacht (trekken)	drew all attention
69	gedachte	thought/idea
70	Minstens	At least
	feit (het)	fact
	strijd (de)	fight
71	tegelijk	simultaneously
	vestigde (vestigen)	established
	beschermer	protector
72	deelden (delen)	shared
73	trots zijn op	to be proud of
75	volgens hem	according to him

Strategic reading exercise

By paraphrasing rather than translating, try to find answers to the following questions:

1. To what extent is the title a summary of the text?
2. What does the author say about pillarization and identity?
3. What does he say about tolerance?
4. What does Piet de Rooy say?
5. How did Pim Fortuyn play a role in defining national identity?

Grammar: Adjectives and adverbs

When an adjective in Dutch is placed before the noun, as a part of the noun group, it receives an -*e* ending. If it stands in isolation, no -*e* is added. For example:

> *Het huis is <u>wit</u>* versus *Het <u>witte</u> huis*.[26]
> The house is white versus The white house.
>
> *De appel is <u>rood</u>* versus *De <u>rode</u> appel.*
> The apples is red versus The red apple.

There is one exception to this rule: if the noun is a *het*-word used indefinitely, the adjective receives no *e*-ending. "Indefinitely" here means in combination with an indefinite article or pronouns, i.e. words such as *een* (a), *elk* (each), *enig* (some/any), *geen* (no), *genoeg* (enough) *ieder* (every), *menig* (many), *veel* (many), *welk* (which), *zo'n* (such a), and *zulk* (such).

This means you can say *Het huis is <u>wit</u>* and *Het <u>witte huis</u>* but it is *Een <u>wit</u> huis* or *Zo'n <u>wit</u> huis* or *Geen <u>wit</u> huis* etc. This does not apply to *de*-words: *De appel is <u>rood</u>* > *De <u>rode</u> appel* > *Een <u>rode</u> appel.*

In the above text, there are good examples of the adjectival rule: in line 4, the author talks about *grote groepen* (large groups), *groepen* is plural, so a *de*-word (as all plurals become *de*, even if they are a *het*-word in the singular), so *groot* receives an -*e* ending, hence *<u>grote</u> groepen*.

In lines 5–6, we see the exception: *een groot deel van de bevolking* (a large part of the population): because *deel* is a *het*-word but is used indefinitely here (combined with *een*), the adjective remains unchanged, hence *groot* and not *grote*.

Unlike English, where the adjective receives a -*ly* ending when becoming an adverb, Dutch does not morphologically mark the distinction between an adjective and an adverb. Consequently, the adjective looks the same as the adverb. For example:

> *Hij is een <u>voorzichtige</u> man dus hij rijdt <u>voorzichtig</u>.*
> He is a <u>careful</u> man, so he drives <u>carefully</u>.

---

26. Notice that the spelling change/rules applies/apply here again: to keep the -*i*- vowel short in the two-syllabic word *witte*, you double the *t*. Likewise, in *De banaan is geel* > *De gele banaan*, the extra -*e*- in the two-syllabic word *gele* is dropped because the vowel is open in *ge-le* and therefore automatically long.

Grammar exercise: Adjectives

1. In line 9, it says "Politici zijn niet leidinggevend": what would happen if you put *leidinggevend* in front of *politici*?

2. In line 15, you see *geen moreel ijkpunt* but in line 17, it is *morele ijkpunt*: what is going on here, grammatically?

3. In line 18, *belangrijk* could also be placed in front of the noun (*waarden*); would the adjective stay the same or would it receive an *-e*?

Translation and morphological exercise

1. Translate the following open questions from the text:
    a.   *Politici zijn niet leidinggevend op het gebied van de moraal. Wie dan wel?*
    b.   *Maar wie zorgt er dan wél voor het morele ijkpunt?*
    c.   *Wie spreekt het gezaghebbende oordeel uit over de woorden van Gretta?*
    d.   *Wie stelt hardop welke waarden belangrijk zijn en welke niet?*

2. Some verbs in Dutch can be turned into nouns by adding *-ing* to the root of the verb, for example, the noun *bevolking* (l. 6) is made out of the verb *bevolken* (to populate; *bevolk* = root + *ing* = the noun, *bevolking*: population).
    Find the other nouns with an *-ing* ending, produce the verb and translate the verb.

3. Make *-ing* nouns with the following verbs from the text and translate them: *verzamelen, stellen, vergaderen* (NB *vergaderden* in the text is the simple past tense of the verb), *reguleren* and *verschrompelen*.

Text II.2   *Puritanisme of pornoficatie: hoe geseksualiseerd is Nederland echt?*
         by Gert Hekma

Met de seksuele revolutie veranderde het imago van Nederland van een puriteins pro-
5   testants land op het gebied van seks naar een wereldwijde koploper op erotisch terrein.
Nergens waren homoseksualiteit, prostitutie en pornografie zo vrij als in Nederland, nergens was de seksuele voorlichting zo goed dat vrouwen en meisjes bijna nooit ongewenst
zwanger werden. Zo denken althans veel buitenlanders erover en ook veel Nederlanders
geloven heilig dat hun land het vrijste ter wereld is en zij zelf de vrijste mensen zijn op sek-
10   sueel gebied. Die vrije mensen maken zich sinds enige tijd ernstige zorgen. 'We' zouden
te ver zijn doorgeschoten en te veel vrijheid kennen. 'We' zijn hier overgeseksualiseerd.

Die geluiden, die al langer te horen waren, kregen het stempel van goedkeuring van het
kabinet. In zijn *Emancipatienota* maakte PvdA-minister Ronald Plasterk van Onderwijs,
15   Cultuur en Wetenschap zich zorgen over de seksualisering van de samenleving en de
negatieve gevolgen daarvan voor vrouwen, jongeren en in het bijzonder voor meisjes.
[…] De nota van de minister leidde tot een kort en opgewonden debat waarin twee posities naar voren kwamen. Aan de ene kant bestaat vooral in de kranten de overtuiging

dat er echt iets mis gaat met het seksuele leven van tieners, maar het is niet duidelijk wat
precies. Aan de andere kant zijn er meer liberale stemmen die erop wijzen dat zulke mo-   20
rele paniek eens in de zoveel tijd de kop opsteekt, maar dat er weinig aan de hand is. [...]
Er verandert wel degelijk iets in de seksuele cultuur, aan de ene kant door internet en de
grotere beschikbaarheid van erotisch materiaal en aan de andere kant door een versterkt
puriteinse houding van veel Nederlanders. Die komt opnieuw naar voren met de suggestie
van overseksualisering. Maar hoe geseksualiseerd is Nederland nu eigenlijk?   25
[...]
Seksuele verwarring in Nederland. Er is iets grondig aan het veranderen in de seksuele
cultuur van Nederland en daarin blijft seksueel puritanisme net zo verankerd als voorheen. Ongemak met seksualiteit blijft het debat over de seksualisering bepalen. In het
verleden bepaalden christenen de morele grenzen en nu doen ze het met sociaaldemo-   30
craten en feministen. Het lastige is dat de moderne moraalridders zich afficheren als
liberaal en met de meeste Nederlanders overtuigd zijn van de voorstelling dat ze zo vrij
zijn. Die vrijheid beperkt zich wel tot monogame relaties tussen twee volwassen partners
met duidelijk onderscheiden sekserollen die bij gebrek aan goed seksonderwijs van seksualiteit weinig weten.   35

[Dit] betekent niet dat Nederlanders gelukkig zijn met hun 'normale' seks. De Rutgers-
Nisso Groep kwam in 2006 tot tamelijk schokkende resultaten over hun seksuele leven.
Aan de ene kant zien we dat 80% van hen in een meestal monogame relatie leeft. Dat ga-
randeert geen geluk want 55% van alle respondenten kent stress in de relatie; 17% veel en   40
38% een beetje. Verder heeft bijna 20% fysieke disfuncties. [...] De resultaten wijzen erop
dat de vrijheid en de seksuele soepelheid waarop Nederlanders zo pochen, meer wens dan
werkelijkheid zijn.

Met seks gaat het mis, maar ook met seksuele vrijheden. Sinds de centrumrechtse re-   45
gering van CDA, PvdA en CU is aangetreden in februari 2007 zijn er nieuwe wetten
voorgesteld of aangenomen tegen bestialiteit, dierenporno en kijken naar kinderporno
waarvan ook de virtuele versies strafbaar gesteld gaan worden. Tippelzones worden gesloten, bordelen dichtgespijkerd en de roep om strengere regulering van erotische bood-
schappen neemt toe. Zulke maatregelen kunnen op brede instemming rekenen. Hoewel   50
specialisten het artikel tegen bestialiteit om goede redenen op de hak namen – dieren
geven vast de voorkeur aan mensenseks boven de braadpan – stemde de Tweede Kamer
er met een Noord-Koreaanse unanimiteit mee in. GroenLinks en de VVD in Amsterdam
sputterden tegen toen de maatregelen voor de Walletjes werden voorgesteld, maar vanwege coalitiebelangen hebben ze zich bij een fikse reductie van ramen en sekstheaters   55
neergelegd. Dat meerderheden seksuele normen opleggen aan minderheden, misstaat de
rechtsstaat bijzonder.
[...]

Vocabulary of *Puritanisme of pornoficatie*

Lines:

4	veranderde (veranderen)	changed
6	Nergens	Nowhere
	vrij	free
7	vrouwen (de)/meisjes (het)	women/girls
8	zwanger	pregnant
9	geloven	to believe
18/20	Aan de ene kant...	On the one hand...
	Aan de andere kant	On the other hand
18	kranten (de)	newspapers
23	beschikbaarheid (de)	availability
29	bepalen	to determine
30	grenzen (de)	boundaries
35	weten	to know
41	wijzen op	to point to/at; to indicate
45	vrijheden (de)	liberties
45–46	regering (de)	government
47	voorgesteld (voorstellen)	proposed
	aangenomen (aannemen)	adopted
	tegen	against
48	strafbaar	punishable
50	maatregelen (de)	measures
	instemming (de)	agreement
54	de Walletjes	The Red Light District
56	meerderheden (de)	majorities
	minderheden (de)	minorities

Strategic reading and translation exercise

Translate the following topic sentences of the text (as best you can) and make a prediction as to what the text is about, based on these three lines:

- (ll. 4–5) *Met de seksuele revolutie veranderde het imago van Nederland van een puriteins protestants land op het gebied van seks naar een wereldwijde koploper op erotisch terrein.*

- (ll. 27–29) *Er is iets grondig aan het veranderen in de seksuele cultuur van Nederland en daarin blijft seksueel puritanisme net zo verankerd als voorheen.*

- (l. 45) *Met seks gaat het mis, maar ook met seksuele vrijheden.*

Grammar: Prepositions

The translation of Dutch prepositions can be challenging, as there is not always a one-to-one correlation in meaning with English prepositions. Therefore, the best way to translate prepositions is to rely on the given context. For example, the Dutch preposition *op* usually means *on*, as in *op maandag* (on Monday). At the same time, one says *ik zit op school, op mijn werk, op kantoor*, which, in English idiom, is translated with *in/at*, *at* and *in/at* (I am in/at school, at my work, in/at the office). As in English, some Dutch verbs come with fixed prepositions, and it is wise to learn those verbs with their prepositions: e.g. *luisteren <u>naar</u>* is to listen <u>to</u>, and *spreken <u>over</u>* means to speak <u>about/on</u>. Notice also that *zeggen <u>tegen</u>* is say <u>to</u> in English.

Prepositions list and translation exercise

Below you will find a list with the most important prepositions and their English translations; under each preposition, there is/are lines taken from the texts you have read thus far. Try to translate these lines or if that is challenging, paraphrase. Once again, answers can be found in the back of the book, on pp. 206–208.

aan: on/to
- *In een oude fabriek <u>aan</u> de Via Tortona exposeerde Wanders enige tientallen nieuwe ontwerpen*
  (Text I.1, l. 14)
- *[…] haar baas blijft […] trouw <u>aan</u> zijn uitgangspunt […]* (Text I.1, l. 22)

achter: behind (opposite is *voor*: in front of)
- *alle […] installaties zijn weggewerkt <u>achter</u> de wanden en vloeren […]* (Text I.2, ll. 47–48)

beneden: beneath (opposite is *boven*: above)
- *De provincies <u>beneden</u> de rivieren zijn zuidelijke provincies.* (i.e. not an example from any given text)
- *[…] prijzen tot ver boven de 70.000 euro.* (Text I.1, l. 32)

bij: with/at
- *<u>Bij</u> de New Yorkse galeriehouder Moss [staan] acht bronzen beelden van huishoudelijke voorwerpen*
  (Text I.1, ll. 44–45)
- *de architect is geen kunstenaar <u>bij</u> wie de inspiratie van binnenuit komt* (Text I.3, l. 22)

binnen: inside/within/in (opposite is *buiten*: outside)
- *In de verzuilde samenleving vonden burgers <u>binnen</u> hun eigen zuil een identiteit.*
  (Text II.1, ll. 28–29)
- *De kinderen spelen niet <u>binnen</u> maar <u>buiten</u>.* (not an example from any given text)

door: by/through
- *Het is een bedacht concept […] geconstrueerd <u>door</u> kunstverzamelaar en reclameman Charles Saatchi.*
  (Text I.3, ll. 43–44)
- *Als je ronddwaalt <u>door</u> het bijna honderd jaar oude jachthuis […]* (Text I.2, ll. 20–21)

in: in (opposite is *uit*: out/from)

- *Dat maakt het jachthuis ook in cultuurhistorisch opzicht bijzonder.* (Text I.2, ll. 42–43)
- *De 43-jarige designer uit Amsterdam [...]* (Text I.1, l. 9)
- *De paraplu Nederland die zich boven die zuilen uitstrekte [...]* (Text II.1, l. 31)

langs: along

- *De duinen liggen langs het strand.* (not an example from any given text)

met: with

- *Met de seksuele revolutie veranderde het imago van Nederland van een puriteins protestants land [...]* (Text II.2, ll. 4–5; already translated in the above translation exercise)

na: after (opposite is *voor*: before)

- *na zes jaar voor het echtpaar te hebben gewerkt [...]* (Text I.2, l. 16)
- *Nog voor de opening kocht het Groninger Museum de complete serie.* (Text I.1, l. 45–46)

naar: to (opposite may be *van*: from)

- *ze loopt naar een kast [...]* (Text I.1, l. 23)
- *Grote groepen kiezers zwalken heen en weer van links naar rechts en weer terug.* (Text II.1, l. 4)

naast: next to/besides

- *Naast Wanders boden zeker twintig 'Dutch designers' meubels in gelimiteerde oplage te koop aan.* (Text I.1, ll. 35–36)

om: at but mostly *om* is used with *te* + *infinitive* to indicate purpose (see also Chapter V; in an infinitive construction *om* is translated with *to*)

- *Om acht uur ga ik naar huis.* (not an example from any given text)
- *Het is fascinerend om rond te lopen door het jachthuis.* (Text I.1, l. 28)

onder: under/among

- *De kat ligt onder de tafel.* (not an example from any given text)
- *Zijn architectenbureau kent vestigingen in onder andere Rotterdam, New York en Beijing.* (Text I.3, ll. 17–18)

op: on/at/in

- *[...] ontwikkelingen op designgebied [...]* (Text I.1, l. 12)
- *ik zit op school.* (not an example from any given text)
- *Het boek ligt op de tafel.* (not an example from any given text)

over: in (temporal sense)/about

- *Over twintig minuten vertrekt mijn trein.* (not an example from any given text)
- *de discussie over de moraal.* (Text II.1, l. 21)

sinds: since

- *Die vrije mensen maken zich sinds enige tijd ernstige zorgen.* (Text II.2, ll. 10–11)

tegen: against (opposite may be *voor*: in favor of)

- *[...] er zijn nieuwe wetten voorgesteld of aangenomen tegen bestialiteit, dierenporno en kijken naar kinderporno.* (Text II.2, ll. 46–47)
- *De Minister stemde voor het wetsvoorstel.* (not an example from any given text)

tijdens: **during**
- *Tijdens de Franse Revolutie veranderde Parijs in een bloedbad.*
(not an example from any given text)

tot: **until**
- *[…] tot ik mijn handen nauwelijks meer kon bewegen […]*
(Text I.1, I.17)

tussen: **between**
- *[…] het jachthuis, dat tussen 1916 en 1920 werd gebouwd […]*
(Text I.2, I.32–33)

van: **of/from**
- *Bedlampjes van drie meter hoog.*
(Text I.1, I.7)
- *Deze brief is van Pim.* (no given text)

voor: **for**
- *Dit conflict was voor Berlage ook een breekpunt.*
(Text I.2, I.15–16)

zonder: **without**
- *De sprei is zonder één rimpeltje glad over haar kleine bed getrokken.*
(Text I.2, I.23)

Grammar: Separable verbs

Dutch has many compound verbs, consisting of a verb and another word. For example, the compound *vasthouden* is a combination of the verb *houden* (to hold) and the adverb *vast* (tight). Both *vast* and *houden* can stand alone, so *vasthouden* is a compound verb. In contrast, the verb *be-rekenen* is not a compound as it consists of a prefix (*be-*), which cannot stand alone, plus a verb.

In most cases, compound verbs combine a verb and a preposition. For example, in *aankomen* (to arrive) the prefix (*aan*) is a preposition but in *schoonmaken* (to clean), the prefix (*schoon*) is an adjective.

We also call these verbs separable verbs because when the verb is in V2 position the prefix is "separated" from the finite verb, and moves to the end of the sentence or clause.

(a) *Hij komt morgen met de trein van zes uur aan.*
He will arrive on the six o'clock train tomorrow.

(b) *Gisteren maakte de werkster zeven huizen schoon.*
Yesterday, the cleaning lady cleaned seven houses.

(c) *Ik ga op vakantie en ik neem mijn bikini, zonnebril, boek, laptop, camera en paspoort mee.*
I go on vacation and I take (with me) my bikini, sunglasses, book, laptop, camera and passport.

Especially examples (a) and (c) may feel counterintuitive to an English speaker as most English speakers are taught to never end a clause or sentence with a preposition. Also, because separable verbs are so common in Dutch, a translation warning is called for:

Translation warning: Prepositions belonging to verbs

If the sentence or clause ends with a preposition, do not just translate the preposition. Instead, ask yourself whether the preposition could belong to the finite verb in the sentence. If one does translate a preposition separately from the verb one may well end up with an incorrect translation.

Take the sentence: *Gert Hekma schrijft zijn artikel af.*

If this sentence is translated word for word or fed into *Google Translate*, one might end up with this (erroneous) translation: "Gerrit Hekma writes his article off" which makes no sense. However, if *af* is connected to *schrijven* as in the compound verb *afschrijven*, the sentence is more likely to be translated as "Gert Hekma finishes (writing) his article."

Please remember that separation only occurs when V2 word order applies: this rule forces the finite verb into second position, while leaving the rest of the verbal group, including the prepositional prefix, at the end. Here are two more examples:

(1)   Pieter *gaat* morgen om zeven uur *weg* (weggaan: to go away)

(2)   Els *stapte* in Dallas en Houston *over* (overstappen: to change planes/trains)

If the compound verb is not involved in V2 word order (i.e. does not act as a finite verb in a main clause), the verb and the preposition stay together, as in the following examples:

(1)   *Hans wil zijn artikel <u>afschrijven</u>*
       Hans wants to finish his article (the separable verb is an <u>infinitive)</u>

(2)   *Hans heeft zijn artikel <u>afgeschreven</u>*
       Hans has finished his article (the separable verb is a <u>participle)</u>

(3)   *Als Hans zijn artikel <u>afschrijft</u>, ontvangt hij 100 euro.*
       If Hans finishes his article, he will receive 100 euros (the separable verb is in the <u>subclause)</u>

Grammar exercise: Separable verbs

In the following two passages taken from the above texts, there are seven separable verbs: identify them, explain how they appear (as one verb or separated with the finite verb in V2 word order and prefix at the end of the clause or sentence) and translate the verbs.

1.   *Met seks gaat het mis, maar ook met seksuele vrijheden. Sinds de centrumrechtse regering van CDA, PvdA en CU is aangetreden in februari 2007 zijn er nieuwe wetten voorgesteld of aangenomen tegen bestialiteit, dierenporno en kijken naar kinderporno waarvan ook de virtuele versies strafbaar gesteld gaan worden.*

2. *Als je ronddwaalt door het bijna honderd jaar oude jachthuis, krijg je het gevoel dat Helene Kröller-Müller (1869–1939) elk moment kan opduiken, al was het alleen maar om bezoekers die stiekem een laatje opentrekken van een kast, bestraffend toe te spreken.*

3. Next, find the separable verbs in the following text on euthanasia and determine their meaning.

Text II.3   *VN: euthanasiewet moet worden herzien*[27]
          by the political editors of *Nederlands Dagblad*

GENÈVE – Nederland moet de euthanasiewet herzien, om de bescherming van patiënten beter te waarborgen. Daar dringt het Mensenrechtencomité van de Verenigde Naties   5
op aan.

Uit de vrijdag in Genève bekendgemaakte aanbevelingen blijkt dat het VN-comité bezorgd
blijft over de omvang van euthanasie en hulp bij zelfdoding in Nederland. De voorwaarden waaronder euthanasie mag worden uitgevoerd, garanderen volgens het Mensenrech-   10
tencomité niet dat mensen tegen misbruik worden beschermd.

"Onder de Nederlandse wet kan een arts het leven van een patiënt beëindigen zonder
enige, onafhankelijke, rechterlijke toets om te garanderen dat de beslissing niet is genomen op basis van onbehoorlijke beïnvloeding of een misvatting," concludeert het   15
VN-comité, gevormd door internationale deskundigen op het gebied van de mensenrechten. Het feit dat ook een tweede arts zijn mening moet geven, is in de ogen van het
VN-orgaan niet voldoende.

In het bijzonder noemt het comité situaties waarin een arts tot levensbeëindiging besluit,   20
zonder dat de patiënt in staat is zelf het verzoek te doen. In Nederland is euthanasie in zo'n
situatie alleen mogelijk in het geval iemand al een euthanasieverklaring had opgesteld. Het
VN-comité wil dat zeker onder deze omstandigheden eerst een juridische toetsing plaatsvindt. Het Mensenrechtencomité dringt er bij Nederland op aan de wetgeving zodanig aan
te passen, dat het 'recht op leven' beter is verankerd. Nu wordt euthanasie alleen achteraf   25
getoetst door regionale commissies.

Het 'recht op leven' is een van de artikelen uit het Internationaal Verdrag aangaande Burgerrechten en Politieke Rechten. De uitvoering van dit zogenaamde BUPO-verdrag wordt
om de vijf jaar door het VN-Mensenrechtencomité getoetst. Minister Hirsch Ballin (Justi-   30
tie) verklaarde ruim twee weken geleden in Genève, tijdens de behandeling van de Nederlandse rapportage, dat de toename van het aantal geregistreerde euthanasiegevallen laat
zien dat de meldingsbereidheid onder artsen toeneemt. Hij gelooft niet dat er sprake is van

---

27. *Nederlands Dagblad*, July 31st, 2009. Internet Edition: <http://www.nd.nl/artikelen/2009/juli/31/
vn-comite-herzie-euthanasiewet>

een daadwerkelijke stijging van het aantal euthanasiezaken, en wees erop dat palliatieve
35   zorg steeds meer aandacht krijgt.

Dat het Mensenrechtencomité van de Verenigde Naties nu toch bij de kritiek op de eutha-
nasiepraktijk blijft – net als vijf jaar geleden – zal worden meegenomen in de reactie op de
nieuwe aanbevelingen, die de Nederlandse regering in het najaar naar de Tweede Kamer
40   stuurt. "We zullen ons hierover opnieuw beraden", verklaarde een woordvoerder van het
ministerie van Justitie vrijdag.

Strategic reading exercise

The text mentions a number of reasons why the Netherlands is asked by the UN Human Rights
Committee to review its euthanasia law. What are they?

Grammar: Formation of questions with prepositions and relative pronouns with prepositions

In English, interrogatives like *who* can be combined with prepositions to ask a question: <u>With who(m)</u> are you going to the movie?

Dutch follows the same pattern: *Met wie ga je naar de film?*

However, with things and objects where English uses *what* or *which* instead of *who*,
Dutch automatically changes into *waar* if a preposition is involved in the mix.

Please see the following examples and note that the preposition follows *waar* and
does not precede it:

–   *<u>Waarin</u> wonen Jan en Pauline? Ze wonen in een flat. (wonen* = to live)
     (One could also say: *<u>Waar</u> wonen Jan en Pauline <u>in</u>? Ze wonen in een flat)*
–   *<u>Waarnaast</u> wonen Jan en Pauline? Ze wonen naast een heel groot gebouw.*

Likewise, one could also say *<u>Waar</u> wonen Jan en Pauline <u>naast</u>,* but since *waar + preposition* can also be used as relative pronouns in complex sentences, it is good to get used
to the *waar + preposition* construction: for example,

(a)   *Dat is de flat <u>waarin</u> Jan en Pauline wonen*: That is the flat *in which/where* Jan
       and Pauline live.

(b)   *Dat is het gebouw <u>waarnaast</u> zij wonen*: That is the building *next to which* they
       live. (The awkward English translation is used here to accommodate the more
       literal translation of the Dutch example).

In the above examples *waarin* and *waarnaast* are relative pronouns introducing a subclause; the pronouns themselves refer back to the antecedents *de flat* en *het gebouw.*

Translation warning: *waar/er + met = waarmee* and *ermee*

If the preposition *met* (with) is combined with *waar* or *er*, it changes from *met* to *mee*.

> *Dat is de pen <u>waarmee</u> ik schrijf.*
> That is the pen <u>with which</u> I write.

> *Dat is de pen. Ik schrijf met de pen: ik schrijf <u>ermee</u>.*
> That is the pen. I write with the pen. I write <u>with it</u>.

The use of the word *er* has not been properly introduced yet, but will be explained in the next chapter, on pp. 67–70. Also, in Chapter V we will return to the subject of relative pronouns and subclauses.

Grammar and translation exercise: Antecedents

The following (edited) lines are taken from the above text: identify the antecedent and try to translate the sentences:

– *De voorwaarden waaronder euthanasie mag worden uitgevoerd garanderen niet tegen misbruik.*   (ll. 9–11)
– *Het comité noemt situaties waarin een arts tot euthanasie besluit.*   (l. 20)

Here are some more edited lines from the previous texts with *waar + preposition*; identify the antecedent and translate the sentences.

– *De bedstee waarin Helene sliep, is klein.*
– *De andere kamers zijn laag waardoor het geheel somber is.*
– *Ze werken eraan als moderne slaven, waarna Koolhaas de laatste selectie maakt.*
– *Het was een kort debat waarin twee posities naar voren kwamen.*
– *En zo is de seksuele soepelheid waarop Nederlanders zo pochen, een illusie.*

Answers can be found in the answer keys in the back of the book.

Translation tip: Look for verb(s)' placement in the sentence

In the above examples, you may have noticed that in a Dutch main clause the finite verb is in second position, whereas in subclauses the finite verb moves to the end of the clause (*sliep, is, maakt, kwamen, pochen, is*). See also the contrast analysis at the beginning of this book. These strict rules for verb placement are helpful when deconstructing a complex sentence structure into the main clause structure and its dependent subclauses. The positions of verbs are rather significant because they are, in a sense, the boundaries between main and subclauses. Thus, example (1) below shows a main clause, with the V2 principle placing the finite verb in second position, while the rest of the verbal group is at the end:

(1)   Nederland moet de euthanasiewet herzien:
1. *Nederland / 2. moet / 3. de euthanasiewet / 4. herzien.*
[1. subject / 2. finite verb / 3. object / 4. main verb]
The Netherlands has to review the euthanasia law.

The next example will show the structure of a more complex sentence, with the sub-clause *Toen – had* embedded in the main clause. The finite verb is at the end of this sub-clause since a subclause does not adhere to the V2 principle, but has SOV word order:

(2)   1. *Toen het comité kritiek had, / 2. moest / 3. Nederland / 4. de euthanasiewet / 5. herzien.*
[1. subclause] [2. finite verb / 3. subject / 4. object / 5. main verb]
When the committee expressed criticism, the Netherlands had to review the euthanasia law.

Here is one more example from the text:

(3)   *Het feit dat ook een tweede arts zijn mening moet geven, is in de ogen van het VN-orgaan niet voldoende.*

What is the main clause and its verb(s)?

Answer:
Het feit […] is in de ogen van het VN-orgaan niet voldoende is the main clause with only one verb (*is*), in the usual second position. Now identify the subclause and its verb(s).

Answer:
The subclause (embedded in the main clause) is: *dat ook een tweede arts zijn mening moet geven* and the verbs come at the end of the clause (*moet geven* = must give) fol-lowing SOV word order. The translation of the entire sentence would be: The fact that a second physician must also give his opinion is, in the view of the UN committee, not sufficient.

Translation tip: Helpful punctuation

In example (3) above, the comma has a special function, because it indicates the boundary between the subclause and the rest of the main clause. The comma is not only put there to highlight this boundary, but also to create clarity because if it were absent, the reader would see three verbs in a row, which could be confusing. Look for this comma (if it is present), to analyze sentence structure.

Word order issues will be extensively discussed in the next few chapters but since the position of the verb(s) is the key to unlocking Dutch sentence structure, it is good to keep an eye on the placement of verbs (and commas) early on.

Word strategy: Compounding in Dutch

The reason why German and Dutch have so many long words has to do with their natural tendency towards compounding, which is the combining of (for example) two separate nouns that, once they are written as one, generate a new meaning. For instance, *tuinman* is made up of *tuin* (garden) and *man* (man), which, combined, means *gardener*. Arguably, compounding takes place in English too but words are not "glued" together like they are in Dutch or German. Thus "butter knife" can be considered a compound even though it is not written as one word as one would do in Dutch (*botermes*).

Compounding does not always have to involve a noun + noun combination; it can also occur with a preposition + noun (*voordeur*: front door) and an adjective + noun (*schoonmoeder*: mother-in-law). The noun + noun compound occurs rather frequently in Dutch in which case the second noun determines the article of the new word. Thus *tuinman* is *de tuinman*, as man takes *de*. As we have seen earlier, compounding is not limited to nouns but also occurs rather frequently with verbs.

Considering the frequency of compounding in Dutch, it is worthwhile to guess the meaning of a compounded word once you know the meaning of the separate words. For instance, in Text II.1 (*Nederland bestaat niet*), there is the word *handtekeningen* in line 12; *hand* means hand and *tekening* is drawing, so *handtekening* is signature.

Sometimes an -*s* is used to glue the two words together; this -*s* is a genitival -*s* indicating possession: thus the word *koning* + *s* + *huis* in lines 39–40 of Text II.1 (*Nederland bestaat niet*) means (literally) the house *of* the king. In fact, the word *koningshuis* is more abstract, meaning the (institution of the) royal family/house. See also *verzorging* + *s* + *staat* in line 59 of the same text, literally meaning "care state" but which, in English, translates into *welfare state*.

Word guessing exercise: Compounding

Find the noun + noun compounds in the three texts of this chapter and try to derive their meaning by looking at the component parts of the word.

Grammar refresher

1. Return to the first three paragraphs of Text II.3 on euthanasia. Isolate the verbs, helping verbs and/or main verbs.
2. What tense are these paragraphs written in? How can you tell? (Clue: the easiest way to determine tense is to focus on the finite verb in the sentence).
3. Find the plural nouns in these paragraphs and make sure you are not confusing them with the infinitives of verbs.
4. There is only one personal pronoun in these three paragraphs: identify it and translate it.
5. Consider the entire text; there is only one demonstrative in this text: can you find it?

Translation warning and exercise: *dat*

There are a number of *dat*-words in Text II.3, which are *not* demonstratives but are the beginning of a subclause, which has its verb(s) at the end of the clause.

(a) *Ik vind dat je dat niet mag doen* (*dat* is a subordinating conjunction; *mag doen* is the verb cluster at the end of the clause): I think that you cannot do that.[28]

(b) *Het huis dat daar staat was vroeger van mijn oma* (*dat* is a relative pronoun referring back to antecedent *Het huis*; the finite verb *staat* is at the end of the embedded subclause; *Het huis was vroeger van mijn oma* is the main clause). The literal translation of the full sentence is "The house that stands over there, used to be my grandmother's."

With this limited knowledge of *dat* and subclause syntax, try to translate the following (edited) sentences from Text II.3 and determine what kind of *dat* is used here:

1. *Uit de aanbevelingen blijkt dat het comité bezorgd blijft.*
2. *De voorwaarden garanderen niet dat mensen tegen misbruiken worden beschermd.* (note: *worden beschermd* is passive voice, to be discussed in Chapter V)
3. *Het feit dat een tweede arts zijn mening moet geven, is niet voldoende.*
4. *Het comité wil zeker dat eerst een juridische toetsing plaatsvindt.*
5. *Minister Hirsch Ballin verklaarde dat de toename laat zien dat de meldingsbereidheid* (*i.e. willingness to report*) *toeneemt.*
6. *Hij gelooft niet dat er sprake is van een stijging van het aantal euthanasiezaken.*

---

28. Whereas in English you can leave out "that" as in "I think you can't do that", in Dutch you can never leave out *dat* in such instances.

Chapter III

Migration

One might suspect that migration would be a new phenomenon to Holland, due to the intense discussion about migrants, which has flared up recently in the late twentieth and beginning of the twenty-first century in the Netherlands. But nothing could be further from the truth, as Holland, since the sixteenth century, has been the destination of political and religious refugees as well as economic migrants from all over the world. In the first text, migration waves are described from the year 1500 until World War II. In this popular-scientific series about everyday life in the Netherlands (Het alledaagse leven), the author, Cor van der Heijden, gives an overview of the history of migration to the Netherlands.

The second text is a discussion of immigration to the Netherlands after World War II, by the same author. The growth of these groups of immigrants since the sixties of the last century has been the cause of several problems. Some of these groups now form the underclass of Dutch society. Problems relating to unemployment, poverty, school truancy and drop-out rates, formation of street gangs, vandalism and crime tend to be more common among the second generation of certain ethnic groups.

This was also the reason for journalist Paul Scheffer to open the multicultural debate in a now famous article of 2000, published in the Dutch newspaper *NRC Handelsblad*. The beginning of this article is the third text in this chapter. After more than twenty years, the multicultural debate is still raging in both the Netherlands and Europe where immigration rates from North Africa and the Middle East have soared.

Text III.1   *Nederland – Migrantenland*[29]
by Cor van der Heijden

Nederland is niet alleen aan het begin van de 21ste eeuw een land met naar verhouding veel migranten; dat was in het verleden óók al het geval. Tussen de migrantenstroom in   5
heden en verleden bestaan opmerkelijke overeenkomsten en verschillen. […]

Tussen 1500 en 1650 verdrievoudigde de bevolking van het gewest Holland zich. Het inwonertal nam toe van ongeveer 275.000 naar 850.000. Ondanks het feit dat het sterftecijfer er een stuk hoger lag dan het geboortecijfer, groeiden de Hollandse steden in deze periode   10

---

29. Inburgeren en uitvliegen. Over migratie. *Het alledaagse leven. Tradities & trends in Nederland*, Vol. 11, 332–334, 336, 338, 340. (Zwolle: Waanders, 2009).

als kool. Amsterdam groeide van ruim 10.000 in 1500 naar 200.000 anderhalve eeuw later. In Leiden nam het inwonertal toe van 12.000 in 1585 tot meer dan 70.000 in 1670.

In deze jaren hebben de Duitse landen het meest aan deze immigratie bijgedragen. Veel van hen kwamen op goed geluk naar de Hollandse steden in de hoop er een bestaan te
15   kunnen opbouwen. [...] De Republiek was vermaard om het ruimhartige beleid bij de toelating van aanhangers van andere religies. In 1609 verleende het stadsbestuur van Leiden de *Pilgrim Fathers* toestemming om zich in de stad te vestigen.

Een belangrijke groep migranten die vanwege godsdienstige tolerantie in de Republiek
20   neerstreek, waren de uit Portugal en Spanje verjaagde joden. Deze 'sefardische' joden waren vooral actief in de handel en nijverheid. Bij hun uitwijzing uit het Iberisch schiereiland namen zij niet alleen een enorm kapitaal mee, maar ook hun wereldwijde handelscontacten. Hun kennis van het Portugees en Spaans was daarbij een belangrijk pluspunt. Zij werden in de Republiek dan ook met open armen ontvangen en konden – zeker in
25   vergelijking met elders in Europa – in betrekkelijke vrijheid hun eigen leven inrichten. Zo was het, om een voorbeeld te noemen, alleen in de Republiek joden toegestaan om onroerend goed te bezitten. Later vestigden zich hier ook nog eens grote aantallen joden uit Oost-Europa, de Asjkenazische joden. Dit waren overwegend arme en slechts jiddisch sprekende arbeiders en straathandelaars. Hoewel van een gedwongen gettovorming geen
30   sprake was, kozen veel joodse immigranten Amsterdam als woonplaats en hadden ze de neiging bij elkaar te gaan wonen. Vlooyenburg en het aangrenzende Uilenburg werden de kern van de jodenwijk, die lang het aanzien van Amsterdam heeft bepaald en die het hoofdstedelijke dialect en de humor eeuwenlang hebben gekruid. Via hen drongen woorden als *ramsj, bajes, stennis, bonje, de blits maken, kapsones, mazzel, tof* en *voor schut* in
35   de Nederlandse taal door.

De Sefardische joden specialiseerden zich in de goud- en diamanthandel. Dankzij hun inbreng werd Amsterdam in de 19de eeuw dé diamantstad van de wereld, die werk verschafte aan meer dan tienduizend diamantbewerkers.
40

De belangrijkste groep vreemdelingen die in de periode tussen de twee grote wereldoorlogen Nederland binnenkwam – de grote groep Duitse vrouwen die tijdelijk als dienstmeisje werkzaam waren buiten beschouwing latend – waren joodse vluchtelingen uit Duitsland, Oostenrijk en Polen. Naar schatting bestond deze groep in totaal uit 35.000 personen.
45   De meesten van hen bleven maar kort en emigreerden naar overzeese bestemmingen. [...] De groep die pas na de Reichskristallnacht (9 november 1938) naar Nederland wilde verhuizen, kreeg te maken met de in 1935 nog eens aangescherpte Vreemdelingenwet. [...] Het leeuwendeel werd de toegang tot Nederland ontzegd. 'Ouden van dagen en kinderen, waaronder zieken en gewonden die na moeizame tochten en dikwijls na een tijd van ont-
50   bering hoopten rust en veiligheid te vinden, werden aan de Nederlandse grens ontvangen door een keten van gummi en ijzer, aldus een verontwaardigde verslaggever van de *Nieuwe Rotterdamsche Courant*. [...]

Vocabulary of *Nederland – Migrantenland*

Lines:

4	verhouding, naar	comparatively
6	opmerkelijke	remarkable
8	verdrievoudigde…zich (zich verdrievoudigen)	tripled
	bevolking (de)	population
	gewest (het)	district, region
8/9	inwonertal (het)	population (rate)
9	sterftecijfer (het)	mortality rate
	lag (liggen)	was
	geboortecijfer (het)	birth rate
10/11	groeiden als kool (groeien)	shot up
13	Duitse	German
	bijgedragen (bijdragen)	contributed
14	kwamen (komen)	came
	op goed geluk	on the off-chance
	bestaan (het)	existence
15	opbouwen	to build up
	vermaard	renowned
	ruimhartige	generous
15/16	toelating (de)	admission
16	aanhanger (de)	devotee; follower
	verleende (verlenen)	granted
	stadsbestuur (het)	city council
17	toestemming	permission
	zich vestigen	to take up one's residence, to settle
19	belangrijke	important
	godsdienstige	religious
20	neerstreek (neerstrijken)	settled
	verjaagde	driven away
21	nijverheid (de)	industry
	uitwijzing (de)	deportation
21/22	schiereiland (het)	peninsula
22	namen mee (meenemen)	took along with
24	ontvangen	to receive
25	elders	elsewhere
	betrekkelijke	relative
	inrichten	to organize

26	toegestaan (toestaan)	permitted
27	onroerend goed (het)	real estate
28	overwegend	predominantly
29	straathandelaar (de)	street vendor
	gedwongen (dwingen)	forced
30	geen sprake was (van)	was not the case
	kozen (kiezen)	chose
31	neiging (de)	inclination
	aangrenzende	neighboring
32	kern (de)	nucleus; center
	aanzien (het)	prestige
	bepaald (bepalen)	defined
33	hoofdstedelijke	metropolitan
	gekruid	seasoned
33–35	drongen door (doordringen)	penetrated
34	ramsj (de)	irregulars
	bajes (de)	prison (slang)
	stennis (de)	argument (slang)
	bonje (de)	argument (slang)
	blits maken, de	to steal the show (slang)
	kapsones (de)	put on airs, be cocky (slang)
	mazzel (de)	luck (slang)
	tof	decent, great, smashing (slang)
	schut, voor	(with *zetten*: to be made a fool)
38	inbreng (de)	contribution
38–39	verschafte aan (verschaffen)	provided with
	diamantbewerker (de)	diamond cutter/worker
42	binnenkwam (binnenkomen)	entered
	tijdelijk	temporarily
	dienstmeisje (het)	maid
43	beschouwing (de)	consideration
	(buiten b. latend)	leaving aside
	vluchteling (de)	fugitive
44	naar schatting	in estimation
	bestond uit (bestaan uit)	consisted of
45	bleven (blijven)	stayed
	bestemming (de)	destination
47	verhuizen	to move
	kreeg (krijgen) te maken met	had to deal with
	aangescherpt(e)	sharpened
48	leeuwendeel (het)	lion's share, majority

	toegang (de)	entrance; access
	ontzegd (ontzeggen)	denied
	ouden van dagen (de)	elderly people
49	gewonde (de)	injured
	moeizame	ponderous
	tocht (de)	journey
	dikwijls	often
49–50	ontbering (de)	deprivation, hardship
50	veiligheid (de)	safety
	keten (de)	chain
51	gummi (de)	rubber (as in rubber baton)
	verontwaardigde	outraged, incensed
	verslaggever (de)	reporter
52	courant (de) > krant (de)	newspaper

Strategic reading exercise

Please look at the title of this chapter as well as the titles of the three texts.

1. Predict the topics of these texts and look at the source of the texts. What is the intended audience for these three texts?
2. What do you know already about migration in the Netherlands? Make predictions and hypotheses with regard to these three texts, relying on skimming and your knowledge of the subject.

Now read the first text as a whole and see if the gist is clear. Did your predictions about this text meet with the actual content? When reading the text for a second time, look up key words in the vocabulary list at the end of the text.

Grammar: Simple Past (1)

In the first two texts in this chapter, the simple past (also known as the imperfect tense) is frequently used. For example:

(a) *Amsterdam groeide van ruim 10.000 in 1500 naar 200.000 anderhalve eeuw later.*
(l. 11)

Amsterdam grew from over 10,000 in 1500 to 200,000 one and a half centuries later.

(b) *Ouden van dagen en kinderen, waaronder zieken en gewonden die [...] hoopten rust en veiligheid te vinden.* (ll. 48–50)

Elderly people and children, among them the sick and the injured, who hoped to find peace and safety.

Simple past of regular verbs

The formation of the simple past of regular verbs in Dutch is relatively easy: you simply add -te (singular) or -ten (plural) to the stem of the verb, provided the stem of the verb ends with one of the following (voiceless) consonants:

=>-t, -k, -f, -s, -ch or -p <=

With these consonants the word 't kofschip can be formed, a mnemonic device to remember the consonants which have -te(n) in the simple past.[30] Please look at the table below to get a sense of how one conjugates the verb hopen (stem: hoop), meaning "to hope", in the simple past.

Singular

ik	hoopte	–	I	hoped
jij, u	hoopte	–	you	hoped
hij, zij, het	hoopte	–	he, she, it	hoped

Plural

wij, jullie, zij	hoopten	–	we, you, they	hoped

If the root of a regular verb does not end with the letter t, k, f, s, ch or p, one adds -de or -den to the stem of the verb, as is shown in the table below.

Singular

ik	groeide	–	I	grew
jij, u	groeide	–	you	grew
hij, zij, het	groeide	–	he, she, it	grew

Plural

wij, jullie, zij	groeiden	–	we	grew

If the stem of a regular verb has a short vowel and it ends in a -t or -d, the -t or -d will be doubled in spelling. This is essentially the same spelling rule that occurs when forming plurals of nouns, explained in the first chapter. An example of the doubling of the -t in the simple past can be found in the next text, in the following line:

Japan bezette in 1942 de uit meer dan 13.000 eilanden bestaande archipel.
[Nederlands-Indië] (I.4)
In 1942 Japan occupied the archipelago, which consisted of more than 13,000 islands.

---

30. Alternatively, some people remember it by the word 't fokschaap. The word kofschip in Dutch means merchant ship; and a fokschaap is a sheep you breed with; fokken (to breed) is clearly related to the often-used four-letter curse word in English.

Singular

ik	*bezette*	–	I	occupied
jij, u	*bezette*	–	you	occupied
hij, zij, het	*bezette*	–	he, she, it	occupied

Plural

wij, jullie, zij	*bezetten*[31]	–	we	occupied

Typically, the simple past in Dutch is used for:

1. a description or a statement of an action or situation taking place in the past that is not related to the present

    Ik vond het leuk in Londen.
    I had a good time in London.

2. a repetitive action or situation in the past; a habit

    Ik ging vroeger altijd op de fiets naar school.
    I used to bike to school.

3. past actions following one another, like in a narrative, expository writing or a story

    Hij kwam binnen, zette zijn tas neer en ging op een stoel zitten huilen.
    He came in, put down his bag and sat down in a chair, crying.

4. in the subclause when the main clause contains a simple past/pluperfect

    Hij vroeg of ik morgen kwam.
    He asked whether I would come tomorrow.

    Zij had gezegd dat ze naar huis moest.
    She said she had to go home.

5. Conditionalis (implying condition) or irrealis (implying something that is unreal/hypothetical and therefore not likely to happen)

    Als ik veel geld had, kocht ik een huis in de Alpen.
    If I had a lot of money, I would buy a house in the Alps. (notice the tense difference here in the English translation)

    Als mijn grootvader nog leefde, was hij nu 115 jaar oud.
    If my grandfather were still alive, he would be 115 years old now.

---

31. This also means that *bezetten*, or *zetten* (as in *koffie zetten*, to make coffee), the present tense (*zij bezetten/zetten* is <u>identical</u> to the past tense: *zij bezetten/zetten*).

Here is a simple past example from the text.

> *Tussen 1500 en 1650 <u>verdrievoudigde</u> de bevolking van het gewest Holland <u>zich</u>.* (I.8)
> Between 1500 and 1650 the population in the region of Holland <u>tripled</u>.

This event took place in the past and does not have a relation to the present. The writer continues the second paragraph by describing what went on during this period. One event followed another, as in a historical narrative, so here we see the use of the simple past, mentioned in 3. Are there examples in the text of the use of the simple past mentioned in 4 and 5?

Grammar exercise: Regular verbs
Find all regular verbs in the simple past in both Text III.1 and III.2. Please write down the infinitive of the verb as well as the simple past form in the singular and plural.

Translation exercise
Translate the first and the second paragraph of *Migrantenland*. Remember to translate the paragraphs sentence by sentence, not word for word.
  Translate each first sentence of the following paragraphs.

Text III.2   *Immigratie na de Tweede Wereldoorlog*[32]
            by Cor van der Heijden

Japan bezette in 1942 de uit meer dan 13.000 eilanden bestaande archipel [Nederlands-
5 Indië]. Het merendeel van de in de kolonie wonende Nederlanders werd in interneringskampen opgesloten. De pogingen om na de Japanse capitulatie in 1945 het beheer over
de kolonie weer in handen te krijgen, liepen spaak. Op 27 december 1949 ondertekende
koningin Juliana de soevereiniteitsoverdracht en kwam er formeel een einde aan de ongeveer 350 jaar durende bemoeienis van Nederland met dit gebied. [...] Tussen 1946 en 1964
10 keerden ongeveer 300.000 'repatrianten', voor het merendeel van gemengd Nederlands-
Indische afstamming, naar hun 'onbekende vaderland' terug. [...]

Aan het begin van de jaren zeventig kwam er een tweede stroom koloniale migranten naar
Nederland op gang. Na de inwilliging van het verzoek van het Surinaamse gebiedsdeel om
15 geheel zelfstandig te worden, probeerde het kabinet-Den Uyl (1973-1977) er een snelle en
fatsoenlijke scheiding van te maken. Veel Surinamers twijfelden ernstig aan de levens-
vatbaarheid van een onafhankelijk Suriname en 'zij stemden met de voeten' door naar
Nederland te vertrekken. Velen waren bevreesd dat de tegenstellingen tussen de Creolen

---

32. Inburgeren en uitvliegen. Over migratie. *Het alledaagse leven. Tradities & trends in Nederland,* Vol. 11, 340, 343,345, 347–348, 350–352, 355–358. (Zwolle: Waanders, 2009).

en de Hindoestanen zich zouden verharden en meenden dat bloedige confrontaties on-   20
afwendbaar zouden zijn. Maar ook de beperkte economische mogelijkheden in de voormalige kolonie stonden in schril contrast met de grote welvaart en de ruime kansen op de
arbeidsmarkt in het moederland. [...]

De omslag van Nederland als emigratieland naar Nederland als immigratieland had zich
al vóór de komst van de Surinamers en Antillianen voorgedaan. De wederopbouw ver-   25
liep zo voorspoedig dat zich in de jaren vijftig een krapte op de arbeidsmarkt begon af
te tekenen. In navolging van landen als Duitsland werd besloten om gastarbeiders aan te
trekken. De werving van tijdelijke arbeidskrachten in Italië viel nogal tegen. Daarom werd
het zoekgebied verruimd tot andere landen in Zuid-Europa, zoals Spanje en Griekenland.
[...] Het merendeel van de gastarbeiders uit Spanje, Italië, het toenmalige Joegoslavië en   30
Griekenland keerde na verloop van jaren terug naar hun land van herkomst. Vandaar dat
al vroeg in de jaren zestig de werving van tijdelijke arbeidskrachten uitgebreid werd naar
Turkije en Marokko. Ook hier gingen overheid en bedrijfsleven hand-in-hand op zoek
naar ongeschoolde mannen waaraan in de textiel, de metaal en de voedingsmiddelenin-
dustrie een grote behoefte bestond. [...]   35

Toen in 1973, mede als gevolg van de eerste oliecrisis, een einde kwam aan de ongebreidelde economische groei en de eerste tekenen van recessie zich aftekenden, werd de actieve
werving van gastarbeiders stopgezet. In plaats van de verwachte afname van immigratie,
groeide ook in de jaren zeventig het aantal nieuwkomers. In plaats van na gedane ar-   40
beid weer terug te keren naar hun eigen land, vestigde het grootste deel van de Turkse
en Marokkaanse gastarbeiders zich definitief in Nederland. Velen van hen hadden in de
jaren dat ze in Nederland verbleven allerlei rechten opgebouwd. Eén daarvan was dat van
gezinshereniging. In plaats van zelf terug te keren, lieten zij hun gezinnen of een huwelijkspartner naar Nederland overkomen.   45

Met de bruidjes uit het land van herkomst werd ook een ander probleem geïmporteerd.
De vrouwen kwamen van de ene op de andere dag in een compleet andere wereld terecht.
Thuis hadden zij hun eigen vertrouwde wereldje: een koe, een tuintje, vriendinnen en bin-
nenshuis een dominante positie als echtgenote en moeder. Eenmaal in Nederland, bleek   50
het plattelandsleventje ingeruild te moeten worden voor een leven op een flat in een ver-
vallen 19de-eeuwse stadswijk of in een rijtjeshuis in een volksbuurt. [...]

Deze 'volgmigratie' was vele malen groter dan de oorspronkelijke immigratie. Om die
reden wonen momenteel meer dan 700.000 Turken en Marokkanen in Nederland. Op   55
1 januari 2008 waren dat – volgens cijfers van het CBS – 372.714 Turken (waarvan 194.556
tot de 'eerste generatie' behoren; de overigen zijn in Nederland geboren) en 335.127 Marokkanen (eerste generatie: 167.063 personen).

Vocabulary of *Immigratie na de Tweede Wereldoorlog*

Lines:

4	bezette (bezetten)	occupied
5	merendeel (het)	majority
6	opgesloten (opsluiten)	locked up
	poging(en) (de)	attempts
6	beheer (het)	control
7	liepen spaak (spaak lopen)	went wrong
	ondertekende (ondertekenen)	signed
8	soevereiniteitsoverdracht (de)	transfer of sovereignty
9	bemoeienis (de)	interference
11	vaderland (het)	native/mother country
13–14	kwam op gang	came into stride/got underway
	(op gang komen)	
14	inwilliging (de)	granting
	verzoek (het)	request
	gebiedsdeel (het)	territory
16	fatsoenlijk(e)	decent; honorable
	scheiding (de)	separation
	twijfelden aan (twijfelen)	doubted
16/17	levensvatbaarheid (de)	viability, feasibility
18	bevreesd waren (zijn)	were afraid
	tegenstelling(en) (de)	contrast
19/20	onafwendbaar	inevitable
20/21	voormalig(e)	former
21	stonden (staan) in schril contrast	were in sharp contrast
24	omslag (de)	change; turn
25	voorgedaan, zich (zich voordoen)	happened
	wederopbouw (de)	reconstruction, rebuilding
25–26	verliep (verlopen)	went
26	voorspoedig (verlopen)	(go) well
	begon (beginnen)	began
26–27	zich af te tekenen	to become apparent
27	gastarbeider (de)	foreign/migrant worker
27/28	aantrekken	to recruit, take on
28	werving (de)	recruitment

29	zoekgebied (het)	search area
31	land van herkomst (het)	country of origin
32	uitgebreid (uitbreiden)	expanded
34	ongeschoold(e)	unschooled/untrained
37/38	ongebreideld(e)	unbridled, unrestrained
40	nieuwkomers (de)	newcomers
43	rechten (het)	rights
	opgebouwd (opbouwen)	acquired
44	gezinshereniging (de)	reunification of a family
	gezinnen (het)	(nuclear) families
44/45	huwelijkspartner (de)	spousal partner
45	overkomen	to come over
47	kwamen terecht (terechtkomen)	ended up
49	wereldje (het)	small world (of one's own)
	tuintje (het)	little garden
51	plattelandsleventje (het)	country life
	ingeruild (inruilen)	exchanged for
51–52	vervallen	run-down, ravaged
52	rijtjeshuis (het)	a row house or terrace(d) house
	volksbuurt (de)	working-class area
54	volgmigratie (de)	second/consecutive wave of migration
56	cijfers (het)	figures, numbers
	CBS, het (Centraal Bureau voor de Statistiek)	the Dutch Census Bureau

Strategic reading exercise

Please read Text III.2 and see if you understand the main thrust. Try to guess the meaning of the text from the context, while answering the following questions:

1. What is the relationship between the former Dutch colonies and the increase of migration after World War II?
2. Explain the term *gastarbeider* (literally: guest worker).
3. Explain the term *gezinshereniging* (literally: family reunification).
4. What is meant by the term *volgmigratie* (literally: following migration)?

Grammar: Simple Past (2)

Simple past of irregular verbs

Besides regular verbs, Dutch, like English, has about two hundred irregular verbs. Rather than attaching a -*te(n)* or -*de(n)* ending, these verbs have a vowel change in the root of the verb, and they are considered the oldest verbs in the language. The most frequent ones can be found in Appendix 2, on p. 173. Here are some examples from Text III.2:

(a) *Het merendeel van de in de kolonie wonende Nederlanders <u>werd</u> in interneringskampen opgesloten.*   (ll. 5–6)

The majority of the Dutch who lived in the colony <u>was</u> locked up in internment camps.

The infinitive of *werd* in the first example is *worden*. Eng: (was) "to be," as used in the passive voice (see also p. 105)

(b) *Aan het begin van de jaren zeventig <u>kwam</u> er een tweede stroom koloniale migranten naar Nederland op gang.*   (ll. 13–14)

In the beginning of the seventies, a second influx of colonial migrants to the Netherlands <u>came</u> into being/got underway.

The infinitive of *kwam* in the second example is *komen*. Eng: came (to come)

(c) *Maar ook de beperkte economische mogelijkheden in de voormalige kolonie <u>stonden</u> in schril contrast […]*   (ll. 20–22)

But the limited economic opportunities in the former colony <u>were</u> in sharp contrast […]

The infinitive of *stonden* in the last example is *staan*. Eng: <u>stood</u> from "to stand" (Note: "stood" is not used here in the translation to accommodate the idiomatic expression and translation here).

Because English and Dutch are related, irregular verb forms in Dutch show a correspondence with English. It is helpful to keep these correspondences in mind, in order to:

1. determine whether a verb is regular or irregular: e.g. *spreken/sprak* is irregular, and so is the English to speak/spoke
2. be mindful of some similar vowel patterns: e.g. *komen/kwam* is comparable to English to come/came.

However, also keep in mind that English and Dutch vowel changes in the simple past are <u>not always</u> similar (see example (a)). It is equally important to realize that not all English irregular verbs are necessarily also irregular in Dutch (see example (b) below)

(a) *In plaats van zelf terug te keren, <u>lieten</u> zij hun gezinnen of een huwelijkspartner
     naar Nederland overkomen.*   (ll. 44–45)

     Instead of returning themselves, they <u>let</u>/allowed their families or spouse to
     come to the Netherlands. (Dutch: *laten-lieten*; Eng to let-let)

(b) *...het aantal nieuwkomers groeide* (l. 40): ...
     the number of newcomers grew. (*groeien* is regular in Dutch (past tense:
     groeide(n)), but irregular in English: to grow-grew).

Translation tip: The importance of irregular verbs

Because these irregular verbs tend to be some of the more frequent verbs in the language, it is recommended to learn the irregular verbs by heart. It helps to recognize
verb forms quickly, not only saving time during translation, but verbs also tend to be
the "muscles" of the sentence and without them, sentences become mere fragments,
devoid of meaning. Also, as mentioned earlier, an awareness of verbs and verb placement in the sentence is the key to determining word order: *seeing* the underlying
syntax is important when unlocking the semantics of a sentence.

Grammar: Irregular verbs in the past tense – vowel patterns

There are a few frequently used conjugation patterns in the simple past. Eight of them
are listed below. The first vowel is used in the infinitive, the second in the simple
past and the third in the past participle. Below, you will find a few examples of these
patterns.

[1] ij – ee – e
     rijden – reed – gereden   to drive – drove – driven
     krijgen – kreeg – gekregen   to get – got – got
     blijven – bleef – gebleven   to stay – stayed – stayed

[2] i – o – o
     beginnen – begon – begonnen   to begin – began – begun
     drinken – dronk – gedronken   to drink – drank – drunk
     vinden – vond – gevonden   to find – found – found

[3] e – o – o
     gelden – gold – gegolden   to apply – applied – applied
     treffen – trof – getroffen   to hit – hit – hit
     trekken – trok – getrokken   to tear (or pull) – tore – torn

[4] ie – oo- o
bieden – bood – geboden	to bid – bid – bidden
schieten – schoot – geschoten	to shoot – shot – shot
vliegen – vloog – gevlogen	to fly – flew – flown

[5] ui – oo – o
buigen – boog – gebogen	to bow – bowed – bowed
duiken – dook – gedoken	to dive – dived – dived
kruipen – kroop – gekropen	to crawl – crawled – crawled

[6] e – a – e
geven – gaf – gegeven	to give – gave – given
lezen – las – gelezen	to read – read – read
vergeten – vergat – vergeten	to forget – forgot – forgotten

[7] e – a – o
breken – brak – gebroken	to break – broke – broken
nemen – nam – genomen	to take – took – taken
spreken – sprak – gesproken	to speak – spoke – spoken

[8] e – ie – o
helpen – hielp – geholpen	to help – helped – helped
sterven – stierf – gestorven	to die – died – died
werpen – wierp – geworpen	to throw – threw – thrown

Grammar exercise: Irregular verbs

Find all irregular verbs in the simple past in both the first and second text in this chapter. Please write down the infinitive of the verb as well as the simple past, both singular and plural. Try to guess the vowel change. After finishing your list, compare the list to the irregular verbs' list in Appendix 2 (starting on p. 173).

Translation exercise

1.   Translate every first sentence of each paragraph of Text III.2.
2.   Translate the last paragraph of the text completely.
3.   Read your translation of the first and second text. Does your translation make sense? Sometimes reading your translation in isolation (separate from the source text) can help in identifying the translation knots: sentences that do not make sense or "don't feel right" often contain translation errors.
4.   Which other paragraphs are important to translate? This will depend on your interest in the subject. Do you need more exact information from 1500 until 1700? Are you interested in Dutch migration after World War II? Or do you need to know about statistics from the year 2000 and up?
5.   If you use this book in a class context, discuss with your classmates how statistics or other non-textual elements (like illustrations) in a text can aid interpretation prior to translation.

Translation tip: Word order in Dutch and English

The above text shows this line:

> *De vrouwen kwamen van de ene op de andere dag in een compleet andere wereld terecht* (l. 48). In English, this sentence might read like this:
>
> The women ended up in a completely different world from one day to the next.

You may notice that where Dutch places <u>time</u> (*van de ene op de andere dag*) before <u>place</u> (*in een hele andere wereld*), English places <u>place</u> (in a completely different world) before <u>time</u> (from one day to the next). This is an important word order difference between Dutch and English. We also say that whereas Dutch favors time-manner-place word order: *Hans gaat op zondag* (time) *met de fiets* (manner) *naar de disco* (place), English tends to favor place-manner-time: Hans goes to the discotheque (place) by bike (manner) on Sunday (time). In Dutch this adverbial word order is more rigid than in English, so for the sake of translation it is probably helpful to remember that Dutch shows a strong preference for positioning *time* before *place*.

Grammar: Different uses of the word "er" in Dutch

A frequent phenomenon in Dutch, is the use of the word *er*. There are five different uses of the word *er*. In the first three uses, *er* refers to something already mentioned in the (con)text. In the last two uses, *er* is a "temporary" or dummy subject and refers to the real subject mentioned (later on) in the sentence.

1.   *Er* as an adverb of place: *er* refers to a place/location mentioned earlier in the con(text)

The following example from *Migrantenland* illustrates this use of what we also call "locative" *er*:

> *Veel van hen kwamen op goed geluk naar de Hollandse steden in de hoop er een bestaan te kunnen opbouwen.*   (ll. 13–15)
>
> Many of them came to the cities in Holland on the off-chance, hoping to start a life <u>there</u>. (So <u>er</u> / <u>there</u> = *de Hollandse steden* / the cities in Holland)

Instead of this use of er, the words *hier* (here) or *daar* (there) can also be used if the speaker/writer wants to put more emphasis on the place that is being referred to. So lines 13–15 could also be written as: *Veel van hen kwamen op goed geluk naar de Hollandse steden in de hoop <u>er/hier/daar</u> een bestaan te kunnen opbouwen.*

Beware that *er* in its reference uses (the first three uses of *er* mentioned here) cannot take the first position of the sentence. *Er* can only be used in an unemphasized position. In the first position of the sentence, *er* is stressed and, as a result, becomes *daar*:

> *Er hoopten zij een bestaan te kunnen opbouwen.*
> *Daar hoopten zij een bestaan te kunnen opbouwen.*
> There they hoped to build a life.

2.   *Er*: Combined with prepositions

Er can be used in combination with prepositions (*ermee* – therewith, *erop* – thereon, *erin* – therein, *ervan* – thereof etc.). An old-fashioned English way of saying "with that" or "for this" is "therewith" of "herefore". This is called a pronominal adverb. In this usage, the *er*-word usually replaces something that is mentioned or known from context: e.g. *De hond ligt op de bank* (The dog lies on the couch) >> *De hond ligt erop* (The dog lies thereon, or rather "on it" in modern, though still awkward, English). In the word *erop*, *er* replaces the couch.

While the preposition follows the word *er*, the preposition is often separated from *er,* in which case the preposition can be found further on in the sentence. The second text in this chapter shows such an example:

> *Na de inwilliging van het verzoek van het Surinaamse gebiedsdeel om geheel zelfstandig te worden, probeerde het kabinet-Den Uyl (1973–1977) er een snelle en fatsoenlijke scheiding van te maken.*   (ll. 14–16)

> After granting the request of the territory of Surinam to become completely independent, the Den Uyl administration (1973–1977) tried to make a quick and honorable separation of it.[33] (*ervan* / of it = *een snelle en fatsoenlijke scheiding* / a quick and decent separation)

Notice that in this example *hier* (here) or *daar* (there) could also be used. The sentence would then read: *Na de inwilliging van het verzoek van het Surinaamse gebiedsdeel om geheel zelfstandig te worden, probeerde het kabinet-Den Uyl (1973–1977) er/hier/daar een snelle en fatsoenlijke scheiding van te maken.*

As mentioned, when describing the use of *er* as an adverb of place, *er* cannot take the first position of the sentence when used in combination with a preposition. Instead

---

33. Again, this is a rather literal translation for the sake of the argument; a more natural translation would be: "the Den Uyl administration (1973–1977) tried to turn it into a quick and honorable separation."

hier or *daar* can be used to replace *er*: <u>*Daar*</u> *probeerde het kabinet-Den Uyl een snelle en fatsoenlijke scheiding van te maken*: <u>Thereof/Of that</u> the Den Uyl administration tried to make a quick and honorable separation.

3.   *Er*: Combined with numbers

Er can also be used in combination with definite or indefinite cardinal numbers, as well as with words indicating quantities, like *genoeg* (enough), *veel* (many) and *weinig* (few). An example of what we call "partitive *er*" is:

> ...*blij dat ik er één van de acht heb.*
> [I am] happy that I have one of the eight. [objects]

This use of *er* is heard/seen more in spoken rather than written language. Other examples are:

(a) *<u>Hoeveel schilderijen</u> hebt u? Ik heb <u>er</u> veel.*
     How many paintings do you have? I have many.

(b) *<u>Hoeveel fietsen</u> heeft de Nederlander gemiddeld? Hij heeft <u>er</u> twee.*
     How many bikes does a Dutchman have on average? He has two.

Er refers to *schilderijen* (paintings) in example (a) and to *fietsen* (bikes) in (b). Please be aware that this *er* is often not translated at all.

4.   *Er*: Combined with indefinite subjects

Here is an an example from Text III.2, using *er* in combination with indefinite subjects:

> *Aan het begin van de jaren zeventig kwam <u>er</u> <u>een tweede stroom koloniale migranten</u> naar Nederland op gang.*   (ll. 13–14)
>
> At the beginning of the seventies, a second influx of colonial migrants to the Netherlands came into being/got underway.

The subject (*een tweede stroom koloniale migranten*) in this sentence is indefinite. Note that *er* precedes or follows (in case of inversion) the finite verb immediately. In the above sentence the order of the subject and the verb is reversed, because the sentence begins with an adverbial phrase that denotes time. If the sentence had not been reversed, it would have looked like this:

> <u>*Er*</u> *kwam* <u>*een tweede stroom koloniale migranten*</u> *naar Nederland op gang aan het begin van de jaren zeventig.*

In both this example and the next use of *er* (see 5) below, *er* is called a "temporary subject" or a "dummy subject". The actual subject (*een tweede stroom koloniale migranten*) is mentioned later on in the sentence. In both uses, *er* is omitted in translation, which was also the case with the third use of *er* (i.e. partitive *er*).

Notice, furthermore, that agreement between subject and verb can be tricky here as some readers/translators will consider *er* the subject of the sentence; for example, it would be ungrammatical to say *Er kwam honderden gastarbeiders het land binnen.* The correct usage would be *Er kwamen honderden gastarbeiders het land binnen*, for *honderden gastarbeiders* is the subject, so the verb is plural rather than singular (*kwamen* and not *kwam*).

5.   *Er*: In passive sentences without a subject

The third and following text in this chapter shows one example of this kind of *er*:

> *Want waarom wordt er niet in veel dwingender termen gesproken over het achterblijven van hele generaties allochtonen* [...]   (ll. 22–24)

> Because why don't we speak in much more compelling terms about the lagging behind of whole generations of immigrants [...]34

The texts in Chapter IV also have a few examples of this kind of *er*:

> *Werden er in de periode 1700–1750 'slechts' 28 dijkdoorbraken geteld,*   (ll. 26–27)

> [While] In the period 1700–1750 'only' 28 dike breaches were counted,

This passive sentence does not have a real subject, just the dummy subject *er*. This kind of *er* can only be used in passive sentences, which describe a human activity. You are essentially missing the person performing the human activity, so there is an implied subject of sorts, i.e. in the example above *er* represents "someone" counting the dike breaches.

The subject can also be *er* if the main clause is in the passive voice, and is followed by a subclause. No examples of this kind of *er* were found in the texts offered in this book.

However, an example could be:

> *Er wordt soms beweerd dat immigratie een probleem voor de Nederlandse samenleving is:* It has sometimes been claimed that immigration is a problem for Dutch society.

---

34. Please note that the Dutch passive is translated here with an English active construction; just as Dutch uses more of the perfect tense (where English uses simple past), so does it use passive voice more, where English prefers active voice.

Translation warning: Translation of *er*

While *er* often "falls out" of the English translation, in the example above Dutch uses the word *er* (there) and not *het*, where English uses *it*. Passive voice will be discussed extensively in Chapter VI.

Grammar exercise: er/hier
Find all the sentences with *er/hier* in all the texts of this chapter.

1.   Write those sentences down.
2.   Which uses of *er/hier* can you distinguish?
3.   How would you translate these sentences?

Clue: you should be able to find the following number of uses of *er/hier* per text:
Text III.1: 3; Text III.2: 4; Text III.3: 3. Note: these include the examples mentioned above.

Text III.3   *Het multiculturele drama*[35]
by Paul Scheffer

Soms neemt de culturele verwarring een komische wending. Eerdaags kunnen we op wervingsposters van de gemeentepolitie de volgende tekst verwachten: 'Die tulband past ons   5
allemaal'. Het voorstel van de hoofdcommissarissen om de pet naar believen in te ruilen voor een hoofddoekje of tulband laat goed de onzekerheid zien, die de aanwezigheid van meer en meer migranten in Nederland met zich meebrengt. Zo'n buiging naar religieuze voorkeuren is vast goed bedoeld, maar blijkbaar vraagt men zich niet af of deze koestering van eigen identiteit wel samengaat met het streven naar emancipatie.   10

De achter ons liggende eeuw is getekend door de poging de sociale ongelijkheid terug te dringen. Geen vraagstuk heeft het openbare leven in Nederland zo beroerd als het streven naar verheffing van de verschillende bevolkingsgroepen, opdat een ieder volwaardig burger zou kunnen zijn. Die zorg voor gelijke kansen kwam voort uit angst voor sociaal   15
oproer. Maar dat was niet het enige: in de tweede helft van de negentiende eeuw zien we ook een beschavingsoffensief opkomen.

Over het geheel genomen is deze poging tot integratie geslaagd te noemen. De standen en klassen verloren hun scherpe randen: afkomst werd steeds minder een noodlot. Juist   20
daarom is de gelaten manier waarmee gereageerd wordt op het ontstaan van een nieuwe, veel venijniger tweedeling in de Nederlandse samenleving zo onvoorstelbaar. Want waarom wordt er niet in veel dwingender termen gesproken over het achterblijven van hele

---

35. *NRC Handelsblad*, January 29th, 2000. Internet edition: <http://www.essener.nl/opdracht/ mc_samenleving/opdrachten/downloads/Microsoft%20Word%20-%20MULTICULT%20PAUL%20 SCHEFFER%20definitief.pdf>

generaties allochtonen en over de vorming van een etnische onderklasse? Zo energiek als
'de sociale kwestie' van weleer te lijf is gegaan, zo aarzelend wordt nu omgegaan met het
multiculturele drama dat zich onder onze ogen voltrekt.

Is dat niet te zwartgallig? Nee, lees onder meer de recente 'Rapportage minderheden 1999'
van het Sociaal en Cultureel Planbureau (SCP), een studie gewijd aan de positie van allochtonen in het onderwijs en op de arbeidsmarkt. Hoewel de verschillen tussen en binnen
de etnische groepen aanmerkelijk zijn, lijkt de algehele situatie zorgwekkend. Gemiddeld
hebben de allochtone kinderen een aanmerkelijke achterstand in cognitieve ontwikkeling
en taalvaardigheid, waardoor de toegang tot de betere banen is afgesloten. In Turkse en
Marokkaanse kring treft men meer dan elders kinderen aan zonder enig schooldiploma.
Er is volgens het SCP een 'aanzienlijke talentenreserve'. Toch blijft de kloof tussen autochtone en allochtone kinderen groot en groeit die zelfs volgens sommige onderzoekers.

Wie alle beschikbare gegevens overziet komt tot een ontnuchterende conclusie: werkloosheid, armoede, schooluitval en criminaliteit hopen zich op bij de etnische minderheden.
En de vooruitzichten zijn over de gehele linie niet gunstig, in weerwil van individuele
succesverhalen. Het gaat om enorme aantallen achterblijvers en kanslozen, die de Nederlandse samenleving in toenemende mate zullen belasten.

Volgens de meest terughoudende telling herbergt Nederland nu een kleine anderhalf
miljoen allochtonen die worden gerekend tot de zogeheten doelgroepen van het minderhedenbeleid. Dan hebben we het over landen van herkomst als Turkije, Marokko, Suriname, Antillen, en niet over Amerika of Zweden. De voorspelling van het SCP-rapport luidt
dat in 2015 twaalf procent van de bevolking, dat wil zeggen rond de twee miljoen burgers,
uit deze 'doelgroepen' afkomstig is. Zo'n veertig procent van hen zijn asielmigranten uit de
Derde Wereld. Belangrijk is ook dat in 2015 ongeveer de helft van de bevolking in de vier
grote steden allochtoon zal zijn. Nu al is de schooljeugd er in meerderheid afkomstig uit
wat straks enkel nog in naam 'minderheden' zijn. Voor alle vijfenveertig grote steden van
Nederland zal deze omslag over tien jaar een feit zijn.

Niemand kan dat een geruststellende gedachte vinden. Want het is duidelijk dat de razendsnelle demografische verandering enorme aanpassingsproblemen schept. In alle
sectoren van de samenleving zijn de problemen legio: in de gezondheidszorg, het onderwijs, de rechtspraak, de volkshuisvesting en de arbeidsmarkt. [...]

De vraag is: hoe heeft het zo ver kunnen komen? Waarom denken we het ons te kunnen
veroorloven generaties immigranten te zien mislukken en een verondersteld reservoir aan
talent onbenut te laten? En waaraan ontlenen we het vertrouwen dat ondanks de zichtbare
problemen alles wel op zijn pootjes terecht zal komen? Komt dat door de economische
groei waarmee onrust kan worden afgekocht en de tevreden waarneming dat we hier geen
rassenrellen kennen en het dus elders veel slechter gaat?

Strategic reading exercise: Word guessing

For a general understanding of the text, the meaning of a number of (key) words will often do. Being creative and guessing word meanings can save time, time which is otherwise spent on looking up words in a dictionary. To reinforce this reading strategy, follow the next three steps.

1. What kind of word is this? Is it a verb (what is its form and tense?), is it a noun (is it singular or plural?) or is it an adjective or an adverb or is it something else?
2. Do you already know a part of this word? Does the word seem similar to a word you do know? Do you recognize the word from your knowledge of other languages? Has the word a prefix or a suffix that is known to you?
3. Have a close look at the sentence in which the word appears. Look also at the previous and following sentence(s). Does this word make sense in context?

Without consulting a dictionary:

a. Read the entire text once or twice.
b. Underline the words that seem to be important for an overall understanding of the text.
c. Guess and describe the meaning. Which of the abovementioned steps did you use?
d. Discuss your guesses with the guesses of fellow students if you use this book in a class context.
e. Read the text a second time. Do you have a better understanding of it now?
f. If you still have doubts about some of the word meanings you guessed, you can now use a dictionary, but only look up one or two words per sentence. Or to make it more challenging: two words per paragraph. If you do this exercise in a class context: discuss with fellow students what the key words are that need to be looked up.

Grammar: Negation

In Dutch, as in English, there are many words, which will negate something or imply negation. The most important are: *niet* (not), *geen* (no + noun), *noch* (neither, nor), *niemand* (no one, nobody), *niets* (nothing), *nooit* (never), *nergens* (nowhere), *nee* (no), but also words like *nauwelijks* (hardly) and *zonder* (without). *Nee* (no), the opposite of *ja* (yes), is used to answer a question negatively (pronounced like English "nay").

The words *niet* (not) and *geen* (no) are most often used for negation in sentences. *Geen* (no) is used for indefinite nouns; *niet* (not) is used in all other cases. This is similar to the use of negation in English. Consider, for example, the following lines from the above text:

> <u>Geen</u> vraagstuk heeft het openbare leven in Nederland zo beroerd als het streven naar
> verheffing van de verschillende bevolkingsgroepen.   (ll. 13–15)

> <u>No</u> problem has disturbed public life in the Netherlands as much as the upward
> mobility of the different population groups.

> *Maar dat was <u>niet</u> het enige.*   (l. 16)
> But that was <u>not</u> the only thing.

In these examples, the use of *niet* (not) and *geen* (no) are similar in both Dutch and English.

Now have a look at the following sentence from the same text:

> *maar blijkbaar vraagt men zich <u>niet</u> af of …*   (l. 9)
> but apparently one <u>doesn't</u> wonder whether …

In Dutch, all verbs can directly be negated by the use of *niet* (not). In English, the modal verbs (like "can", "will" etc.) and the verbs "to be" and "to have" can be negated by putting "not" right after them, but all other verbs use the "do" verb in case of negation (and questions).

So what, in effect, is exactly the difference in Dutch between *geen* and *niet*? While *niet* is most often used to negate verbs, *geen* is used in the following cases:

(a) (as mentioned above) when *niet* is used indefinitely, as in *niet een*, [*niet een*] turns automatically into *geen*:

  – *Dutch Design is <u>geen</u> school zoals de Amsterdamse School en De Stijl.* (niet een = geen)
     Dutch Design is not a school like the Amsterdam School or De Stijl.

  – *het immigrantenprobleem is <u>geen</u> geïsoleerd probleem maar een nationaal probleem.* (niet een = geen)
     the immigrant problem is not an isolated problem but a national problem.

(b) *geen* is always used to negate plurals: e.g. *van Berlage zijn verder <u>geen ontwerpen</u> van landhuis inclusief tuin- en parkaanleg bekend.* (*ontwerp* sg.-*ontwerpen* plural*)

  From Berlage <u>no</u> other <u>designs</u> of the manor including garden and park design are known.

(c) *geen* is always used in front of a so-called mass noun, which is a noun which involves things that cannot be counted or divided, like for example the mass nouns "sugar" or "cheese":

  Er is <u>geen</u> kaas in de ijskast.
  There is no cheese in the fridge.

  Ik wil <u>geen</u> suiker in mijn koffie.
  I don't want any sugar in my coffee.

As has been explained in Chapter I, on p. 31, the prefix *on(t)-* often negates the root of a word. In the above text there is the word *onvoorstelbaar* derived from the verb *voorstellen*: to imagine, so *onvoorstelbaar* = <u>un</u>imaginable.

An example from the second text is *onafhankelijk* = *niet afhankelijk*: not depen-dent = <u>in</u>dependent.

At the same time, one needs to remain aware that the meaning of many words with the prefix *on(t)-* cannot always be derived from the different parts of the word. Many of them have developed their own specific meaning over time, so (once again) caution and attention to context are called for.

Grammar and translation exercise: Negation

1. Return to Text III.3 in this chapter. Find all sentences with a negation. Look at your translation. How did you translate them? If you haven't translated those sentences yet, please do so now.

2. Find all words with the prefix *on(t)-* in the three texts of this chapter. Can you derive the meaning of the words from the component parts of the words? Guess the meaning of the words, write them down and compare them to the vocabulary lists and a dictionary. If there are other words with interesting prefixes, like those mentioned in Chapter I, discuss them with your classmates, that is, if you use this book in a reading knowledge/translation class context.

Grammar: Reflexives

A reflexive pronoun is used when the subject and the object of a sentence are one and the same, e.g. *hij wast zich* (he washes himself). The subject *hij* (he) and the object *zich* (himself) are one and the same person. The action the subject carries out points back to the subject, while the subject undergoes the action himself. These pronouns are called "reflexive pronouns".

Each personal pronoun has its own reflexive form. In Dutch, there is a stressed and an unstressed form. The stressed form (with *zelf*) is not often used and is therefore called the "marked" form. The "unmarked" form is the usual one. Where "myself" and "ourselves" would be used in English, in Dutch usually the forms *me* and *ons* are used, not *mezelf* and *onszelf*.

Dutch subject	Dutch unmarked	Dutch marked	English
ik	*me*	*mezelf*	myself
jij, je	*je*	*jezelf*	yourself
u	*zich*	*uzelf*	yourself
hij / zij, ze / het / men	*zich*	*zichzelf*	himself / herself / itself
wij, we	*ons*	*onszelf*	ourselves
jullie	*je*	*jezelf*	yourselves
zij, ze	*zich*	*zichzelf*	themselves

Because the 3rd person is used most often in texts, the three texts in this chapter show the use of the reflexive pronoun *zich* most frequently. Text III.3 shows some examples:

(a)   *maar blijkbaar vraagt <u>men</u> <u>zich</u> niet af of deze koestering van eigen identiteit wel samengaat met het streven naar emancipatie.*   (ll. 9–10)

but apparently, <u>one</u> doesn't ask <u>oneself</u> whether this cherishing of personal identity goes together with the striving after emancipation.

(b)   *zo aarzelend wordt nu omgegaan met het multiculturele drama dat <u>zich</u> onder onze ogen voltrekt.*   (ll. 25–26)

The multicultural drama which is taking place under our very eyes is dealt with so hesitantly.

Example (a) shows a verb that can be translated with a reflexive in English: *zich afvragen* – to ask oneself (to wonder). Example (b) has a reflexive verb in Dutch, but does not have its counterpart in English, i.e. *zich voltrekken* – to take place.

Translation warning: Reflexive verbs

Most reflexive verbs in Dutch translate into non-reflexive verbs in English.

Grammar and translation exercise: Reflexives
Read all texts of this chapter again. Find all sentences with a reflexive pronoun. Look at your translation. Do the reflexive verbs correspond to reflexive verbs in English? What are the differences? If you haven't translated those sentences yet, please do so now.

Chapter IV

The Netherlands, a country defined by water

Water has been a dominant theme in Dutch history. It made the country rich in the seventeenth century when Dutch East India ships sailed to the Indies to bring back spices, sugar, coffee and other profitable goods for the European market. By then, Amsterdam was the most important city and harbor of the country. Nowadays, the port of Rotterdam is the largest port in Europe and, still, one of the busiest in the world.

Parts of the country, like the Haarlemmermeer and Flevoland, used to be water and have now been reclaimed and developed into an airport (Schiphol Airport) as well as a modern residential area. What remains is the continuous struggle to keep water outside of the dikes and dams to prevent the country from being flooded. With climate change, sustainability concerns and rising sea levels, the theme is more relevant than ever.

The first text, by Cor van der Heijden, introduces the water theme by giving a concise historic overview of the floods the Netherlands has had to deal with up to 1953. This article appeared in a popular scientific series about everyday life in the Netherlands: "Het alledaagse leven".

In the second text, the same author describes the most disastrous flood in Dutch history: the so-called All Saints' Flood of 1570.

Finally, in the third text, the development and construction of Holland's largest water management project, the "Deltawerken (1953–1986)," is described. This text is to be found on the website of the Deltawerken: www.deltawerken.com

Text IV.1 *Water als vriend en vijand*[36]
by Cor van der Heijden

De natuurkracht die in het verleden het voortbestaan van (een deel van) ons land het meest op de proef gesteld heeft, is zonder twijfel het water. Het is geen toeval dat generaties geschiedschrijvers het verhaal over de wording van ons land steeds begonnen met de strijd tegen het water. Hierin is niet altijd voldoende ruimte voor de nuance dat de

5

---

36. Rampen & plagen. Over onheil en narigheid. *Het alledaagse Leven. Traities & trends in Nederland,* Vol. 10, 306, 308. (Zwolle: Waanders, 2009).

onophoudelijke bedreiging die van het water uitgaat, géén natuurramp in de strikte zin van het woord genoemd mag worden. De ligging van Nederland aan zee en aan de mon-
10   ding van enkele belangrijke waterwegen brengt een probleem van waterbeheersing met zich mee. Maar de belangrijkste oorzaak van het gevaar ligt in de menselijke activiteiten, waardoor vanaf de late middeleeuwen het land steeds verder in cultuur werd gebracht. De bewoners van de Lage Landen hebben in de loop van enkele eeuwen het overstromingsgevaar eerst groot gemaakt, om er vervolgens weer greep op te krijgen.
15

Het sluipende proces van de daling van het land – dat door de stijging van de zeespiegel nog versterkt wordt – komt op momenten van stormvloeden of dijkdoorbraken pijnlijk aan het licht. In de loop van de geschiedenis zijn er talloze stormvloeden geweest, die verantwoordelijk waren voor het verlies van veel land en mensenlevens. De stormramp van
20   1953 behoort tot het collectieve geheugen van de Nederlandse bevolking. Maar ook in het verleden zijn er watersnoodrampen geweest, die soms zelfs ernstiger waren dan die van 1953. De Allerheiligenvloed van 1570 spant in dit verband waarschijnlijk de kroon.

Niet alleen de zee zorgde in ons land voor verwoestende overstromingen, ook rivieren
25   droegen daar met grote regelmaat aan bij. Vanaf 1750 nam het aantal dijkdoorbraken in het rivierengebied flink toe. Werden er in de periode 1700–1750 'slechts' 28 dijkdoorbraken geteld, in de tweede helft van de 18e eeuw steeg dit aantal tot 152. Behalve de vervijfvoudiging van het aantal, zorgde ook de toename van de kracht van de dijkdoorbraken ervoor dat de overstromingen een steeds rampzaliger uitwerking hadden op de
30   getroffen gebieden. In de jaren omstreeks 1800 vonden er drie grote overstromingen plaats die nu als Nationale Ramp zouden worden aangemerkt, waarbij die van 1809 de zwaarste was.

Vocabulary of *Water als vriend en vijand*

Lines:

1	vijand (de)	enemy
4	natuurkracht (de)	force of nature
	voortbestaan (het)	survival
5	op de proef gesteld (stellen)	put to the test
	toeval (het)	accident, chance
6	geschiedschrijvers (de)	historiographers, historians
	verhaal (het)	story
	wording (de)	making, origin
7	strijd (de)	battle
	voldoende	sufficient, adequate, satisfactory
	ruimte (de)	space
8	onophoudelijke	continuous, ceaseless

	bedreiging (de)	threat
	uitgaat van (uitgaan van)	assumes
	natuurramp (de)	natural disaster
	zin (de)	sense
9	genoemd (noemen)	named
	ligging (de)	position, location
9/10	monding (de)	estuary
10/11	brengt met zich mee	entails
	(met zich meebrengen)	
	waterbeheersing (de)	water control
11	oorzaak (de)	cause
12	middeleeuwen (de)	Middle Ages
	verder (from: ver)	further (from: far)
13	bewoners (de)	inhabitants
	Lage Landen (de)	Low Countries
	eeuwen (de)	centuries
	overstromingen (de)	floods
14	vervolgens	then; further
	greep krijgen op	to get a grip on
16	sluipende	stealthy
	daling (de)	decrease
	stijging (de)	rise, rising
	zeespiegel (de)	sea level
17	versterkt wordt (versterken)	be fortified
	stormvloeden (de)	storm surges
17/18	komt...aan het licht	comes to light; reveals itself
	(aan het licht komen)	
17	dijkdoorbraken (de)	bursting of the dikes
	pijnlijk	painful
18	talloze	numerous
18/19	verantwoordelijk	responsible
19	verlies (het)	loss
	stormramp (de)	storm disaster
20	behoort tot (behoren)	belongs to, is part of
	geheugen (het)	memory
21	watersnoodrampen (de)	inundations, floods
	ernstig	severe, grave
22	Allerheiligenvloed (de)	All Saints' Flood
	spant.....de kroon	beats the lot
	(de kroon spannen)	
	in dit verband	in this respect

24	zorgde (zorgen) voor	took care of
	verwoestende)	devastating
25	regelmaat (de)	regularity
26	rivierengebied (het)	river delta
27	steeg (stijgen)	rose
28	vervijfvoudiging (de)	quintuplification
	toename (de)	increase
	kracht (de)	force
29	rampzalig	disastrous
	uitwerking (de)	effect, result
	getroffen (treffen)	stricken
31	aangemerkt (aanmerken)	considered

Strategic reading exercise

Please look at the title of this chapter as well as the titles of the three texts. What do you know already about the topic of water in the Netherlands? Make predictions and hypotheses about the three texts based on both skimming, scanning and your knowledge of the subject.

Now read the entire first text and see if the overall gist is clear. Try to guess the meaning of the text from the context. Look up key words in the vocabulary list at the end of the text only in a second or a third reading.

Explain the title of the first text. Why has water been both *vriend* and *vijand* to the Netherlands?

Grammar: Perfect tense

As in English, the verb *hebben* (to have) is generally used as a helping verb in the perfect tense, in combination with a past participle (e.g. has put). The first sentence of the text above shows us an example:

> *De natuurkracht die in het verleden het voortbestaan van (een deel van) ons land het meest op de proef gesteld heeft, is zonder twijfel het water.*   (ll. 4–5)

> The force of nature, which has put to the test the survival of (a part of) our country in the past the most, is undoubtedly water.

For a few verbs, *zijn* (to be) is used as a helping verb to form the perfect tense in combination with a past participle. See, for example, line 18 in IV.1:

> *In de loop van de geschiedenis zijn er talloze stormvloeden geweest.*
> In the course of history there have been numerous storm surges.

By the way, if the conjugation of the verbs *hebben* and *zijn* do not come natural (by now), please review Chapter I, p. 24.

Perfect tense of regular verbs

To form a past participle, you need to know the last letter of the stem/root of the verb. Essentially, one uses the same stem or root of the verb when forming the simple past tense (see Chapter III). A -t is added to the stem of the verb if the stem ends with one of the following consonants: -t, -k, -f, -s, -ch or -p. As was shown in Chapter III, with these consonants the word *'t kofschip* can be formed (by adding vowels o and i to help in remembering). Once you have the stem + *t* ending, you put ge- in front of the stem. For example the verb *maken* (to make) is conjugated as follows: ge + maak + t.
Or in context:

> *De bewoners van de Lage Landen* <u>*hebben*</u> *in de loop van enkele eeuwen het overstromingsgevaar eerst groot <u>gemaakt</u>,* (ll. 12–14) [groot gemaakt = increased]

> The inhabitants of the Low Countries <u>have</u> initially <u>increased</u> the danger of floods in the course of the centuries,[37]

See the example below for each of the consonants in *'t kofschip*:

> *zetten – gezet* (to put), please note that an extra -*t* is not added (see also Chapter I)
> *zakken – gezakt* (to fail)
> *ploffen – geploft* (to flop, as in to make a flopping sound)
> *schaatsen – geschaatst* (to skate)
> *pochen – gepocht* (to boast)
> *hopen – gehoopt* (to hope)

In all other cases (i.e. so if the stem does not end in -*t, -k, -f, -s, -ch* or -*p*), a -d ending is added to the stem of the verb, and a ge- for the prefix: see, for example, the past participle *gesteld* in line 5:

1. the infinitive is *stellen*
2. the stem *stel* ends with an -*l*, so the past participle becomes: ge + stel + d.

Another past participle from the above text is (in combination with a passive construction and the modal verb *mag*) (from *mogen*: may):

---

37. As is rather common, a Dutch perfect tends to be translated with an English simple past; for the sake of explanation and transparancy, the perfect is maintained in translation even though one would translate this sentence with an English simple past.

... dat de onophoudelijke bedreiging [...] géén natuurramp in de strikte zin van het woord <u>genoemd</u> mag worden. (ll. 7–9).... [ge + noem + d]

...that the continuous threat may not be <u>named</u> a natural disaster in the strict meaning of the word.

Please note that all verbs that begin with the prefixes: be-, er-, ge-, ont-, and ver- do not get an (extra) ge-prefix before the stem + ending. These prefixes essentially replace *ge-*. The rule for forming the past participle is here: (no *ge*) stem + t/d. Please look at the following examples which show this construction:

bepalen – heeft bepaald (has determined)
ervaren – heeft ervaren (has experienced)
gebeuren – is gebeurd (has happened)
ontmoeten – heeft ontmoet (has met)
veranderen – heeft veranderd (has changed)

As one can see, no *ge-* is added to the above prefixes of the verb (i.e. no **gegebeurd* or **geontmoet*).

Another verb that has a slightly different past participle form is the separable verb; take the verb *schoonmaken* for example: the prefix *schoon* is essentially glued onto the past participle of *maken*, so it becomes schoon + ge + maak + t.

Yet another thing happens with verbs that have the her-prefix, that is *herbergen* (to accommodate) becomes *ge + herberg + d*; *herhuisvesten* (to relocate) becomes *geherhuisvest*; and *herstructureren* (restructure) becomes *geherstructureerd*.

Perfect tense of irregular verbs

Besides regular verbs, Dutch has, as was mentioned before, about two hundred irregular verbs. The most frequent ones can be found in Appendix 2 (p. 173). Text IV.1 has a few examples: *gebracht* (l. 12) past participle from *brengen* (to bring), and *geweest* (l. 18) from *zijn* (to be).

Can one predict whether a verb is regular or irregular? Unfortunately, one cannot. However, as was pointed out in the previous chapter, irregular verbs in English are often (but not always!) also irregular in Dutch. Also, the oldest verbs in both languages tend to be strong/irregular while newer verbs and the newest verbs in the language are always regular; thus to photograph (*fotografeerde-gefotografeerd*) is regular while to eat (*at-gegeten*) is irregular. In other words, if you can imagine a cave man doing it, the verb may well be irregular:

e.g. *Fred Flintstone heeft de eland gegeten* (irregular) *maar Bill Gates heeft geld voor de strijd tegen malaria verzameld* (regular): Fred Flintstone ate the moose but Bill Gates collected money to fight malaria (see once again how we would rather translate this Dutch perfect with an English simple past).

Past participles + *zijn*

Most past participles that exclusively take *zijn* as a helping verb, are:

a. verbs that indicate transformation or a situation that cannot be reversed.

e.g. *beginnen* (to begin), *sterven* (to die), *scheiden* (to divorce)

Zij is gestorven: She has died (and cannot return unless you believe in reincarnation).

Het toneelstuk is begonnen: The play has begun (and cannot begin anew, unless there are more shows of the play).

Jip en Janneke zijn gescheiden: Jip and Janneke have divorced (and they cannot marry again, unless they remarry).

b. verbs that amount to coming, going, departing, arriving etc.: there is a correspondence here with French and Spanish, i.e. to come/*venir* in French is conjugated with to be/*être* and not with to have/*avoir*, so "I have come" is *je suis venu* and not *j'ai venu*. Likewise, in Dutch, it is *ik ben gekomen* (I have come) and not *Ik heb gekomen. Similarly, it is *hij is gearriveerd* (hij has arrived) and *wij zijn vertrokken* (we have departed/left).

c. verbs that imply direction. For example, it would be *Hij heeft in de zee gezwommen* (He has swum in the sea) but if he swam to Hawaii, the helping verb is to be and not to have: *Hij is naar Hawaï gezwommen* (He has swum to Hawaii).[38]

d. so-called linking verbs: verbs which don't show the action but derive their semantics/action from the word they have been linked to, as in "He seemed happy": "seem" by itself is only significant if it is linked to "happy". These linking verbs can also be replaced by the verb "to be": He *is* happy. The Dutch linking verbs are *zijn*

---

38. A word of caution: the preposition *naar* in combination with a verb does not always trigger the use of *zijn* for the helping verb in the perfect tense; when direction is implied, physical movement from place a to b is necessary; thus *Willem heeft naar de radio geluisterd* uses *hebben* rather than *zijn* as Willem, presumably, stays in one place while listening to the radio. The same goes for *kijken naar* (watch): *Liesbeth heeft naar het vliegtuig in de lucht gekeken*: Liesbeth watched the plane in the sky, but *Liesbeth is met het vliegtuig naar Parijs gevlogen*.

(to be), *worden* (to become), *blijven* (to stay, to remain), *voorkomen* (to occur)[39], *blijken* (to appear).

Zij is advocaat geworden.	She has become a lawyer.
Zij zijn vannacht gebleven.	They have stayed for the night.
Dat verhaal is waar gebleken.	That story (has) appeared to be true.

Translation tips: Helping verb "to have" in English, and word order differences in the perfect

Note that in all cases shown above, and indeed in all instances of the perfect tense in English, the auxiliary or helping verb is always *to have* and never *to be*. So even if the Dutch perfect uses a form of *zijn*, in English, this is always translated with a form of *have*: *Hij is helemaal door China gelopen*: He has walked all the way through China.

Be aware of the verbs' placement in the perfect: where an English perfect keeps the finite verb and main verb (or past participle in this case) close together, in Dutch, the past participle is placed towards the end of the sentence or clause.

> e.g. *Zij is na zeven weken weer uitgerust thuisgekomen.*
> She has returned home, rested, after having been away for seven weeks.

Past participles + *hebben*

Transitive and reflexive verbs in Dutch always take *hebben*. Please review the following examples from the first text in this chapter:

(a) *De bewoners van de Lage Landen hebben in de loop van enkele eeuwen het overstromingsgevaar eerst groot gemaakt.*   (ll. 13–14)

The inhabitants of the Low Countries have initially increased the danger of floods in the course of the centuries.

Maken is a transitive verb that takes an object. In this sentence *het overstromingsgevaar* (the danger of floods) is the object.

---

39. There are in fact two verbs of *voorkomen* in Dutch; above *voorkomen* (emphasis on *vóór-*) means "to occur; to happen" and is a linking verb, so it takes a form of *to be* in the perfect, as in *Het is nog nooit voorgekomen dat het in Californië elke dag regent in de zomer*: It has never happened that it rains every day in the summer in California. The other *voorkomen* (emphasis on *-kómen*) means "to prevent" and is not a linking verb: *De morning-after pil heeft veel abortussen voorkomen*: The morning-after pill has prevented many abortions.

(b) *De ligging van Nederland aan zee en aan de monding van enkele belangrijke*
     waterwegen <u>*brengt*</u> *een probleem van waterbeheersing* <u>*met zich mee.*</u>   (ll. 9–11)

     The location of the Netherlands by the sea and at the estuary of some important
     waterways <u>entails</u> a problem of water control.

Here we see a reflexive verbal expression: *met zich meebrengen*. In the perfect tense,
the sentence would be:

> *De ligging van Nederland aan zee en aan de monding van enkele belangrijke*
> *waterwegen* <u>*heeft*</u> *een probleem van waterbeheersing* <u>*met zich meegebracht.*</u>   (ll. 9–11)

> The location of the Netherlands by the sea and at the estuary of some important
> waterways <u>has entailed</u> a problem of water control.

The use of the perfect tense

The Dutch perfect tense is normally used to describe past actions and events that have
been concluded. This may be confusing, because the use of the perfect tense in English
is different. In English, the perfect tense refers to events which took place in the past,
but these events are continuing into the present.

There are no strict rules in Dutch to prescribe when to use the simple past and
the perfect tense, but there are a few guidelines that might be helpful. The perfect
tense is often used in combination with the simple past. For example, the perfect
tense may be used to begin a description of an event or a narrative, to set the event
in the past. It usually is a factual opening or introduction to a story that is set in the
past. The rest of the paragraph or story, however, is then written in the simple past,
to describe what went on during that event. Consider for example, the opening of
the above text:

> *De natuurkracht die in het verleden het voortbestaan van (een deel van) ons land*
> *het meest op de proef* <u>*gesteld*</u> <u>*heeft*</u>, *is zonder twijfel het water. Het is geen toeval dat*
> *generaties geschiedschrijvers het verhaal over de wording van ons land steeds* <u>*begonnen*</u>
> *met de strijd tegen het water.*   (ll. 4–7)

> The force of nature, which <u>has put</u> to the test the survival of (a part of) our country
> the most, has undoubtedly been water. It is no coincidence that generations of
> historians always <u>began</u> the story of the origin of our country with the battle against
> the water.

In the first sentence, we see a factual opening (and introduction to a historical topic),
so the perfect tense is used: X <u>has put</u> Y to the test. In the following narration, however, the facts are listed, using the simple past: (*geschiedschrijvers......begonnen*)
Historians … <u>began</u> etc.

Translation warning: Perfect versus simple past

In the translation above, we have translated "put to the test" with an English perfect for the sake of the argument. However, in reality, Dutch perfects are often translated by the English simple past; this also means that where in Dutch the use of the perfect is much more prevalent, English resorts more often to the simple past and therefore has a higher occurrence of the simple past than the perfect.

Grammar exercise: Perfect

Find all verbs in the perfect tense in both texts IV.1 and IV.2. Please write down the infinitive of the verb, the simple past, as well as the past participle.

Possible topic for class discussion: find instances in the text where the Dutch uses the perfect tense where English would use a simple past.

Text IV.2   *Allerheiligenvloed – 1 november 1570*[40]
by Cor van der Heijden

Het is weinig beoefenaars van de politieke geschiedschrijving van Nederland opgevallen dat de strijd om de nationale onafhankelijkheid in de tweede helft van de 16de eeuw samenviel met een bijzonder woelige fase in de strijd tegen het water. Gelijktijdig met het verzet tegen het bewind van Filips II en diens rechterhand Alva stortten vreemd genoeg ook de dijken in. Er waren al heel wat zware overstromingen geweest, maar vanaf 1560 werden ze rampzalig. Op 1 november 1570 verzonk alle reeds doorstane ellende in het niet bij een verschrikkelijke noordwesterstorm die over de hele linie, van Vlaanderen tot de Deense kust, de Noordzeeweringen wegsloeg.

Van de veertien zware stormrampen die Nederland in de 16de eeuw teisterden, was deze Allerheiligenvloed ongetwijfeld de zwaarste. Met een stormvloedhoogte van gemiddeld vier meter boven NAP is het de hoogste vloed aller tijden in Nederland; de stormvloedramp van 1953 bleef met 3.75 meter boven NAP nog ruim onder die van 1570. Op enkele plaatsen moet het water tijdens de Allerheiligenvloed zelfs nog hoger zijn gekomen.

De geschiedschrijver en literator P. C. Hooft – elf jaar na de stormvloed geboren – beschreef de Allerheiligenvloed als de zwaarste ramp sinds mensenheugenis. In zijn Nederlandse Historiën gaf hij een emotionele beschrijving van de ramp: dorpelingen die in hun bed werden verrast, vee dat in de stallen verdronk, handelswaar ('berghen van kruydery, suyker, oly en andere koopmanschappen') die verloren ging, water dat in de kerk van Scheveningen en de straten van Dordrecht en Rotterdam drie voet diep stond.

---

40. Rampen & plagen. Over onheil en narigheid. *Het alledaagse leven. Tradities & trends in Nederland,* vol. 10, 306, 308. (Zwolle: Waanders, 2009).

Hooft schreef dat in het overstroomde land 'niet minder dan honderduizend' slachtoffers waren gevallen. Dit aantal was overigens zwaar overdreven. Tegenwoordig wordt het aantal slachtoffers op ruim 20.000 geraamd, waarvan ongeveer de helft op het grondgebied van het huidige Nederland. Daarmee kostte de Allerheiligenvloed aan ruim vijf keer zoveel mensen het leven als de stormvloed van 1953, waarbij 1.836 doden waren te betreuren. 30

De Allerheiligenvloed heeft grote politieke gevolgen gehad. Het waren nota bene de zo gehate Filips II en Alva die al vóór 1570 inzagen dat de tot dan toe gangbare methoden in de strijd tegen het water niet meer voldeden. Sinds mensenheugenis was in de Nederlanden het onderhoud van de dijken een lokale verantwoordelijkheid. De dijken werden 35 met paaltjes in onderhoudsporties verdeeld, de zogeheten dijkslagen. Ieder kreeg een deel toegewezen naar gelang hij belang bij de dijk had. Vooral degenen die ver van de dijk woonden, namen het met het onderhoud niet al te nauw. Dreigde er bij zwaar weer of hoge waterstand op één punt een doorbraak, dan waren alle ingezetenen verplicht naar het bedreigde punt te komen om de dijk te versterken. Zo kwam het regelmatig voor dat 40 profiteurs bewust hun dijkslag verwaarloosden, bij de eerste hoge waterstand de noodklok luidden en hun buren het werk lieten opknappen.

Aan Alva (maar ook aan de Friese stadhouder Casper de Robles) wordt het verhaal toegeschreven dat hij ingelanden, toen deze zich op hun oude privileges beriepen, het volgende 45 zou hebben toegevoegd: 'Haalt uwe vrijbrieven voor de dag, en legt ze op de oever tegen de zee aan, als deze het allerverbolgenst is; indien zij dan de golven kunnen afweren, zult gij vrijdom genieten, anders zult gij met de anderen moeten arbeiden of betalen.' Het centraal gezag stuurde doelbewust aan op het 'gemeen maken' van de dijken, waardoor aanleg en onderhoud uit de algemene middelen betaald zouden worden. De eerste Nederlandse pol- 50 der met 'gemene' dijken was de in 1570 op aandrang van Filips II en gedeeltelijk op zijn kosten bedijkte Zijpe. Maar zoals wel vaker gebeurde, had de Spaanse koning een slecht gevoel voor timing: nog in datzelfde jaar bezweek de kersverse dijk tijdens de Allerheiligenvloed.

Vocabulary of *Allerheiligenvloed – 1 november 1570*

Lines:

4	beoefenaars (de)	practitioners
6	samenviel (samenvallen)	coincided
	woelige	turbulent
	gelijktijdig	simultaneous
7	verzet (het)	opposition, resistance
	bewind (het)	government, regime
	diens	his
	rechterhand (de)	right hand
7/8	stortten in (instorten)	collapsed

9	verzonk (verzinken)	sank
	reeds	already
	doorstane	endured
	ellende (de)	misery
	in het niet	into nothing
10	verschrikkelijke	terrible
	noordwesterstorm (de)	northwestern storm
11	Noordzeewering (de)	North Sea Barrier
	wegsloeg (wegslaan)	swept away
13	teisterden (teisteren)	ravaged
14	ongetwijfeld	doubtless
	stormvloedhoogte	height of the storm surge
	gemiddeld	average
15	vloed (de)	flood, high tide
16	NAP: Normaal Amsterdams Peil	Normal Amsterdam Water Level
19/20	beschreef (beschrijven)	described
20	sinds mensenheugenis	from/since time immemorial
21	dorpelingen (de)	villagers
22	verrast	surprised
	vee (het)	livestock
	stal (de)	shed, stable
	verdronk (verdrinken)	drowned
	handelswaar (de)	merchandise
	bergh, (de) > (berg(en))	mountain(s)
	kruydery, (de) (kruiderij(en))	spices
23	suyker (de) (suiker)	sugar
	oly (de) (olie)	oil
	koopmanschap (het)	trade, business
	verloren ging (verloren gaan)	got lost
24	straat (de)	road, street
	voet (de)	foot (measure)
	stond (staan)	to be
26	slachtoffers (het)	victims
27	gevallen (vallen)	fallen
	overdreven	exaggerated
	tegenwoordig	nowadays
28	geraamd (ramen op)	estimated at
	grondgebied (het)	territory
29	huidige	present, current
30	betreuren	to deplore

32	gevolgen (het)	results, consequences
	nota bene	please note
	gehate	hated
33	inzagen (inzien)	to realize
	gangbare	conventional
34	voldeden (voldoen)	sufficed
35	onderhoud (het)	maintenance
	paaltjes, (het)	pegs
36	verdeeld (verdelen)	divided
	dijkslagen (de)	dike posts
	toegewezen (toewijzen)	assigned
37	naar gelang	depending on, according to
	belang (het)	interest
38	het niet al te nauw nemen	to be not so particular or fussy
	dreigde (dreigen)	(if there) were a threat
39	waterstand (de)	water level
	ingezetenen (de)	residents
	verplicht	obliged
40	regelmatig	regular
41	bewust	aware, conscious
	verwaarloosden	neglected
	(verwaarlozen)	
41/42	de noodklok luidden	sounded the alarm
	(luiden)	
42	buren (de)	neighbors
	opknappen	to fix; to renovate
44/45	toegeschreven aan	attributed to
	(toeschrijven aan)	
45	ingelanden (de)	landholders
	zich beriepen	appealed to
	(zich beroepen op)	
46	toegevoegd	added
	toevoegen	
	vrijbrief (de)	charter
	haalt[41]…voor de dag	to take out
	(voor de dag halen)	
	oever (de)	river/sea shore
47	allerverbolgenst>verbolgen	most enraged, furious
	afweren	to hold off; resist

---

41. Obsolete form of the imperative form *halen*; present-day imperative here would be *haal*.

48	vrijdom (het)	immunity
	genieten	to enjoy
	arbeiden[42]	to work
	betalen	to pay
49	gezag (het)	authority
	stuurde aan op	aimed for
	(aansturen op)	
	doelbewust	determined
	gemeen>gemeenschappelijk	collective; in common
	aanleg (de)	construction
50	algemene middelen (de)	public funds
51	op aandrang van	at someone's urging, instigation
	gedeeltelijk	partly, partially
51/52	op zijn kosten	at his expense
53	bezweek (bezwijken)	collapsed
	kersvers(e)	brand new

Strategic reading exercise

Please read the entire text and see if you understand it by relying on context. Answer the following questions:

1. How many people drowned during the *Allerheiligenvloed* in 1570?
2. How many people drowned during the *Watersnood* (Flood) in 1953?
3. Who used to be responsible for the maintenance of the dikes in the Netherlands until 1570?
4. Please explain what is meant by the sentence: *De Allerheiligenvloed heeft grote politieke gevolgen gehad.*   (l. 32)

Grammar: Comparison

In Chapter II, adjectives were first introduced. Adjectives can be used in comparisons. For example, if X is compared to Y, as in X is the same as Y, the following construction is used in Dutch: *X is <u>even</u> groot <u>als</u> Y,* or *X is <u>net</u> zo groot <u>als</u> Y* (both translate into "X is just <u>as</u> big <u>as</u> Y").

An example of a comparison can be found in the *seksualisatie* text in Chapter II:

Er is iets grondig aan het veranderen in de seksuele cultuur van Nederland en daarin blijft seksueel puritanisme <u>net zo verankerd als</u> voorheen.

Something is fundamentally changing in the sexual culture of the Netherlands and in it sexual puritanism is <u>just as</u> <u>anchored as</u> before.

---

42. Obsolete verb; while the noun is still in use, contemporary Dutch uses *werken* rather than *arbeiden*.

The construction *net zo + adj. + als* is just as prevalent as *even + adj. + als*:

> net zo verankerd als voorheen
> even verankerd als voorheen
> (just/as anchored as before)

Comparative

If two facts or events are compared and they are not the same, the comparative is used. In the *Allerheiligenvloed* text, there is this comparative:

> *Op enkele plaatsen moet het water tijdens de Allerheiligenvloed zelfs nog hoger zijn*
> *gekomen.*   (ll. 16–17)
> At certain places during the All Saints' Flood the water must have risen even
> higher.

And in the text *Water als vriend en vijand*, there is this one:

> *Maar ook in het verleden zijn er watersnoodrampen geweest, die soms zelfs ernstiger*
> *waren dan die van 1953.*   (ll. 20–22)
> But also in the past there were water emergencies that were even more grave than
> the one in 1953.

The comparative is formed by adding -er to the adjective:

> *hoog + er > hoger*   high > higher
> *ernstig + er > ernstiger*   grave > more grave

If the adjective ends in an *-r*, the comparative is formed by adding *-der* to the adjective:

> *zwaar + der > zwaarder*   heavy > heavier

As was mentioned in the contrast analysis at the beginning of this book, English and Dutch are quite similar in the comparative use of the adjective (i.e. both add *-er* to the adjective), the only difference being that English prefers to use *more* (and *most* in the superlative) when the adjective is longer. Unlike English, Dutch has a higher tolerance for longer words, so it does not necessarily use the more/most construction, e.g. *Jan is veel intelligenter dan Piet*: John is much more intelligent than Piet. *Jan is meer intelligent dan Piet*, sounds like an anglicism. Notice also that even in comparatives Dutch will still add the extra *-e* when the adjective is placed before the noun: *Jan is de intelligentere man*: John is the more intelligent man.

Superlative

To indicate that something or someone distinguishes itself or himself to the most extreme degree within a group, a superlative is used. Text IV.2 shows a few examples:

> *Van de veertien zware stormrampen die Nederland in de 16e eeuw teisterden, was deze*
> *Allerheiligenvloed ongetwijfeld <u>de zwaarste.</u>*   (ll. 13–14)

Of the fourteen severe storm disasters, which ravaged the Netherlands in the 16th century, this All Saints' Flood was undoubtedly <u>the most severe</u>.

> *Met een stormvloedhoogte van gemiddeld vier meter boven NAP is het <u>de hoogste</u>*
> *vloed aller tijden in Nederland.*   (ll. 14–15)

With a storm surge at a height of, on average, four meters above NAP, this was <u>the highest</u> flood ever in the Netherlands.

As can be gleaned from these examples, the superlative is formed by adding -st(e) to the adjective: *zwaar* + st(e) > *zwaarste*.

There are a few adjectives with irregular comparative and superlative forms, most of them reminiscent of English:

goed – beter – best(e)	good – better – best
graag – liever – liefst(e)	(to like, to prefer/ rather)[43]
weinig – minder – minst(e)	few – fewer – fewest (can be counted)
	little – less – least (can't be counted)
veel – meer – meest(e)	many/much – more – most

Text IV.2 also shows a so-called predicative use of the superlative:

> *…en legt ze op de oever tegen de zee aan, als deze <u>het allerverbolgenst</u> is;*   (ll. 46–47)
> and puts them on the seashore, when it is the <u>most furious</u>;
> In this example the complement consists of only one word, namely the superlative
> *allerverbolgenst* in combination with *het*: het + adjective + st(e) > het + verbolgen + st.

The prefix *aller-* (very) is an intensification, essentially reinforcing the superlative:

de liefste – de allerliefste	dearest – (ut)most dearest
de beste – de allerbeste	best – best of all
de slechtste – de allerslechtste	worst – worst of all

---

43. English does not have a good comparable form to this often-used comparative and superlative in polite conversations, for instance one could say: *Ik wil <u>graag</u> een kopje koffie maar ik wil <u>liever</u> een kopje thee, en omdat ik trek heb, wil ik eigenlijk het <u>liefste</u> een boterham met kaas*: I <u>would like</u> to have a cup of coffee but I <u>would prefer</u> a cup of tea (over coffee), but because I have an appetite I would like/prefer a ham & cheese sandwich <u>most</u>. I'd <u>rather</u> have a ham & cheese sandwich.

Grammar exercise: Comparatives and superlatives

Find all comparatives and superlatives in the first two texts of this chapter. Write down the basic form, the comparative and the superlative form of the word and translate them. For example in the first text one finds:

	basic form	comparative	superlative
5	*veel*	*meer*	*meest*
translation:	many	more	most
10	*belangrijk*	*belangrijker*	*belangrijkste*
translation	important	more important	most important

The underlined forms are the forms which can be found in the text.

Translation exercise Text IV.2

1. Text IV.2 has a range of rich, meaningful, expressive adjectives to describe the horror of the All Saints' Flood. Please find these adjectives, write them down and translate them. What is the effect of the use of these colorful words?

2. Translate the first and the last sentence of each paragraph of Text IV.2. Do you understand what the text is about? If your translation doesn't seem logical or incomplete, translate the most important missing sentences.

3. If you are not a scholar of Dutch history, it is likely that you made your first acquaintance with sixteenth-century Dutch in this text. Translate the quotes from P. C. Hooft and Alba (or Casper de Robles). The first quote can be found in lines 21–24, the second in lines 46–48.

Text IV.3   *Deltawerken*[44]
Author unknown

Uit studies van Rijkswaterstaat die sinds 1937 waren uitgevoerd, bleek dat de veiligheid van Nederland in tijden van grote stromen en hoge waterstanden niet verzekerd kon zijn. 5 In de dichtbevolkte gebieden aan de monding van de Rijn, Maas en Schelde bleek het moeilijk en duur om nieuwe dijken te bouwen of oude te verstevigen. In eerste instantie leek de oplossing de afdamming van alle riviermondingen: de Westerschelde, de Oosterschelde, het Haringvliet en het Brouwershavens Gat. Dit voorstel werd het Deltaplan genoemd. In 1950 werd begonnen met de afdamming van het Brielse Gat en de Botlek. 10 Daardoor werd de Brielse Maas een zoetwaterbekken. Dat was met name belangrijk, omdat de tuinbouw op Voorne een groot gebrek aan zoet water had. Het Deltaplan in z'n totaal was echter zo omvangrijk, dat men een geleidelijke uitvoering in gedachten had. De watersnoodramp van 1953 gooide roet in het eten. 1836 mensen lieten het leven en ruim

---

44. Author unknown <http://www.deltawerken.com/Deltawerken/>

15   150.000 ha kwam onder water te staan. Het besef groeide dat er onmiddellijk wat moest gebeuren, en niet geleidelijk aan.

Twintig dagen na de watersnoodramp was er een Deltacommissie geïnstalleerd. Deze commissie zou adviezen geven over de uitvoering van een Deltaplan dat de veiligheid
20   in het Deltagebied duurzaam zou verhogen. Hoe veilig het gebied ook moest worden, de Nieuwe Waterweg en de Westerschelde moesten open blijven vanwege het economische belang van de havens van Rotterdam en Antwerpen. Om dammen te kunnen aanleggen in de monding van de waterwegen zouden er ook een aantal hulpdammen gebouwd moeten worden in de Zandkreek, de Krammer, de Grevelingen en het Volkerak. Deze worden de
25   'compartimenteringsdammen' genoemd, omdat ze het water in kleinere compartimenten zouden verdelen. Om de bouw van de dammen goed te regelen werd in 1959 de Deltawet aangenomen.

Al in 1958 werd de stormvloedkering in de Hollandse IJssel in gebruik genomen. Deze
30   kering was van belang om de dichtbevolkte Randstad tegen een toekomstige overstroming te beschermen. Drie jaar later, in 1961, volgden de afdamming van het Veerse Gat en de Zandkreek. Hierdoor ontstond het Veerse Meer.

In de monding van het Haringvliet werd een sluizencomplex aangelegd om overtollig wa-
35   ter uit de Rijn af te kunnen voeren. Ook tijdens zeer strenge winters kunnen de sluizen opengezet worden, zodat de getijdenbeweging hersteld wordt. Dat kan nodig zijn om de bevriezing van de grote rivieren tegen te gaan. Alleen in noodsituaties zou er dus weer zout water in het Haringvliet gelaten worden. Na de aanleg van de Haringvlietdam zou het Haringvliet verder geleidelijk aan zoet worden. In 1971 werden de sluizen in werking
40   gesteld: zeventien openingen van elk bijna 60 meter breed. De Brouwersdam, ten zuiden van de Haringvlietdam, was een jaar later klaar.

Oorspronkelijk was men ook van plan de Oosterschelde af te dammen. Het water achter de dam zou dan, net als in het Haringvliet en het Zeeuwse Meer, langzaam zoet worden.
45   Er ontstond echter al snel een grote weerstand tegen deze ingreep. Het unieke zoutwater-milieu in de Oosterschelde zou namelijk de dupe worden van de vergrote veiligheid. Niet alleen het milieu, maar ook de visstand zou lijden onder een afdamming van de Ooster-schelde. In 1976 was Den Haag rijp voor een alternatief: er lag een plan op tafel waarin de Oosterscheldedam van een aantal sluizen werd voorzien, die slechts bij extreme water-
50   standen gesloten zouden hoeven worden. Het unieke zouterwatermilieu en de visstand zouden dan in stand worden gehouden. Er werden 62 openingen van elk 40 meter breed in de kering aangebracht om zoveel mogelijk zout water door te kunnen laten. Gepro-beerd werd om de getijdenwerking zo veel mogelijk in stand te houden. Uiteindelijk werd de Oosterscheldekering één van de grootste bouwwerken ter wereld. De kosten van een
55   kering waren wel aanzienlijk hoger dan van een dichte dam: 2,5 miljard euro was nodig om de kering te voltooien. Op 4 oktober 1986 werd de Oosterscheldekering door koningin Beatrix feestelijk geopend.

Strategic reading exercise: Word guessing

Now that you have learned more about nouns, adjectives and verb conjugations, it may be easier to distinguish between the different words in a sentence. When using word-guessing, follow the next three steps:

1. What kind of word is this? Is it a verb (in which form and tense), is it a noun (singular or plural), is it an adjective or an adverb or is it something else?
2. Do you know a part of this word? Does this unknown word remind you of a word you do know? Do you recognize the word from your knowledge of other languages? Does the word have a prefix or a suffix that is known to you?
    Since many words have multiple meanings depending on context, one needs to know the context before one can legitimately look up a word in a dictionary.
3. Have a close look at the sentence in which the word appears. Look also at the previous and following sentence(s) and see if the context is helpful in guessing the word, or, as a final resort, looking it up in the dictionary.

Strategy exercise: Word pinpointing

a. Don't use a dictionary (just yet).
b. Read the entire text once or twice.
c. Underline the words that seem to be important for an overall understanding of the text.
d. Guess and describe the meaning. Which of the abovementioned steps did you use?
e. Compare the meanings you guessed to those of a fellow student.
f. Read the text another time. Do you have a better understanding of it now?
g. If you still have doubts about some of the meanings you guessed, you can now use a dictionary, but only look up one or two words per paragraph; if you do this exercise in a class context, discuss with fellow students which words should be looked up.

Grammar: Modality

In linguistics, modality is what allows speakers to evaluate a proposition (the content of a sentence) in relation to a set of other propositions (the content of other sentences or knowledge of the world or something non-verbal in reality). For example, you are trying to get in contact with a friend, but she is not responding by telephone or by email. Your conclusion could be: presumably, she is on vacation, or, she must be on vacation, otherwise she would have answered her calls or email. Your evaluation of the situation is expressed by the adverb *presumably* in the first sentence and by the modal use of the verb *must* in the second sentence. Cross-linguistically, modality can be expressed by a variety of means, such as modal verbs (*kunnen*/can, *mogen*/may), verbal morphology (mood) or modal adverbs (probably, likely). In Dutch, modal adverbs are used far more often to express modality than modal verbs. The latter are referred to as "modal verbs" or simply "modals" because they can can express a modal meaning.

Modal verbs

In the text above, modal verbs are frequently used: *kunnen, moeten, zou/zouden*. In the following sentences all three verbs are used:

> *Om dammen te <u>kunnen</u> aanleggen in de monding van de waterwegen <u>zouden</u> er ook een aantal hulpdammen gebouwd <u>moeten</u> worden in de Zandkreek, de Krammer, de Grevelingen en het Volkerak.* (ll. 22–24)

> In order to <u>be able</u> to construct dams in the estuary of the waterways, a number of supporting dams in the Zandkreek, the Krammer, the Grevelingen and the Volkerak <u>should</u> be built.[45]

The combination of *zouden moeten* is translated into English as *should*. *Zou* in combination with non-modal verbs, is mostly translated as *would*. See for example:

> *Alleen in noodsituaties <u>zou</u> er dus weer zout water in het Haringvliet gelaten worden.* (ll. 37–38)

> So, only in emergency situations <u>would</u> salt water be allowed again into the Haringvliet.

Because of their similarly extraordinary semantic aspects and grammatical forms, the following verbs are considered to be modal verbs in Dutch: *(niet) hoeven te* ((not)need to, not have to), *kunnen* (can, to be able), *moeten* (must, to have to), *mogen* (may, to be allowed), *willen* (might, can, want, wish), *zullen* (shall, will) *zou/zouden* (might, could, would), *zou(den) moeten* (should, would have to). Note that the modal verbs have a modal and a non-modal meaning, except for *zou/zouden*.

Zou/zouden is the simple past of *zullen*, but the meaning and use of *zou/zouden* differ from *zullen*. *Zullen* is used for the future tense, but also has the meaning of a promise, plan or a commitment. For example:

> *Ik <u>zal</u> het hoofdstuk morgen inleveren.*
> I <u>shall</u> hand in the chapter tomorrow.

Zal/shall refers to a future act, but the speaker also commits to this act.

The modal verbs in their non-modal meanings are far more frequently used than in their modal meanings, except for *zou/zouden* + a main verb, which is almost exclusively used to express a modal meaning. For example:

---

45. An alternative and more literal translation would be "In order to <u>be able</u> to construct dams in the estuary of the waterways, a number of supporting dams in the Zandkreek, the Krammer, the Grevelingen and the Volkerak <u>would have to</u> be built". This translation implies more hypothesis than the more direct "should be built." As a spoken sentence this translation is more marked, i.e. more likely to be used in written language.

Je <u>moet</u> op tijd thuis zijn voor het eten.   You <u>have to</u> be home for dinner in time.
Hij <u>kan</u> de laatste tijd niet goed slapen.   He <u>is not able</u> to sleep well lately.
Zij <u>zou</u> vorig jaar gekomen zijn.   She <u>would</u> have come last year. (But she didn't.)

Also, the modal verbs are mainly used as helping verbs. However, they still can be used independently, although usually in standard phrases and expressions. For example:

Dat <u>moet</u> wel.   It <u>must be</u>.
Je <u>kan</u> het!   You <u>can do</u> it!
Ik <u>wil</u> hier weg.   I <u>want to leave</u> this place.
Ik <u>hoef</u> geen koffie.   I <u>don't want</u> coffee.
Dat <u>mag</u> wel hoor.   That <u>is allowed</u>.

As one can tell from the above examples, the infinitives are left out. One could say the infinitives are implied but not added. Notice, by the way that Dutch *zou/zouden* can never be used independently: *zou* and *zouden* are always used as helping verbs. So where you can say, *Hij wil het* (as, for in stance, "he wants to go sailing"), you can never say **Hij zou het*, which would have to be *Hij zou gaan zeilen*: He would go sailing (but didn't do it).

Below you find the conjugation of the modal verbs:

Present tense

	(niet) hoeven	kunnen	moeten	mogen	willen	zullen
ik	hoef	kan	moet	mag	wil	zal
jij/u	hoeft	kunt/kan	moet	mag	wil(t)	zult/zal
hij/zij/ het	hoeft	kan	moet	mag	wil	zal
wij	hoeven	kunnen	moeten	mogen	willen	zullen
jullie	hoeven	kunnen	moeten	mogen	willen	zullen
zij	hoeven	kunnen	moeten	mogen	willen	zullen

Simple past

	(niet) hoeven	kunnen	moeten	mogen	willen	zullen
ik	hoefde	kon	moest	mocht	wou/wilde	zou
jij	hoefde	kon	moest	mocht	wou/wilde	zou
u	hoefde	kon	moest	mocht	wou/wilde	zou
hij/zij/ het	hoefde	kon	moest	mocht	wou/wilde	zou
wij	hoefden	konden	moesten	mochten	wilden	zouden
jullie	hoefden	konden	moesten	mochten	wilden	zouden
zij	hoefden	konden	moesten	mochten	wilden	zouden

Past participle

(niet) hoeven	kunnen	moeten	mogen	willen	zullen
gehoeven/	gekund	gemoeten	gemogen	gewild	–
gehoefd					

Please note that *hoeven* is always used with a negation, like *niet, nooit, niemand, geen* etc. For example, in Text I.1. we saw this sentence:

Toch, zegt ze, <u>hoeven</u> we <u>niet te</u> twijfelen of haar baas wel trouw blijft aan zijn uitgangspunt om design te democratiseren.   (ll. 21–23)

And yet, she says, we don't have to doubt whether her boss remains true to his objective to democratize design.

This also means that if you negate *moeten*, Dutch speakers will often automatically use *niet hoeven (te)*:

Moet Nederland meer dammen in Zeeland bouwen?
Does Holland have to build more dams in Zeeland?

Nee, dat hoeft niet want de Deltawerken zijn genoeg.
No, that won't be necessary because the Deltaworks are enough.

The past participle of the modal verbs are seldom used. In the perfect tense, the past participle of a modal verb changes into an infinitive, or rather the sentence will contain a double infinitive as in the following examples:

Rembrandt <u>had</u> het portret van Saskia altijd <u>willen schilderen.</u>
Rembrandt <u>had</u> always <u>wanted to paint</u> Saskia's portrait.
Rembrandt <u>heeft</u> nooit naar Italië <u>kunnen gaan.</u>
Rembrandt <u>has</u> never <u>been able to go</u> to Italy.

Grammar: Hypothetical situations

In the fourth and fifth paragraph of the text on the Deltaworks, *zou/zouden* is used quite a bit.

(a) *Alleen in noodsituaties <u>zou</u> er dus weer zout water in het Haringvliet gelaten worden. Na de aanleg van de Haringvlietdam <u>zou</u> het Haringvliet verder geleidelijk aan zoet worden.*   (ll. 37–38)

Only in emergency situations, <u>would</u> salt water be allowed again into the Haringvliet. After the construction of the Haringvliet dam, the water in the Haringvliet <u>would</u> gradually become fresh.

(b) *Oorspronkelijk was men ook van plan de Oosterschelde af te dammen. Het water achter de dam <u>zou</u> dan, net als in de Haringvliet en het Zeeuwse Meer, langzaam*

> *zoet worden. Er ontstond echter al snel een grote weerstand tegen deze ingreep. Het unieke zoutwatermilieu in de Oosterschelde <u>zou</u> namelijk de dupe worden van de vergrote veiligheid. Niet alleen het milieu, maar ook de visstand <u>zou</u> lijden onder een afdamming van de Oosterschelde.* (ll. 43–48)

> Originally, they also planned to dam up the Oosterschelde. The water behind the dam <u>would</u> then slowly become fresh again, just as in the Haringvliet and the Zeeuwse Lake. However, very soon great resistance arose against this intervention. The unique salt water environment in the Oosterschelde <u>would</u> in effect be endangered by the increased safety. Not only the environment, but also the total number of fish <u>would</u> suffer from a damming up of the Oosterschelde.

In examples (a) and (b) *zou/zouden* is/are used to refer to hypothetical situations. The writer describes the original plans they had in mind to build and extend the Deltaworks. He also describes the predictions they made about the future consequences of the project. In the end, the original plans were influenced by the predictions people made about the consequences, and because of this only part of the original plan was realized.

In other words, *zou/zouden* is most often used to describe a (hypothetical) situation that will never become a reality, e.g. *Als ik miljonair zou zijn, zou ik …* If I were a millionaire, I would … Hence, this use is also called the "irrealis", to refer to "unreal" situations.

Grammar and translation exercise: Modals

Go through Text IV.3 and find all the forms of the modal verbs: *hoeven, kunnen, moeten, mogen, willen, zullen, zou/zouden*. Translate those sentences into English. Some of the translations have already been provided above.

Grammar: Indefinite pronouns

In Dutch, there are three indefinite pronouns: *je* (you), *men* (one, they) and *ze* (they). The indefinite pronouns are used to refer to people whom the speaker or the writer either cannot or does not want to identify. They are also used to make a general statement. *Je* and *ze* are mainly used in spoken Dutch. *Men* is a rather formal word; it can only be a subject form and it is mainly used in written language, not spoken language.

In the last text *men* is used twice:

> *Het Deltaplan in z'n totaal was echter zo omvangrijk, dat <u>men</u> een geleidelijke uitvoering in gedachten had.* (ll. 12–13)

> *Oorspronkelijk was <u>men</u> ook van plan de Oosterschelde af te dammen.* (l. 43)

Translation exercise

Translate the above sentences. How would you translate <u>men</u> in these instances?

Chapter V

Post(colonial) Netherlands

The overseas history of the Netherlands is far-reaching and nothing short of impressive. In the seventeenth century, also known as the country's Golden Age, the Dutch Republic and its commercial metropolis, the city of Amsterdam, engineered a trading network spanning the globe. Dutch colonies were founded in the New World, the Far East, South America, the Caribbean and Africa. The legacy of that colonial past is still omnipresent in the Netherlands and throughout the world. In chronological order, this chapter deals with Holland's colonial and postcolonial heritage.

The first text focuses on Dutch expansion throughout Asia in the seventeenth and eighteenth centuries. It discusses the particular status of Japan in the global trading network of the Verenigde Oost-Indische Compagnie, (the earlier mentioned VOC, or Dutch East India Company). In this piece, the particular status of the Dutch is highlighted, for the Dutch were the only European nation allowed access and trading privileges with Japan. The internet text at <http://www.geheugenvannederland.nl/?/nl/collecties/nederland_japan> is part of a virtual exhibit commemorating the 400 years' relationship between the two countries in 2009.

The second text deals with the renowned book by Multatuli, entitled *Max Havelaar*, also known as the "book that killed colonialism". This newspaper article commemorates the 1860 publication of Multatuli's compelling literary protest against colonial policy and abuses in the Dutch East Indies of the time (currently Indonesia). The author was a former magistrate in Lebak on Java. He opposed the Dutch exploitation of the indigenous people through what was known as the "cultuurstelsel" or cultivation system. Indonesia gained independence almost a century later.

The third text features the current issues of immigration and compares postcolonial integration to other types of population influx into the Netherlands. This newspaper review of "Postkoloniaal Nederland," a book by Ger Oostindie, former President of the Royal Netherlands Institute of South East Asian and Caribbean Studies, argues that in Dutch society, migrants from the former colonies of Indonesia, Surinam and the Dutch Antilles have not formed differentiated communities in isolation but have assimilated and integrated with the population of the Netherlands. With the more recent Muslim (predominantly Moroccan and Turkish) migrant groups, integration and the adoption of a national identity seem to have been a different process.

Text V.1   *Nederland–Japan*[46]

In 2009 wordt herdacht dat beide landen vierhonderd jaar met elkaar zijn verbonden. De Koninklijke Bibliotheek (de Nationale bibliotheek van Nederland) en de National Diet Library (de Nationale bibliotheek van Japan) besteden op hun websites aandacht aan deze unieke, gemeenschappelijke geschiedenis.

1609: De Verenigde Oost-Indische Compagnie (VOC) gaat een zakenrelatie aan

Specerijen komen uit Azië. Portugezen en Spanjaarden hebben vanaf het begin van de zestiende eeuw een monopoliepositie op de aanvoer van specerijen uit Azië naar Europa. Het is een winstgevende markt die ook de Nederlandse handelaren aantrekt. Het duurt nog tot het begin van de zeventiende eeuw voordat ze sterk genoeg zijn om het monopolie te doorbreken. Kooplieden vormen tijdelijke samenwerkingsverbanden met het doel om kapitaal te verzamelen. Met het geld financieren ze de kostbare expedities naar het Verre Oosten. In 1602 worden de krachten gebundeld in een nationale onderneming die de naam Verenigde Oost-Indische Compagnie (VOC) krijgt. De VOC krijgt van de Staten-Generaal het monopolie op de handel met het verre Azië. Snel bouwt de VOC een handelsnetwerk in het oosten op.

In 1609 is Japan aan de beurt om in dit netwerk te worden opgenomen. De Japanners stellen strenge voorwaarden aan de VOC. De Compagnie mag zich op geen enkele manier mengen in de binnenlandse aangelegenheden. Compagniesdienaren mogen zich niet vrij bewegen in het land en kunnen zich dan ook niet vermengen met de bevolking. Ze krijgen het kleine eiland Deshima toegewezen als verblijfplaats. Vanaf dat eiland in de baai van Nagasaki mogen ze handelscontacten leggen.

De VOC bouwt in de volgende twee eeuwen de handelscontacten met de Japanners uit. Dit komt voor een belangrijk deel door het jaarlijkse bezoek aan de Shogun, de militaire heerser van Japan.

1783: De jaarlijkse hofreis

In 1783 reist VOC-vertegenwoordiger – ook wel opperhoofd – Isaac Titsingh van het eiland Deshima naar Edo (tegenwoordig Tokio). De reis duurt ongeveer twee maanden en wordt per draagstoel en per schip afgelegd. Titsingh maakt – net als de opperhoofden die hem voorgingen en de opperhoofden die na hem zullen komen – de jaarlijkse hofreis naar de Shogun (de hoogste militaire leider).

De hofreis past in de Japanse traditie waarbij lokale vorsten eenmaal per jaar in Edo aan de keizer hun respect komen betuigen. In deze periode wordt het hoogste gezag in Japan echter feitelijk bekleed door de Shogun. De keizer heeft slechts een symbolische functie en

---

46. Author unknown, <http://www.geheugenvannederland.nl/?/nl/collecties/nederland_japan>

leeft in Kyoto. De compagniesdienaren nemen voor de Shogun geschenken mee. De aard van de geschenken varieert, maar bestaat veelal uit exotische voorwerpen, dieren, boeken en wetenschappelijke instrumenten. Het is niet ongebruikelijk dat de Shogun via zijn hof-   45 houding kenbaar maakt welke geschenken hij het volgende jaar wil ontvangen.

Vocabulary of *Nederland–Japan*

Lines:

3	herdacht (herdenken)	commemorated
	verbonden (verbinden)	connected
5	aandacht (de)…besteden	to pay attention
6	gemeenschappelijk	common
8	zakenrelatie (de)	commercial relationship
	gaat aan (aangaan)	initiates
10	specerijen (de)	spices
11	aanvoer (de)	import; supply
12	winstgevend	lucrative
	handelaren (de)	traders
	aantrekt (aantrekken)	attracts
	duurt (duren)	lasts
14	doorbreken	to break through
	kooplieden (de)	merchants
	tijdelijk	temporary
15	financieren	to finance
	kostbaar	expensive
16	Het Verre Oosten	the Far East
	krachten (de)	forces
	bundelen (with *krachten*)	to join (forces)
	onderneming (de)	enterprise
17	krijgt (krijgen)	gets; obtains
18	handel (de)	trade
21	beurt (de)	turn
	aan de beurt zijn	to be next
22	voorwaarden (de)	conditions
	voorwaarden stellen	to set conditions
	streng	severe
	mag (mogen)	may (see modal verbs in the previous chapter)
	mengen	to mingle
23	binnenlands	domestic
	aangelegenheid (de)	affair
	Compagniesdienaar	Company servant/administrator
23–24	zich bewegen	to move around

24	dan ook	therefore
	zich vermengen	to mix; mingle
	bevolking (de)	population
25	eiland (het)	island
	toegewezen (toewijzen)	assigned; granted
	verblijfplaats (de)	residence
	baai (de)	bay
26	leggen (contact)	to make (contact)
29	komt (komen)…door	is due to
	jaarlijkse	annual
	bezoek (het)	visit
30	heerser (de)	ruler
32	hofreis (de)	journey to the court
34	vertegenwoordiger (de)	representative
	opperhoofd (het)	chief
35	tegenwoordig	currently
36	draagstoel (de)	palanquin; sedan chair
	afleggen (een reis)	to make (a journey)
37	voorgingen (voorgaan)	preceded
38	leider (de)	leader; ruler
40	past (passen in)	fits
	vorst (de)	prince
	eenmaal	once
41	betuigen (respect)	to pay, show (respect)
	gezag (het)	authority
42	gezag…bekleed (bekleden)	exercised authority
	feitelijk	in fact
43	geschenk (het)	present
	aard (de)	nature
44	varieert (variëren)	varies
	bestaat (bestaan uit)	consists of
	voorwerp (het)	object
45	wetenschappelijk	scientific
	ongebruikelijk	unusual
	hofhouding	the household of the Court
46	kenbaar (maken)	to make known
	ontvangen	to receive

Strategic reading exercise

In the history of Dutch-Japanese relations, the VOC, Deshima and Shogun are key notions. Can you say anything about these by skimming the text?

In trading contacts, Japan had strict rules of engagement for the VOC. Which paragraph in the text deals with these conditions? Which words introduce the paragraph's theme, and which helping/modal verbs are, subsequently, active or important? Finally, how many terms (of engagement) are mentioned?

Grammar: Passive voice

As in English, Dutch transitive verbs can be used in both active and passive voice. Here are some examples to show the difference between active (a) and passive voice (b).

(1) a. *Piet vertelt het verhaal.*
         Piet is telling the story.

     b. *Het verhaal wordt verteld (door Piet).*
         The story is told (by Piet).

(2) a. *Janny heeft dit artikel geschreven.*
         Janny wrote this article.

     b. *Dit artikel is (door Janny) geschreven.*
         This article has been written (by Janny).

(3) a. *Ze had nog nooit zulke mooie muziek gehoord.*
         She had never heard such beautiful music before.

     b. *Zulke mooie muziek was (door haar) nog nooit gehoord.*
         Such beautiful music had never been heard (by her) before.

Passive constructions are made with transitive verbs, i.e. verbs that can take a direct object. In Example (1), the verb *vertellen* is transitive. In the active voice of (1a) *het verhaal* is the direct object, while *Piet* is the subject, or agent. Likewise, in Example (2), *schrijven* is transitive, for it can take a direct object, that is, *artikel* (article). When the active voice is changed into a passive construction, the direct object becomes the subject of the sentence.

Grammar and vocabulary exercise: Transitive verbs

For the ten verbs given below, which ones are transitive (and thus allow a direct object in the active voice, and can, subsequently, be used in a passive construction) and which are intransitive (i.e. cannot take a direct object)? (To test vocabulary, the meanings of the verbs have not been given, so if need be, discuss the meanings of these verbs with your fellow students first if you do this exercise in the classroom):

kopen, fietsen, gaan, lezen, zien, bouwen, vliegen, ontvangen, verzamelen, variëren

Grammar: Passive voice continued

The main verb in the passive construction is the past participle, having this form: *ge* + verbal stem + *d/t* (*ge-maak-t*). This form was also discussed in the previous chapter when explaining the perfect tense. The helping verb in passive constructions is either *worden* for present or past ongoing processes, or *zijn* for the perfect tense. Below are examples of the passive voice for the verb *gebruiken* (to use) in four different tenses:

> **Present**
> (4a)   *Fietsen worden in Nederland overal gebruikt.*
> Bicycles are used everywhere in the Netherlands.
>
> **Simple past**
> (4b)   *Vroeger werd het paard veel gebruikt in Nederland.*
> In the old days, the horse was frequently used in the Netherlands.
>
> **Perfect**
> (4c)   *De boot is in Nederland ook veel als transportmiddel gebruikt.*
> The boat has also been used frequently as a means of transportation.
>
> **Pluperfect**
> (4d)   *Voor het begin van de twintigste eeuw was er nog nooit een vliegtuig gebruikt om naar Amerika te gaan.*
> Before the beginning of the 20th century, a plane had never been used to go to America.

Grammar exercise: Passive voice

The following sentences are passive voice constructions. Underline the helping verbs and the past participles. Secondly, focus on the helping verbs to determine the tense. Note, by the way in Examples (6) and (9), that the modal verbs (which are also helping verbs) always come first in both Dutch and English. Thirdly, provide translations for these sentences.

> (1)   *Waarom wordt de lijn hier getrokken?*
> (2)   *Deze tekst is uit een ander artikel overgenomen.*
> (3)   *In de zeventiende eeuw werden overal in de wereld Nederlandse transportschepen gebruikt.*
> (4)   *Japan was toen nog niet opengesteld voor Europeanen.*
> (5)   *Het jachthuis werd tussen 1916 en 1920 gebouwd.*
> (6)   *Wat zijn de voorwaarden waaronder euthanasie mag worden uitgevoerd?*
> (7)   *De VOC ging akkoord met de voorwaarden die werden gesteld.*
> (8)   *De natuur in Nederland wordt relatief goed beschermd.*
> (9)   *De Euthanasiewet moet worden herzien.*
> (10)   *De technische installaties in huis zijn weggewerkt achter de wanden en muren.*

Translation warning: Use of *worden/zijn* in passive voice

It is important to dwell on the contrast between English and Dutch for the use of the helping verb in passive voice. In essence, English uses "is" and "was/were" for present tense and simple past: The dog is hit; the dog was hit, while Dutch just uses *word(en)/ werd(en)* for the present and simple past helping verbs in the passive voice (*De hond wordt geslagen; de hond werd geslagen*). However, for the perfect, Dutch (just) uses a form of *zijn* plus a main verb for the past participle, whereas English uses a form of have + to be + past participle: the dog has been hit: *de hond is geslagen*. When determining the tense in a passive contruction, look for the helping verb:

(a) *Hij wordt gezien als een groot talent.*
Wordt is present tense, so the literal translation is: "He is regarded a great talent." (This is an awkward phrase in English, as an English speaker would prefer to use an active voice here and translate this with something like "People regard him as highly gifted")

(b) *Die krant werd vooral gelezen door hoog opgeleiden.*
Werd is simple past, so: "That newspaper was mainly read by highly educated people."

(c) *Dat boek is nooit afgemaakt.*
Is is perfect tense, so: "That book has never been finished."

Grammar exercise: Passive voice

Return to the text on Japan and identify as well as analyze all instances of passive voice. It may be helpful to take the past participle apart to determine the infinitive verb form. Underline the helping verb(s), and comment on the tense in each instance. For example:

In 2009 wordt herdacht (l. 3) (inf. *herdenken*) – present tense

There are four more instances of the passive voice.

Translation warning: Helping verb *zijn* in passive voice and perfect tense

There is an overlap, morphologically speaking, between the passive voice in the perfect tense and the active voice of some verbs taking *zijn* in the perfect tense. These verbs were discussed in Chapter IV, on pp. 83–84. For example, the next two sentences combine the helping verb *zijn* with the past participle of the main verbs *corrigeren* and *aankomen*:

(1) *Het manuscript is nog niet gecorrigeerd.*
(2) *Het manuscript is nog niet aangekomen.*

The first sentence is a passive voice construction and the second is active voice. One can explain the difference in two ways:

1. the verb *corrigeren* (to correct) is a transitive verb; it can be combined with a direct object, like *manuscript*. Transitive verbs, in the active voice of the perfect, always require *hebben*. So, when combined with the helping verb *zijn*, transitive verbs are necessarily in passive voice.
2. the second sentence has the main verb *aankomen* (to arrive), which is an intransitive verb. Since intransitives cannot take an object, they simply cannot produce a passive construction. When combined with *zijn*, the helping verb indicates an active voice in the perfect.

So, if one comes across the helping verb *zijn* + the past participle of a main verb, it may be a passive voice or an active voice in perfect tense. In order to distinguish between them, you have to consider the main verb. If there is a transitive main verb involved, it is a passive voice construction, and if it is intransitive main verb, it can only be active voice.

Grammar: The difference between a main clause and a subclause

The difference between a main and a subclause is that a main clause can stand by itself; a subclause, on the other hand, cannot, for it is always embedded in or dependent on the main clause. Thus:

(a) *Saskia heeft drie bloemen geplukt.*
    Saskia picked three flowers [main clause].

(b) *Saskia heeft drie bloemen, die in moeders tuin stonden, geplukt.*
    Saskia picked three flowers, which stood in mother's garden.

In Example (b) what is the main clause and what is the subclause?
Answer:
Saskia heeft drie bloemen…geplukt is the main clause and can stand by itself; **die in moeders tuin stonden* (which stood/were in mother's garden) is not a main clause because it cannot stand by itself, but it is clearly dependent on the main clause. The relative pronoun *die* (here translated with which) refers back to antecedent, *bloemen* (flowers), in the main clause.

As has been explained already in the contrast analysis and various other parts of this book, main clause constructions always keep the finite verb in second position (the V2 principle). The subject is close by, either preceding in the first position or following in the third position. All other verbs are to be found at the end. Main clauses have SOV-word order, overruled by the V2 principle:

Saskia / *heeft* / drie bloemen / *geplukt.*
[1. subject / 2. finite verb / 3. object / 4. rest of verbs at the end]

Unlike the main clause, the Dutch subclause places the finite verb and all the other verbs at the end of the subclause. The subject is in that case always to be found at the beginning, while the objects are in between, exhibiting plain SOV-order.

die / *in moeders tuin* / *stonden.*
[1. subject / 2. prepositional group / 3. finite verb at the end]

Here is one more example of a subclause construction dependent on a main clause.

(1a)   *Ik bel je als ik in Amsterdam geland ben.* (I will call you when I have landed in Amsterdam.)

The main clause here is *ik bel je*; the subclause is *als ik in Amsterdam geland ben.* Now what happens if the subclause is placed before the main clause, or rather, in first position?

In that case, the finite verb (*bel*) of the main clause must follow directly after the subclause:

(1b)   *Als ik in Amsterdam geland ben, bel ik je.* (When I have landed in Amsterdam, I will call you.)

The subclause as a whole takes first position which means that the finite verb *bel* of the main clause must follow in second position, according to the V2 principle. As a consequence, the subject of the main clause comes in third position. In other words, if the subclause is in first position this will trigger inversion of subject and finite verb in the main clause, pushing the subject into third position.

Three kinds of subclauses

A subclause can be formed in three ways. First, by the use of conjunctions. Most common is the conjunction *dat*, which also occurs in subordinating conjunctions like *omdat* or *zodat.* The use of *dat* can be a translation warning in itself as *dat*, aside from its (completely unrelated) use as a demonstrative (see Chapter I), is often a signpost in the sentence warning the reader that a subclause is to follow, with all verbs being placed at the end of the clause. Here are two examples with *dat* and *omdat*:

– *Ik denk dat ik morgen thuis blijf.* (I think I will stay home tomorrow.)
  Note: Subclause follows the main clause.
– *Omdat ik me niet goed voel, blijf ik thuis.* (Because I don't feel well, I will stay home.)
  Note: Subclause precedes the main clause, so inversion of subject and finite verb in the main clause.

What follows is a list of some common conjunctions, which are called subordinating conjunctions because they trigger subclause word order; please learn these conjunctions by heart as they are vital nuggets of information with regard to sentence structure and translation.

Subordinating conjunctions of temporality

– *terwijl* (while)

Terwijl ik mijn huiswerk doe, luister ik naar de radio.

While I am doing my homework, I listen to the radio.

– *toen* (when)

Toen ik haar zag, was ik meteen verliefd.

When I saw her, I fell in love at once.[47]

– *nadat* (after)

Japan kwam in het Nederlandse handelsnetwerk zeven jaar nadat de VOC in 1602 was opgericht.

Japan became part of the Dutch trading network seven years after the VOC had been founded in 1602.

– *voordat* (before)

Het duurt nog tot het begin van de zeventiende eeuw voordat ze sterk genoeg zijn.

It would last until the beginning of the seventeenth century, before they were strong enough.

– *wanneer* (when)

Wanneer de VOC opkomt in Azië, richt Portugal zich meer op Brazilië:[48]

When the VOC emerges in Asia, Portugal focuses more and more on Brazil.

– *als* (when)

Als de VOC opkomt in Azië, richt Portugal zich meer op Brazilië.

When the VOC emerges in Asia, Portugal focuses more and more on Brazil.

– *zolang (als)* (as long as)

Nederlanders mochten handel drijven met Japan zolang (als) zij de regels respecteerden.

The Dutch were allowed to negotiate with Japan as long as they obeyed the rules.

---

47. Translation warning : please note that English "when" can also be translated by Dutch *wanneer* and *als*; notice that *toen* is always followed by past tense, never present tense!

48. *Wanneer de VOC opkomt in Azië* is the subclause but as one can tell, the clause ends with a prepositional phrase, and not the verb. Prepositional phrases have some flexibility and can be moved around the sentence in Dutch; in other words, an equally grammatical subclause would be *Wanneer de VOC in Azië opkomt.*

– *nu* (now that)
> *Nu ik een Ba-diploma heb, kan ik doorgaan in de Ma-fase*
> Now that I have a BA degree, I can continue my MA studies.

– *sinds* (since)
> *Sinds ik Nederlandse kranten lees, is mijn woordenschat met sprongen vooruit gegaan.*
> Since I read Dutch newspapers, my vocabulary has increased with leaps and bounds.

Subordinating conjunctions of causality

– *omdat* (because)
> *Omdat ik me niet goed voel, blijf ik vandaag thuis.*
> Because I don't feel well, I will stay home today.

– *aangezien* (because)
> *Aangezien het al laat was, zette ze de tv uit.*
> Because it was late already, she turned off the tv.

– *doordat* (because)
> *Doordat de Nederlandse Republiek een bloeiende economie had, kwamen veel gelukzoekers uit andere Europese landen naar Amsterdam.*
> Because the Dutch Republic had a prospering economy, many fortune seekers from all over Europe came to Amsterdam.

– *zodat* (so that)
> *Ze kan nu zelf Nederlands lezen zodat ik de teksten niet meer hoef te vertalen.*
> She can read Dutch by herself now, so that I don't need to translate the texts anymore.

Subordinating conjunctions of conditionality

– *als* (if)
> *Geef het even door, als je niet kan komen.*
> Please let us know, if you can't come.

– *indien* (if)
> *Ik kan helpen, indien dat nodig mocht zijn.*
> I can help, if that might be necessary.[49]

– *mits* (provided)
> *De Nederlanders mochten handel drijven met Japan, mits zij zich aan de strenge voorwaarden hielden.*
> The Dutch were allowed to trade with Japan, provided they respected the strict conditions.

---

49. *Indien* is a formal *als*, and occurs more often in written language (and contract/legal language) than in spoken language.

– *tenzij* (unless)
> *Tenzij ik me vergis, is dit jouw werk.*
> Unless I am mistaken, this is your work.

Subordinating conjunctions of concession

– *hoewel* (although)
> *Hoewel het niet haar specialiteit is, weet zij heel veel over Japan.*
> Although it is not her field of expertise, she knows a lot about Japan.
> (**Ofschoon** is a more formal alternative for *hoewel*)
– *ondanks dat* (despite; even though)
> *Ondanks dat er diverse pogingen zijn gedaan, is er nooit een weg via het*
> *Noordpoolgebied naar de Oost gevonden.*
> Even though many efforts were made, a passage to the East through the Arctic area
> has never been found.

Translation warning: Coordinating conjunctions

In contrast to the many subordinating conjunctions, Dutch only has a few coordinating conjunctions. They 'coordinate' because they join two main clauses. Most frequent are *en* (and), *of* (or), *dus* (so), *maar* (but) and *want* (because). Notice the coordinating conjunctions in the following examples as well as the main clause word order in both:

(a) *Nederland was dominant in de zeventiende eeuw <u>en</u> Engeland bouwde een*
    handelsimperium op in de achttiende eeuw.

    Holland was dominant in the seventeenth century and England built up a
    trading network in the eighteenth century.

(b) *De aard van de geschenken varieert, <u>maar</u> [de aard van de geschenken]*
    bestaat veelal uit exotische voorwerpen, dieren, boeken en wetenschappelijke
    instrumenten.
    The nature of the gifts varies but [the nature of the gifts] consists mainly of
    exotic objects, animals, books and scientific tools.

(c) *De Nederlanders wilden Deshima <u>want</u> Deshima was een strategisch punt.*
    The Dutch wanted Deshima because Deshima was a strategic point.

Please be aware that English "because" can be translated with *omdat* (followed by subclause word order: SOV) and *want* (followed by main clause word order + V2 interference). So in other words, if you were to rewrite Example (b) with *omdat*, you would end up with this: *De Nederlanders wilden Deshima <u>omdat</u> Deshima een strategisch punt <u>was</u>.*

Another possibility would be: *Omdat Deshima een strategisch punt was, wilden Nederlanders Deshima.* Caveat: although you can start a sentence with *omdat*, you can never start one with *want*.

Subclauses with interrogatives

The second type of subclause is found in subordinated questions introduced by interrogatives like *wat, waarom, hoe,* etc. Here are some examples:

(a) [main clause:] *Ik weet niet* [embedded question/clause:] *waarom hij er vandaag niet is.*
I don't know why he is not in today.

This sentence can also be reversed, with the subclause starting the sentence, which then triggers inversion in the main clause:

(b) [embedded question/clause:] *Waarom hij er vandaag niet is,* [main clause:] *weet ik niet.*

Translation warning: Two different kinds of *of*

Some subclauses can start with *of*: this is not the coordinating conjunction with the meaning "or" (as in *Hij slaapt morgen uit of hij staat vroeg op*: He sleeps in tomorrow or he will get up early), but it is part of the embedded question, meaning "if" or "whether". For instance:

[main clause:] *Ik weet niet* [embedded question/clause:] *of dat antwoord correct is.*
I don't know if/whether that answer is correct.

Subclause with relative pronouns

The third type of subclause is introduced by relative pronouns like *die* (who/which) or *dat* (who/which):

(a) [beginning main clause:] *Het beste boek* [embedded relative subclause:] *dat Mulisch ooit geschreven heeft* [rest of the main clause:] *is De Aanslag.*
The best book which Mulisch has ever written is *The Assault.*

(b) [beginning main clause:] *De Japanse Keizer* [embedded relative subclause:] *die de oorlog begonnen was,* [rest of the main clause:] *hoefde niet af te treden.*
The Japanese emperor, who had started the war, did not have to abdicate.

Finally, the most complex relative subclause construction/embedding is formed with *waar + preposition* (the antecedent is an object or thing), as is manifested in Example (c) or the relative pronoun consists of *preposition + wie* (the antecedent is a person). In English, this translates into a preposition + which and, in case one refers to people rather than things, a preposition + who(m): see Example (d) below. In other words, Dutch *waar + preposition* = English preposition + which, and Dutch preposition + *wie* = English preposition + who(m).

(c)   [main clause:] *Dat is een boot* [relative subclause:] *waarmee de VOC naar de Oost is gevaren.*
That is a boat with which the VOC sailed to the East.

(d)   [main clause:] *De man* [embedded relative subclause:] *naast wie hij zit,* [rest of the main clause:] *heeft een boek over de Gouden Eeuw geschreven.*
The man, next to whom he is sitting, has written a book about the Golden Age.

Translation warning: Who is not always *wie* in Dutch

Because of the correspondence between *wie* and *who* (as in: *Wie heeft mijn bril gezien?* Who has seen my glasses?), there is a tendency by English speakers to use *wie* as a relative pronoun as well; this is only correct when a preposition is involved (as in: *Ken je de jongen met wie ik naar de film ben geweest?* Do you know the guy with who(m) I have been to the movies?). Please remember that in English *who* as a relative pronoun corresponds with *die/dat* in Dutch:

e.g. *Johan van Oldebarnevelt is de politicus die, in gesprekken over de Nederlandse handel, niet vergeten mag worden.*

Johan van Oldebarnevelt is the politician who, in conversations about Dutch trade, must not be forgotten.

Grammar exercise 1: Subclauses and conjunctions
Deconstruct the following sentences: underline the subclause and circle the conjunctions:

1.   *Als je ronddwaalt door het bijna honderd jaar oude jachthuis, krijg je het gevoel dat Helene Kröller-Müller elk moment kan opduiken.*
2.   *Het is fascinerend om rond te lopen door het jachthuis, waar het hele jaar door rondleidingen worden gegeven.*
3.   *De vertrekken hebben allemaal een relatief laag plafond en kleine ramen, waardoor het geheel nogal somber overkomt.*
4.   *Dutch Design kwam uit de koker van een aantal mensen en instellingen, waaronder het Nederlands Architectuurinstituut en de Nederlandse overheid, die Nederlands design als een soort exportproduct probeerden te verkopen.*

5. *Toen de zuilen naar het einde van de vorige eeuw toe verkruimelden, verschrompelden ook de zuiltoppen die zorg droegen voor zin en betekenis.*

6. *Minstens zo belangrijk was het feit dat in zijn strijd tegen het multiculturalisme Fortuyn tegelijk zijn status vestigde als beschermer van de Nederlandse identiteit.*

7. *De nota van de minister leidde tot een kort en opgewonden debat waarin twee posities naar voren kwamen.*

8. *Ondanks het feit dat het sterftecijfer er een stuk hoger lag dan het geboortecijfer, groeiden de Hollandse steden in deze periode als kool.*

9. *Een belangrijke groep migranten die vanwege godsdienstige tolerantie in de Republiek neer-streek, waren de uit Portugal en Spanje verjaagde joden.*

10. *De wederopbouw verliep zo voorspoedig dat zich in de jaren vijftig een krapte op de arbeids-markt begon af te tekenen.*

Grammar (and translation) exercise 2: Subclauses continued

The following two sentences are taken from Text V.1. Underline the subclauses, circle the conjunctions and pay close attention to verb(s) placement:

– *In 2009 wordt herdacht dat beide landen vierhonderd jaar met elkaar zijn verbonden* (l. 3)
– *Het is een winstgevende markt die ook de Nederlandse handelaren aantrekt*   (l. 12)

Now translate both sentences.

Next, read the entire text of *Nederland–Japan* once more, and search for all instances of subclause constructions. There are seven in all.

– Mark the conjunction, interrogative or relative pronoun introducing the subclause
– Mark the conjugated verbs.

Translation exercise

Translate lines 21 through 30. Review the text once more and discuss any translation knots in class.

Text V.2   *Multatuli's passieverhaal is nu anderhalve eeuw oud*[50]
          by Gijsbert van Es

Morgen is het 150 jaar geleden dat Multatuli zijn Max Havelaar voltooide. Had hij nu ge-leefd, dan had hij waarschijnlijk een film gemaakt en geen boek geschreven.   5

Een boek is jarig, morgen. Sterker: hét boek is jarig – Max Havelaar, of de koffij-veilingen der Nederlandsche Handelmaatschappij. Kortweg: de Max Havelaar, voltooid op 13 okto-ber 1859 en in mei 1860 verschenen.   10

---

50. <http://archief.nrc.nl/index.php/2009/Oktober/12/Kunst/08/Multatuli's + passieverhaal + is + nu + anderhalve + eeuw + oud/check=Y>

Eduard Douwes Dekker (1820–1887) schreef zijn beslissende boek in enkele weken, op een koude zolderkamer in Brussel. Het was een korte maar hevige lijdensweg. In brieven maakt hij melding van diverse plaaggeesten: wandluizen, kramp in zijn vingers van het manische schrijven en slechte ogen waardoor hij bij kaarslicht amper kon werken. Maar
15 toch, op de avond van 13 oktober 1859 schreef hij aan zijn vrouw Tine de verlossende woorden: 'Lieve hart, mijn boek is af, mijn boek is af! Hoe vind je dat? […] Het zal als een donderslag in het land vallen, dat beloof ik je.'

Max Havelaar is alles tegelijk: onnavolgbaar geschreven en gecomponeerd, satirisch
20 en poëtisch, onthullend in feiten en uiteindelijk bloedspuwend kwaad van toon. Het is een literair monument, maar noem het nooit een 'roman' of 'een mooi boek'. Multatuli (Dekkers' schrijversnaam) heeft de Max Havelaar niet voor de mooiigheid geschreven. Het is, typeerde hij zelf in een brief uit januari 1860, 'een memorie van grieven, het is een aanklacht, het is een bevel.'
25

Zou Multatuli in deze tijd hebben geleefd, dan had hij documenten kunnen 'lekken' naar de media, hij had opiniestukken in kranten kunnen schrijven (na verschijning van zijn boek deed hij dat volop), hij had in de politiek kunnen gaan (wat hij wilde).

30 Waarschijnlijk had hij, 150 jaar later, niet eens gekozen voor een boek als medium voor zijn wanhoopskreet – hij zou een film hebben gemaakt, zoals de ex-VVD'ers Ayaan Hirsi Ali (Submission) en Geert Wilders (Fitna) dat hebben gedaan om de aandacht van het brede publiek op te eisen.

35 Het boek dat Multatuli in de herfst van 1859 schreef, gaf hij de vorm van een wolf in schaapskleren. Letterlijk noteerde hij hierover, opnieuw in een brief aan Tine: 'Als ik had uitgegeven: "Klacht tegen het Indische Bestuur", dan had niemand mij gelezen. Ik laat de lezers nu lang in de waan dat zij een half grappige, half ernstige vertelling lezen, en pas als ik hen aan het lijntje heb, kom ik uit de hoek met de hoofdzaak.'
40

Die hoofdzaak komt pas aan het slot van het boek, waarin Multatuli letterlijk uitschreeuwt: 'DE JAVAAN WORDT MISHANDELD.' In 1859 was dat de werkelijkheid die weinigen wilden horen. Wat zou er sindsdien zijn veranderd? Evenals de Bijbel blijft Max Havelaar een boek dat verhalen in verhalen en verhalen achter verhalen vertelt. Of, simpeler gezegd:
45 Multatuli schreef een lijdensverhaal dat van alle tijden is.

Vocabulary of *Max Havelaar*

Lines:

4	geleden	ago
4/9	voltooide (voltooien)	finished
5/30	waarschijnlijk	probably

7	jarig (zijn)	have one's birthday/anniversary
10	verschenen (verschijnen)	published; appeared
11	beslissend	decisive
13	divers	several
16	af	finished
20	onthullend	revealing
	feiten (het)	facts
	bloedspuwend	spitting blood
	kwaad	angry
21	roman (de)	novel
23	grieven (grief, de)	grievances
24	aanklacht (de)	accusation
	bevel (het)	order
27	opiniestuk (het)	editorial
30	gekozen (kiezen)	chosen
31	wanhoopskreet (de)	cry of desparation
32–33	aandacht (de) (opeisen)	to demand attention
37	uitgegeven (uitgeven)	published
	klacht (de)	complaint
	Bestuur (het)	Administration
37–38	(in de) waan (laten)	let (them) be under the illusion
38	grappig	funny
	ernstig	serious
	vertelling (de)	narration
39	(aan het) lijntje (hebben)	to have on a leash; to be in control of
41	hoofdzaak (de)	main affair/matter
	uitschreeuwt (uitschreeuwen)	cries out
42	mishandeld (mishandelen)	exploited/abused
	werkelijkheid (de)	reality; truth

Reading strategy

The book *Max Havelaar* was published in 1860 as a fictional indictment of colonial abuses in Java, Indonesia. In the nineteenth century, literature was a conventional form of protest (think for example of Harriet Beecher Stowe's novel of protest, *Uncle Tom's Cabin*). Obviously, contemporary protests use different means and methods.

1. What paragraphs in the text compare the novel *Max Havelaar* to contemporary expressions of political protest? Highlight the word(s) that are used to introduce that topic and consider the mode (conditional, hypothetical etc.) of the helping verb.

2.   In lines 35–36 the author calls *Max Havelaar* a wolf in sheep's clothing (*een wolf in schaapskleren*). Discuss what the author might mean by this metaphor and highlight the passage.

Grammar: Pluperfect tense

As has been explained in Chapter IV, the Dutch (present) perfect uses a past participle combined with the present tense of the helping verbs *hebben* or *zijn*. Here are two examples as a refresher:

(1)   *Multatuli heeft in 1859 de Max Havelaar geschreven.*
       Multatuli wrote Max Havelaar in 1859.

(2)   *De Nederlandse schrijver is korte tijd ambtenaar op Java geweest.*
       For a short period, the Dutch author was a magistrate on the island of Java.

In the *pluperfect tense* the helping verbs *hebben* or *zijn* are in the simple past, in combination with the past participle:

(3)   *Omdat Multatuli korte tijd ambtenaar op Java was geweest, kon hij een boek als Max Havelaar schrijven.*
       Because Multatuli had been a magistrate on Java, he could write a book like Max Havelaar.

(4)   *Nadat hij het boek had gepubliceerd, verschenen er heftige reacties in de pers.*
       After he had published the book, fierce responses appeared in the press.

In both English and Dutch the pluperfect tense is used to differentiate subsequent phases in the past: it refers to an event prior to another (past) event, and indicates a continuing relevance in time. The pluperfect is much less common than the (present) perfect and occurs more often in written, formal texts than in spoken, casual language.

Grammar and translation exercise

Determine what tense is used in the next sentences, and explain their temporal (inter)relation:

1.   *Het boek kwam uit in 1860. Nog nooit eerder was in het openbaar een dergelijke aanklacht tegen het kolonialisme verschenen.*

2.   *Wat niemand had verwacht, gebeurde toen toch.*

Translate these sentences.

Grammar: Hypothesis

Like English, Dutch uses the hypothetical mode to discuss things that are hypothetical, i.e. that do not or did not really happen. Chapter IV introduced this mode, calling it the irrealis. The hypothetical mode uses the conditional conjunction *als/indien* (when/if) most frequently, followed by the optional particle *dan* (then). The hypothetical mode is identifiable by the use of the helping verb *zou* (plural: *zouden*). Here are two examples:

(1) *Als dat waar <u>zou</u> zijn, (dan) <u>zouden</u> we niet verder komen.*
If that were true, we would not progress.

(2) *Als ik jou was, (dan) <u>zou</u> ik thuis blijven.*
If I were you, I would stay home.

Note that in the second example, the hypothetical mode switches to the simple past *was* instead of *zou zijn*. This is a common practice in Dutch hypothetical constructions, and obligatory in English syntax: the first example, on the other hand, shows *zou* in the subclause and *zouden* in the main clause. Since *zou/zouden* correlates with "would" in English, it is important to note that whereas *zou(den)* can occur in both clauses in Dutch, in English that is considered ungrammatical. In addition, and in contrast with English too, Dutch can, as an alternative to the *zou*-construction, use the simple past exclusively to indicate the hypothetical mode/irrealis. Thus the next examples are interchangeable with the corresponding two examples above:

(1b) *Als dat waar was, (dan) kwamen we niet verder.*

(2b) *Als ik jou was, (dan) bleef ik thuis.*

Translation warning: Conditional subclause beginning with verb

There is an alternative conditional subclause, omitting the conjunction *als/indien* altogether. In this construction, the conditional subclause has the finite verb in the first position. Again the particle *dan* is optional. Of course, this can only happen when the subclause preceeds the main clause. The following examples of the hypothetical mode or irrealis are interchangeable, i.e. all correct sentences in Dutch:

(a) *Je <u>zou</u> op Java misschien wel met Euro's <u>kunnen betalen</u>, als Indonesië nu nog Nederlands <u>was.</u>*
Perhaps you would be able to pay in euros on Java, if Indonesia were still a part of the Netherlands.

(b) *Je <u>kon</u> op Java misschien wel met Euro's <u>betalen</u>, als Indonesië nu nog Nederlands <u>was</u>.*

(c) *<u>Zou</u> Indonesië nu nog Nederlands <u>zijn</u>, dan <u>kon</u> je op Java misschien wel met Euro's <u>betalen</u>.*

Example (a) uses the hypothetical *zou*-construction in the main clause and simple past in the subclause. Example (b) uses the simple past for the hypothetical mode in both parts. Example (c) uses the *zou*-construction in the hypothetical subclause and the simple past for the main clause. Moreover, the (c) subclause uses conditional word order without *als*, hence the subclause precedes the main clause.

Grammar exercise: Hypothetical mode

In the following sentences, circle the verbs and determine the tense. Which of these sentences use(s) the hypothetical mode?

(1) *Als je ronddwaalt door het bijna honderd jaar oude jachthuis, krijg je het gevoel dat Helene Kröller-Müller elk moment kan opduiken.*

(2) *Het echtpaar Kröller-Müller had, zoals veel rijke mensen in die tijd, gescheiden slaapkamers.*

(3) *Wat zou je doen als ik je een zoen gaf?*

(4) *Nadat de verantwoordelijke minister en ambtenaar waren opgestapt, droogde de Haagse geldstroom op.*

(5) *Nergens waren homoseksualiteit, prostitutie en pornografie zo vrij als in Nederland, nergens was de seksuele voorlichting zo goed dat vrouwen en meisjes bijna nooit ongewenst zwanger werden.*

(6) *De omslag van Nederland als emigratieland naar Nederland als immigratieland had zich al vóór de komst van de Surinamers en Antillianen voorgedaan.*

(7) *Veel Turken en Marokkanen hadden in de jaren dat ze in Nederland verbleven allerlei rechten opgebouwd.*

(8) *Had je me uitgelachen als ik op je verjaardag een lied voor je had gezongen?*

Sometimes, the hypothetical mode uses the pluperfect, as is also manifested in sentence (8). This occurs when the situation referred to is in the past. In this example a *zou*-construction would be legitimate too:

(8b) *Zou je me hebben uitgelachen als ik op je verjaardag een lied voor je had gezongen?*

In English the latter construction is possible too, for (8b) can be translated with: Would you have laughed at me if I had sung you a song on your birthday?

Now review Text V.2 once more, and underline all instances of the hypothetical mode. Use double underlining for the conditional subclause. Also, make sure to circle the conjunction *als* and the optional particle *dan*. After that, comment on the different kinds of tense.

Example:

II. 4–5 Had hij nu geleefd, *dan* had hij waarschijnlijk een film gemaakt en geen boek geschreven.

No conditional conjunction 'als' but conditional word order (or inversion) in the subclause. Optional *dan* is used. Tense: *had geleefd, had gemaakt, had geschreven*: all pluperfect.

There are four more examples in the text. Check your answers by using the answer key in the back of this book.

Grammar: Imperative

In both Dutch and English, the minimal requirements for a grammatical sentence are a subject and a finite verb, e.g *de man loopt* (the man is walking). However, there is one exception: the imperative, which neither uses a subject nor a conjugated verb. Here are two examples: *ga weg* (go away); *maak je werk af* (finish your work). The imperative uses the unconjugated root of the verb, and is syntactically marked in that it always occurs in the first position of a main clause.

Grammar exercise: Imperative

In paragraph 4 of the *Multatuli* text (l. 21), there is one fine example of an imperative. Highlight it and translate the sentence.

Translation exercise

Translate the following lines from the text:

> *Zou Multatuli in deze tijd hebben geleefd, dan had hij documenten kunnen 'lekken' naar de media, hij had opiniestukken in kranten kunnen schrijven (na verschijning van zijn boek deed hij dat volop), hij had in de politiek kunnen gaan (wat hij wilde).*

Text V.3   *Migranten met een streepje voor*[51]
            by Paul van der Steen

Nederland is volgens Gert Oostindie klaar met de naweeën van ons koloniaal verleden.

5

Nederland ervaart migranten uit de voormalige West in het algemeen niet als een probleem. Het aantal slavernijmonumenten in Nederland is op de vingers van een hand te tellen. Eisen voor herstelbetalingen vanwege het leed van eeuwen terug keren geregeld terug, net als pleidooien voor het afschaffen van het Sinterklaasfeest, maar het publiek weet dat dat soort gedachten ook in eigen kring niet op zeer brede sympathie kan rekenen. 10 Voor islamitische migranten bestaat een stuk minder coulance. Gedrag en opvattingen van extreme moslims worden door sommigen gretig als symptomatisch voor de hele groep bestempeld. [...]

Nederland telt ruim een miljoen postkoloniale migranten tegenover achthonderdduizend 15 moslims. De aanwezigheid van beide groepen wordt zeer verschillend beoordeeld. Als de nationale identiteit al wordt ondermijnd, dan in elk geval niet door die mensen uit voormalig Nederlands-Indië, Suriname en de Antillen, stelt Paul Scheffer in zijn boek 'Het land van aankomst'. Zo denkt de overgrote meerderheid van de Nederlanders erover. Nota bene

---

51. *Trouw*, January 9th, 2010. Internet edition: <http://www.trouw.nl/tr/nl/4512/Cultuur/article/detail/1082036/2010/01/09/Migranten-met-een-streepje-voor.dhtml>

20   de grootste criticaster van het vreemdelingenbeleid, Geert Wilders, heeft Indische wortels.
Gert Oostindie draagt het allemaal in 'Postkoloniaal Nederland' aan als onderbouwing
van zijn stelling dat Nederland wel zo'n beetje klaar is met de naweeën van de paar eeuwen
dat de natie heerste in andere hoeken van de wereld. Met zijn boek wil de auteur geen
komma zetten, maar een punt. De postkoloniale gemeenschappen zijn steeds minder als
25   zodanig te herkennen, is de overtuiging van de hoogleraar geschiedenis en directeur van
het Koninklijk Instituut voor Taal-, Land- en Volkenkunde in Leiden. De Indische, Surinaamse en Antilliaanse gemeenschappen gingen door integratie en gemengde relaties
tamelijk geruisloos op in de Nederlandse samenleving. Het vasthouden en het uitdragen
van de postkoloniale identiteit is een individuele keuze geworden en minder een groeps-
30   gebeuren dan voorheen.

Juist nu de gemeenschappen verwateren, krijgt hun verleden de erkenning die jarenlang
uitbleef. In de onder leiding van Frits van Oostrom opgestelde canon van de Nederlandse
geschiedenis krijgt het koloniale verleden ruim aandacht. Er zijn vensters over de VOC, de
35   slavernij, Multatuli's Max Havelaar, Indonesië, Suriname en de Nederlandse Antillen. Bij
andere onderwerpen komt de expansiedrift (inclusief de keerzijden) nog eens zijdelings
aan de orde. Ook in de enkele jaren geleden verschenen vierdelige boekenreeks 'Plaatsen
van herinnering' reikte de blik op Nederland verder dan alleen het grondgebied tussen
Den Helder en Vaals.
40
Dergelijke projecten bieden tegengas aan diegenen die stellen dat de canon en andere
vormen van hernieuwde aandacht voor vaderlandse historie uitingen zijn van eng nationalisme, van de neiging van de hedendaagse Nederlander om zich terug te trekken achter
de dijken. Het zou ook pure geschiedvervalsing zijn om de internationale avonturen uit
45   het verleden te veronachtzamen. [...]

Het in 'Postkoloniaal Nederland' beschreven spel van vergeten, herdenken en verdringen stemt tot nadenken over *toon* en inhoud van het actuele debat over de multiculturele
samenleving. De belangrijkste les uit de vijfenzestig door Oostindie beschreven jaren is
50   dat integratie enkele generaties tijd nodig heeft. Wat dat betreft lijdt de discussie van dit
moment aan wat de auteur 'contraproductief' ongeduld noemt.

Tegelijkertijd geeft hij aan dat de nieuwkomers uit de voormalige Oost en West niet één op
één te vergelijken zijn met de voornamelijk uit Turkije en Marokko afkomstige moslims.
55   Oostindie introduceert in zijn boek de term 'postkoloniale bonus'. Nieuwkomers uit de
voormalige koloniën waren sterk in het voordeel. Ze hadden meer burgerrechten, waren
op zijn minst al een beetje vertrouwd met de Nederlandse taal en cultuur en kregen ruimte
voor het beleven van hun eigenheid. Bij deze groep geen gezeur over dubbele loyaliteiten.
Engagement met het land van herkomst werd eerder aangemoedigd dan geproblemati-
60   seerd. Bijkomend voordeel was dat de nieuwkomers uit Indië, Suriname en de Antillen
meer dan de moslimmigranten uit diverse lagen van de maatschappij afkomstig waren.
Voor migranten uit moslimlanden bestaat veel minder coulance. Nieuwkomers uit Oost
en West zijn voluit geïntegreerd.

Reading strategy

The book review above compares the assimilation of postcolonial migrants (such as the ethnic Indonesian population and the Surinamese) into Dutch society versus the assimilation of the most recent immigrant group of Muslims. Survey the text quickly and determine which paragraphs deal with:

1. migrants from former Dutch colonies
2. migrants from Muslim countries
3. both groups.

The focus of this article is Holland's recent Muslim immigration, with the thesis that current debates on immigration and integration of these new groups should learn from the examples of the more successful postcolonial immigration after WWII. In this respect, explain the notion of *contraproductief ongeduld* in the last line of the conclusion.

Grammar: Adjectival participial phrases

Consider the next sentence and its translation:

> *De minister-president, die gisteren uit Japan aankwam, brengt vandaag een bezoek aan de koningin.*
> The Prime Minister, who arrived from Japan yesterday, will visit the Queen today.

In order to provide additional information about the Prime Minister, both constructions here use an embedded subclause with (*die*/who) to give that information. In Dutch this sentence can also be written as:

> *De gisteren uit Japan aangekomen minister-president brengt vandaag een bezoek aan de koningin.*

In the above example, the additional information, which was given in the subclause earlier, takes the position of an adjective in front of the noun *minister-president*. In English we would still translate this with an embedded subclause as in English such participial phrases within a noun wordgroup are impossible. In Dutch, these adjectival participial phrases are quite acceptable and indeed rather common in formal texts, like the one above. See for example this instance taken from the Text V.3 (l. 33)

> (1) *In de onder leiding van Frits van Oostrom opgestelde canon van de Nederlandse geschiedenis krijgt het koloniale verleden ruim aandacht.*

In this sentence, the first position before the finite verb *krijgt* is a complex prepositional group introduced by the preposition *In*. The noun that is modified is *canon* (with the article *de*). In between *de* and *canon*, is the adjectival participial phrase *onder leiding van Frits van Oostrom opgestelde*. Note the position of the adjectival participle (*opgesteld* + *e*) *opgestelde*, which is close to the noun, so that any further information (in the form of a prepositional phrase) must come first, i.e. *onder leiding van Frits van Oostrom*. So the hierarchical scheme for this entire word group in first position is:

> *In de*   *canon van de Nlse geschiedenis*
>   *opgestelde*
>   *onder leiding van Frits van Oostrom*

Alternatively, the sentence could be rephrased with a relative subclause construction:

> (2)   *In de canon van de Nederlandse geschiedenis, die is opgesteld onder leiding van Frits van Oostrom, krijgt het koloniale verleden ruim aandacht.*

In English translation, the version with the subclause (sentence 2) would be the only plausible way to translate sentence 1: "In the canon of Dutch history, which has been put together by Frits van Oostrom, the colonial past receives much attention."

Here is one more gem for grammar lovers. This sentence comes from Text IV.2:

> (3)   *De eerste Nederlandse polder met gemene dijken was de in 1570 op aandrang van Filips II en gedeeltelijk op zijn kosten bedijkte Zijpe.*

Where does the adjectivial participial phrase start? What is de noun that is modified by the adjectval participial phrase? This is the hierarchical scheme:

> *...de*   *Zijpe*
>   *bedijkte*
>   *in 1570 op aandrang van Filips II en gedeeltelijk op zijn kosten*

De Zijpe is the noun and *in 1570 op aandrang van Filips II en gedeeltelijk op zijn kosten bedijkte* in its entirety modifies de Zijpe, which was the first Dutch polder (*De eerste Nederlandse polder*), which "at the insistence of Philip II" (*op aandrang van Filips II*) and partially funded by him (*gedeeltelijk op zijn kosten*) had been secured by dikes (*bedijkte*).

Grammar exercise: Adjectival construction and participial phrases
Underline the adjectival participial constructions in the following sentences, and determine the internal hierarchy: (1) article and noun, (2) adjectival participle, (3) rest.

1. *Uit de vrijdag in Genève bekendgemaakte aanbevelingen blijkt dat het VN-comité bezorgd blijft over de omvang van euthanasie.*
2. *Het merendeel van de in de kolonie wonende Nederlanders werd in interneringskampen opgesloten.*
3. *De achter ons liggende eeuw is getekend door de poging de sociale ongelijkheid terug te dringen.*
4. *Te laat gekomen bezoekers worden niet meer binnengelaten.*
5. *Het parlement ging niet akkoord met de door de minister voorgestelde maatregelen.*

Text V.3 has two more instances of adjectival participial phrases. For each instance, provide the syntactical hierarchy, a translation and the alternative subclause construction.

6.   *Ook in de enkele jaren geleden verschenen vierdelige boekenreeks 'Plaatsen van herinnering' reikte de blik op Nederland verder* (l. 37–38)
7.   *Het in 'Postkoloniaal Nederland' beschreven spel van vergeten, herdenken en verdringen stemt tot nadenken* (l. 47)

Potential topic for class discussion: discuss with your classmates whether decoding these sentences grammatically is a helpful exercise prior to translation.

Grammar exercise: Comparisons refresher

In Chapter IV.2 comparisons were first introduced. The above text has a high number of comparisons. Go over the text circling all comparisons, i.e. both the comparative modes (8 in all) and the superlative modes (3 in all).

Grammar exercise: Passive Voice refresher

In the beginning of this Chapter V passive voice was introduced. Text V.3 features a number of passive voice constructions, for example, see ll. 11–13:

–   *Gedrag en opvattingen van extreme moslims worden door sommigen gretig als symptomatisch voor de hele groep bestempeld.*
  bestempeld < bestempel + d , bestempelen
  helping verb: worden = present tense

In paragraphs (ll. 15–20) and (ll. 53–63), find the three other passive voice constructions. Find the past participles and give their infinitive form. Also, find the helping verb for the passive voice. What tense is used?

Grammar exercise: Subclause refresher

As has been explained in this chapter, Dutch subclauses move all verb(s) to the end of the clause. However, prepositional groups can move around within the sentence and therefore may be placed at the end of the subclause (after the verbs (1a) or before the verbs (1b):

(1a)   Wist jij dat de relatie tussen Japan en Nederland *dateert* van vierhonderd jaar geleden?
(1b)   Wist jij dat de relatie tussen Japan en Nederland van vierhonderd jaar geleden *dateert*?

In Text V.3 there are eight instances of subclause constructions, for example in ll. 9–10:

[…*maar het publiek weet*] <u>*dat*</u> *dat soort gedachten ook in eigen kring niet op zeer brede sympathie* <u>*kan*</u> *rekenen.*

–   subordinating conjunction: *dat*
–   finite (modal) verb: *kan* (present tense, part of an infinitive construction with *rekenen*)

- two prepositional groups: *in eigen kring* and *op zeer brede sympathie* (both preceding the verbs)

Now go over the Text V.3 once more and find the other seven subclause constructions.

- Underline the conjunction, interrogative or relative pronoun embedding the subclause.
- Underline the finite verb.
- Does the subclause have a prepositional group in final position, or is the prepositional group placed elsewhere?

Translation exercise

Using Text V.3, translate lines 47–51, (from *Het in Postkoloniaal Nederland* to *ongeduld noemt*).

Chapter VI

The Dutch Golden Age

In the seventeenth century, Holland, a country of less than two million people, built up a large global trading network and was, momentarily, the center of the world in book printing, the arts, the sciences and international business and banking. Sir William Temple, the British ambassador to The Hague, characterized the Dutch Republic as "the fear of some, the envy of others and the wonder of all their neighbors."[52]

The first text deals with possibly the biggest historical legacy of the Netherlands: Dutch Golden Age painting. This newspaper article is a book review of Bob Haak's republished *Hollandse schilders in de Gouden Eeuw*, a classical survey describing the wide array of artists and art production in the Netherlands. Art historians will find this text helpful as it uses the specialized vocabulary of the world of painting with words like "portretten," "landschappen" and "stillevens". In fact, the word "landscape" in English derives from the Dutch word as the Dutch were not only dominant in but also established the genre.

The second text focuses on two other major motifs of Dutch Golden Age culture, namely the unprecedented production of books on what can be considered an industrial scale, and the somewhat "modern" notion of freedom of the press. At the time, the Dutch Republic produced more than half of the total amount of books worldwide. Amsterdam, as the center of the Dutch global trading network, was an information hub where many book printers professionalized business for internal markets as well as for international trade. The tremendous production of books raised the issue of censorship and freedom of the press and the second text, which comes from a manual on early modern book printing, asks the question whether Dutch society in the seventeenth century had in fact freedom of the press.

The third text deals with Dutch global expansion at its peak, which was brought to the fore by a large exhibition in the Rotterdam Kunsthal, featuring the oeuvre of Johannes Vingboons (1617–1670), the Amsterdam artist who portrayed Dutch overseas settlements in a compelling series of watercolors.[53] The exhibition was covered widely in the national press and was praised for its academic merits. The academic review is taken from the journal *De Zeventiende Eeuw, Cultuur in de Nederlanden in interdisciplinair perspectief 2008*. The critic reviews the catalogue that was published on the occasion of the exhibit.

---

52. This famous book is called *Observations upon the United Provinces (1671)*.

53. For his oeuvre see the *Atlas of Mutual Heritage:* <http://www.nationaalarchief.nl/amh/>

Text VI.1 *Handboek Nederlandse schilderkunst*[54]
    by Adrie van Griensven

Bob Haak: Hollandse schilders in de Gouden Eeuw, uitgegeven door Waanders, Zwolle.

5

'Hollandse schilders in de Gouden Eeuw' van Bob Haak verscheen in 1984 bij Waanders in Zwolle en nu is er een derde ongewijzigde druk van uitgekomen. De vertalingen in het Duits en Engels bewijzen dat er internationale waardering bestaat voor dit standaardwerk. Het is niet direct een boek dat je met zijn ruim vijfhonderd bladzijden en elfhonderd foto's van voor naar achter uitleest. Het is wel heerlijk om in te grasduinen en bijzonder geschikt om specifieke dingen op te zoeken. Wie zich in het algemeen wil informeren over de Hollandse schilderkunst, wie de hoogtepunten zoekt, wie wat te weten wil komen over stillevens, portretten, dierstukken of een ander genre, dan wel kennis wil maken met een bepaalde schilder of met de caravaggisten, italianisanten of de Haarlemse en Leidse fijn-schilders, neme dit kloeke boek ter hand.

10

15

Al lezend en kijkend groeit alleen maar de bewondering voor de auteur die dit uitgebreide terrein overziet en inzichtelijk maakt. Wanneer nodig betrekt hij de politiek, sociale ont-wikkelingen en de economie erbij, en bij dit alles geeft Haak een enorme hoeveelheid informatie zonder opsommerig, verwarrend en uiteindelijk snel vervelend te worden. Dat zijn opvattingen aan de toentertijd nieuwste kunsthistorische inzichten zijn getoetst, spreekt bijna voor zich, al zijn die ruim tien jaar niet bijgesteld, want de herdruk is onver-anderd gebleven.

20

Het boek is in vier chronologisch geordende delen opgebouwd. Dat bevordert de dui-delijkheid. Na inleidende stukken over de opstand tegen Spanje, de Beeldenstorm, op-drachtgevers – hof en kerk, gewestelijke overheden en, zo kenmerkend voor de Republiek, vooral de burgers, die een enorme hoeveelheid schilderijen voor hun rekening namen – en enkele kunsttheoretische verhandelingen komen de verschillende genres aan de beurt.

25

30

Als hoogste vorm stond het historiestuk genoteerd, door Haak omschreven als 'elk schil-derij waarin de menselijke figuur de hoofdrol speelt, met een onderwerp dat ontleend is aan de bijbel, geschiedenis, de mythologie, de literatuur alsmede de allegorie'. Waarbij het De Lairesse al opviel dat zijn tijdgenoten steeds weer dezelfde voorstellingen uit-beeldden, terwijl er zoveel verschillende historische, bijbelse en mythologische verhalen opgetekend staan.

35

De periode die als eerste in beeld komt, loopt van 1580 tot na het Twaalfjarig Bestand dat tot 1621 duurde. Het is de tijd waarin de economische voorspoed hand in hand gaat met de bloei van de kunst. De toevloed van Zuidnederlandse kunstenaars zorgt voor een enorme artistieke impuls. In Haarlem doen zich nieuwe ontwikkelingen voor op het gebied van

40

---

54. *Het Financieele Dagblad* August 31st, 2006, section *Kunst*, p. 8.

landschap en stilleven. In Utrecht, dat zich sterk op Italië richt, voeren de manieristen en caravaggisten de boventoon, in Middelburg floreert met de Bosschaerts het bloemstuk en Amsterdam begint zich te ontwikkelen als 'magneet voor kunstenaars'. Het grote aantal kunstenaars en hun verscheidenheid maken het onmogelijk om van een werkelijke sa-   45 menhang te spreken. Daarnaast worden de ontwikkelingen in Delft, Den Haag, Leeuwarden en Leiden niet vergeten.

De twee volgende delen zijn het omvangrijkst. Daarin gaat Haak de Hollandse steden langs en behandelt hij de periode 1625–1650, waarin de burgerlijke traditie het sterkst is, en   50 volgend op de sluiting van de vrede van Münster komt het tijdvak 1650–1680 aan de beurt. Dat als grens 1680 is aangehouden, heeft te maken met het feit dat toen de belangrijkste schilders waren gestorven en er zich geen belangrijke ontwikkelingen meer voordeden. [...]

Het nadeel van de indeling in tijdvakken is dat je, wil je de meeste grote meesters volgen,   55 de informatie over het boek verspreid vindt. Het voordeel is dat je al bladerend op interessante andere gegevens stuit en naar afbeeldingen kijkt, want de zeventiende-eeuwse schilderkunst blijft een onuitputtelijke bron van genoegen.

Vocabulary of *Handboek van de Nederlandse schilderkunst*

Lines:

1	handboek	reference work; manual
	schilderkunst (de)	art of painting
4/6	Gouden Eeuw (de)	Golden Age
	verscheen (verschijnen)	appeared; was published
7	derde	third
	ongewijzigd	unchanged
	druk (de)	print edition
	uitgekomen (uitkomen)	came out; was published
	vertaling (de)	translation
8	bewijzen	to prove
	waardering (de)	appreciation
	standaardwerk (het)	work of reference
9	ruim	over, more than
	bladzijde (de)	page
10	van voor naar achter	from front to back
	uitleest (uitlezen)	finishes reading
	heerlijk	lovely
	grasduinen	to browse
	bijzonder geschikt	particularly suitable

11	op te zoeken	to look up
	in het algemeen	in general
	(zich) informeren (over)	to inform oneself
12	hoogtepunt (het)	highlight
13	stilleven (het)	still life painting
	portret (het)	portrait
	dierstuk (het)	genre piece with animals
	dan wel	or
	kennismaken	to get to know
14	een bepaalde	a certain
14–15	fijnschilder (de)	fine painter
15	neme, (nemen, iets ter hand)	take something in hand
	kloek	substantial
17	bewondering (de)	admiration
	uitgebreid	elaborate
18	overziet (overzien)	surveys
	inzichtelijk	insightful
	Wanneer nodig	If necessary
	betrekt (betrekken bij)	pulls in; involves
18–19	ontwikkeling (de)	development
19	hoeveelheid (de)	quantity
20	opsommerig	enumerative
	verwarrend	confusing
	vervelend	annoying; bothersome
21	opvattingen (de)	opinions
	toentertijd	at the time
	kunsthistorisch	relating to art history
	getoetst (toetsen)	checked
22	spreekt (spreken)(voor zich)	speaks for itself
	bijgesteld (bijstellen)	adjusted
	herdruk (de)	reprint
23	gebleven (blijven)	remained
25	deel (het)	part
	opgebouwd (opbouwen)	built up
	bevordert (bevorderen)	promotes; enhances
26	inleidend	introductory
	opstand (de)	The (Dutch) Revolt (1568–1648)
	beeldenstorm (de)	iconoclasm
26–27	opdrachtgever (de)	patron
	gewestelijk	provincial (as in of the provinces)
	overheid (de)	government
	kenmerkend	typical

28	burger (de)	(middle class) citizen
	schilderij (het)	painting
	(voor hun) rekening nemen	to foot the bill
29	verhandeling (de)	discourse
	(aan de) beurt (komen)	have one's turn
31	historiestuk (het)	history painting
	omschreven (omschrijven)	described
32	figuur (de/het)	figure
	hoofdrol (de) (spelen)	to play the leading part
	onderwerp (het)	subject
	ontleend (ontlenen)	derived
33	geschiedenis (de)	history
34	opviel (opvallen)	stood out
	tijdgenoot (de)	contemporary
	voorstelling (de)	scene
34–35	uitbeeldden (uitbeelden)	depicted
36	opgetekend (optekenen)	written down
38	(in) beeld (komen)	to come into the picture
	Twaalfjarig Bestand (het)	Twelve Years' Truce (1609–1621)
39	voorspoed (de)	prosperity
	hand in hand gaan met	to go hand in hand with
40	bloei (de)	thriving
	kunst (de)	art
	toevloed (de)	influx
	zorgt (zorgen voor)	to provide
41	(op het) gebied (van)	in the area of
	landschap (het)	landscape
42	richt (zich richten op)	focuses on
43	(de) boventoon (voeren)	to play first fiddle
	floreert (floreren)	flourishes
	bloemstuk (het)	genre piece of flowers
44	(zich) ontwikkelen	to develop
	kunstenaar (de)	artist
45	verscheidenheid (de)	diversity
45–46	samenhang (de)	coherence
46	vergeten	to forget
50	behandelt (behandelen)	treats; deals with
	burgerlijk	common, civic
51	volgend op	subsequent to
	sluiting (de)	conclusion
	Vrede van Münster (de)	The Münster Peace (1648)
	tijdvak (het)	period

52	grens (de)	boundary
	aangehouden (aanhouden)	kept
	heeft te maken met	has to do with
53	gestorven (sterven)	died
	voordeden (zich voordoen)	presented themselves; occurred
55	nadeel (het)	disadvantage
	indeling	arrangement
	meester (de)	master painter
56	verspreid over	spread out
	bladerend (bladeren)	browsing
57	gegeven (het)	fact
	stuit (stuiten op)	comes across
58	onuitputtelijk	inexhaustible
	bron (de)	source
	genoegen (het)	pleasure

Reading strategy

Skim the first paragraph of the article and try to find the answer to the following questions:

1. The first edition of the *Handboek* came out in 1984. Is the new book an upgrade of the earlier publication? Underline passage(s) that contain(s) the answer.
2. Where does the text address the size (number of pages) of the book, and how to use it? Underline the passage.
3. The overview of Dutch painting in the book has been divided into periods. Where does the critic reflect on this and cite the advantages and disadvantages of such a chronological organization. What is a particular disadvantage?

Grammar: Use of the verb "worden"

Early on, in Chapter V, *worden* was introduced as a helping verb in passive voice constructions, for example *In dit boek wordt de portretkunst van de zeventiende eeuw behandeld* (literally: Portrait art in the seventeenth century *is* treated in this book). However, when there is no past participle involved (hence no passive voice construction), *worden* is the autonomous/main verb in the sentence, meaning "to become." Examples:

(1) *Als een van de weinige vrouwen in haar tijd werd Judith Leyster meesterschilder.*
As one of the very few women of her time, Judith Leyster became a master painter.

(2)   *Ik word helemaal gek van al die Nederlandse schildersnamen.*
I'm going completely nuts with all those Dutch painters' names.

Grammar and translation exercise: Worden

In the following sentences, underline the use of *worden* and determine which tense is used and whether the verb is used autonomously or as the helping verb in the passive. Then provide translations.

1.   *Hij wordt gezien als een groot talent.*
2.   *De zeventiende eeuw in Nederland wordt meestal de Gouden Eeuw genoemd.*
3.   *Maar hoe werd je eigenlijk betaald als schilder?*
4.   *Wie wordt de nieuwe president van Amerika?*
5.   *Indonesië is pas in de twintigste eeuw onafhankelijk geworden.*

Text VI.1 has two instances of *worden*. Find and determine whether they are helping verbs in the passive or whether they are autonomous verbs.

Grammar: Present participle

In English, the form of the present participle is very common, e.g. working, eating, sleeping. The present participle is less frequent in Dutch. It is formed by the infinitive form of the verb + *d(e)*: *werkend, etend, slapend*. Whereas English has a variety of uses for the present participle, Dutch has two. The present participle is used

1.   as an adjective before a noun, e.g. *Het slapende meisje* (The sleeping girl)
2.   as a participle construction, as in:

(Al) bladerend door het boek kun je verschillende voorbeelden vinden.
While browsing through the book, you can find many different examples.

Since the main clause in (2) starts with the participle group *Al bladerend door het boek* in first position, the V2 principle requires that the finite verb *kun* follows in second position. Hence, there is inversion with the subject *je*, following in third position. The particle *Al* that sometimes comes with the present participle, is placed in between parentheses, since it is optional.

Grammar and translation exercise: Present participles

In Text VI.1, underline the present participles. There are three in all. Are they adjectives or are they part of a participial group? Translate all three.

Grammar: *aan het* + infinitive

Like the verb *to be* in English, the Dutch verb *zijn* occurs in constructions that express the progressive or continuous. The Dutch continuous, however, is not constructed with *zijn* + the present participle. Instead, the continuous is formed by a finite form of the verb *zijn* followed by *aan het* + infinitive. Here is an example:

> *Ik ben aan het studeren.*
> I am studying.

The unit *aan het* + *infinitive* is part of the verbal group, placed at the end of the clause. If the infinitive is a transitive verb taking objects, any object(s) will precede the verbal group at the end (except for prepositional objects, which can be placed after the final verb group):

> e.g. *Zij was een portret aan het schilderen in haar atelier.*
> She was painting a portrait in her studio.

Grammar and translation exercise

Analyze the grammatical construction of the following sentence, taken from Text II.2:

> *Er is iets grondig aan het veranderen in de seksuele cultuur van Nederland.*

What is the subject? Why does the sentence use "Er"? Underline the finite verb and the rest of the verbal group. What tense is used? What would this sentence be in the simple past? Is there any other possible position for the phrase *aan het veranderen*?

Grammar: "*wie*" and "*wat*"

Relative pronouns were first introduced in Chapter II.3 and then revisited in Chapter V.1. As was made clear then, relative pronouns refer to items that are mentioned earlier on in the sentence (we call these items antecedents). Look at the example below where *boek* is the antecedent of the relative pronoun *dat*:

> *Ik ben onder de indruk van het boek dat ik gelezen heb.*
> I am impressed with the book that I have read.

Relative pronouns *wie* and *wat* sometimes do not refer back to a noun or antecedent, but the antecedent is implied. It goes without saying that subclause word order with the verb(s) at the end of the clause, remains intact. Here are three examples:

> (1) *Ik ben onder de indruk van wat ik gelezen heb.*
> I am impressed with what I have read.

(2) *Wie dit begrijpt is geniaal.*
     [He] who understands this, is a genius.

(3) *Wat in het onderzoek vernieuwend is, is de kwantitatieve analyse van het*
     materiaal.
     What is innovative about this research project is the quantitative analysis of the
     materials.

Grammar and translation exercise: Antecedents

1. Underline the relative pronouns in the following sentences. Do they have antecedents? And
    if so, identify them.

    a. *Pim Fortuyn deed wat de paraplu boven de zuilen vroeger niet deed.*
    b. *Wie alle beschikbare gegevens overziet komt tot een ontnuchterende conclusie.*
    c. *De daling van het land is een sluipend proces dat door de stijging van de zeespiegel nog*
        versterkt wordt.
    d. *Nu al is de schooljeugd er in meerderheid afkomstig uit wat straks enkel nog in naam*
        'minderheden' zijn.

2. Return to Text VI.1: there is a cluster of *wie*-subclauses in lines 11 through 15. Underline all
    finite verbs in these lines. Are they placed at the end of the subclause? Where do the main
    clauses start in these lines? Translate these lines, and compare your translations to the
    answers in the back of the book.

Text VI.2   Bibliopolis: Overzicht van de geschiedenis van het gedrukte boek
in Nederland
> *Censuur 1585–1725*[55]
> by J. A. H. G. M. Bots

In vergelijking met andere Europese landen kon de Noord-Nederlandse boekhandel zich
verheugen in een relatief grote persvrijheid. Dat wil overigens niet zeggen dat hier geen
beperkingen bestonden in de drukpersvrijheid; de Republiek kende zowel preventieve als
repressieve boekencensuur. Preventieve censuur richtte zich vooraf op de productie van
drukwerk, maar sinds het einde van de zestiende eeuw, na de vestiging van de Republiek, ₁₀
hoefden drukkers geen privilege meer aan te vragen voor hun uitgaven. In kerkelijk verband bleef deze censuurvorm tijdens de gehele periode bestaan; lidmaten van de Nederduits gereformeerde kerk dienden in beginsel hun manuscripten vooraf aan de kerkelijke
autoriteiten ter goedkeuring voor te leggen. Met repressieve censuur wordt gedoeld op de
controle en verbodsmaatregelen ten aanzien van de verspreiding, het in bezit hebben en ₁₅
lezen van specifieke geschriften die reeds gedrukt waren.

---

55. *Bibliopolis. Handboek* Hoofdstuk 2.2.9 available at <www.bibliopolis.nl – Handboek>

Censuurwetgeving ging in de Republiek uit van wereldlijke en kerkelijke instanties en werd toegepast op centraal, gewestelijk en stedelijk niveau. Met name het gewest Holland, waar de boekproductie in de zeventiende eeuw het grootst was, vaardigde herhaaldelijk censuurplakkaten uit die vaak werden overgenomen door de Staten-Generaal. Deze op zichzelf strenge maatregelen hielden echter meestal geen gelijke tred met de toepassing ervan. In de praktijk van alledag stond een gewestelijk en stedelijk particularisme een doeltreffende uitvoering vaak in de weg, zonder dat hieraan een principieel grotere verdraagzaamheid dan elders ten grondslag lag.

Telkens wanneer de openbare orde in de Republiek door gedrukte teksten in gevaar werd gebracht, werd streng door de autoriteiten opgetreden. In die gevallen konden zware straffen worden uitgedeeld, met name beslaglegging van oplagen, hoge geldboetes en verbanning. De wereldlijke autoriteiten moesten, nadat hen hierover klachten van ambassadeurs hadden bereikt, ook herhaaldelijk censuurmaatregelen nemen tegen geschriften waarin buitenlandse mogendheden waren beledigd. Daarnaast waren het dikwijls predikanten die zich verzetten tegen de verspreiding van onorthodoxe geschriften: vooral publicaties van een te rationalistisch (cartesiaans) gehalte, van vertegenwoordigers uit sektarische vertegenwoordigers of geschriften met sociniaanse sporen waarin de leer van de Drie-eenheid werd afgewezen, moesten het ontgelden. Hetzelfde gold soms voor de uitgaven van katholieken, hoewel een algemeen verbod hiertegen nooit is uitgevaardigd. Het Amsterdamse boekdrukkersgilde telde heel wat katholieken onder zijn leden. Zolang deze katholieken de openbare orde niet verstoorden, werden ze met rust gelaten. Ook de joden die binnen de eigen gemeenschap na 1639 een eigen preventieve censuur toepasten, werd ondanks klachten van orthodoxe gereformeerde theologen in de praktijk weinig in de weg gelegd.

Met het verlenen van privileges hadden de autoriteiten wel een goede gelegenheid de drukpersvrijheid enigszins aan banden te leggen. Vooral aan couranten konden zo gemakkelijk inhoudelijke eisen worden gesteld en kon bij niet nakomen van de gestelde regels een verschijningsverbod worden opgelegd. De effectiviteit van deze maatregel bleef echter beperkt, omdat uitgevers en courantiers hun producten meer dan eens, ongestraft, in een andere stad of onder een andere naam van de pers lieten komen.

Duidelijk is dat ondanks alle vrijheid die de bijzondere structuur van de Republiek heeft voortgebracht, de censuur in deze periode nooit geheel afwezig is geweest. Bovendien zullen de uitgevaardigde maatregelen ook wel enige autocensuur bij auteurs tot gevolg hebben gehad.

Vocabulary of *Censuur 1585–1725*

Lines:

1	Bibliopolis	name of hand book and site about early modern books
	overzicht (het)	survey
6	boekhandel (de)	book trade
7	persvrijheid (de)	freedom of the press
8	beperking (de)	restriction
	Republiek (de)	The (Dutch) Republic
9	boekencensuur (de)	book censorship
10	drukwerk (het)	printed matter
	vestiging (de)	establishment
11	drukkers (de)	printers
	privilege (het)	copyright
	aanvragen	to apply for
	uitgave (de)	edition
12	lidmaat (het)	member
	Nederduits gereformeerde kerk	Dutch Reformed Church
14	ter goedkeuring	for approval
	voorleggen	to show
15	verbodsmaatregelen	prohibition measures
	verspreiding (de)	distribution
16	gedrukt (drukken)	printed
19	Het gewest Holland	the province of Holland (*not* the entire country)
20	vaardigde uit (uitvaardigen)	issued
21	overgenomen (overnemen)	adopted
	Staten-Generaal	the States-General
22	maatregel (de)	measure
23	praktijk (de)	reality
24	doeltreffend	effective
	uitvoering (de)	execution
	verdraagzaamheid (de)	tolerance
27	openbare orde (de)	public order
27–28	in (gevaar) brengen	to endanger
28	opgetreden tegen (optreden)	acted (against)
29	een (straf) uitdelen	to impose a penalty
	beslaglegging (de)	confiscation
	oplage (de)	print edition
	geldboete (de)	a fine
30	klachten (de)	complaints

32	mogendheden (de)	powers
	beledigd (beledigen)	insulted
33	predikant (de)	preacher
	zich verzetten tegen	to resist
34	vertegenwoordigers (de)	representatives
35	leer (de)	doctrine
36	afgewezen (afwijzen)	rejected
37	verbod (het)	prohibition
	(uitgevaardigd)	promulgated
	uitvaardigen	
38	boekdrukkersgilde	bookprinters' guild
	leden (irregular plural)	members
	(sg. lid)	
39	verstoren	to disturb
	met rust	in peace
40	joden (de)	Jews
44	verlenen	to issue
45	(aan banden) leggen	to curtail; limit
46	eisen	requirements
	nakomen van	to abide by
47	een verbod opgelegd	imposed a prohibition
	(opleggen)	
49	uitgever (de)	publisher

Reading strategy

This handbook article discusses censorship (*censuur*) and the limits of freedom of the press (*pers-vrijheid*) in the Dutch Republic at the time of the Golden Age.

1. The main point about the nature of Dutch freedom of press is to be found both in the opening and in the conclusion of the article. In both paragraphs, identify the key lines with regard to censorship in the Dutch Republic.

2. The article mentions two types of censorship: *preventieve censuur* and *repressieve censuur*. Is it true that the latter, i.e. repressive book censorship in the Dutch Republic was aimed at controlling the production and distribution of certain books?

Grammar: Passive voice in complex verbal groups

Since Text VI.2 discusses book printing and censorship in the past, most of the conjugated verbs are in the simple past. This is also true for the use of the passive voice constructions in the second, third and fourth paragraphs. See for instance, the example in lines 18–19:

(1) *Censuurwetgeving […] werd toegepast op centraal, gewestelijk en stedelijk niveau.*
     Censorship legislation […] was implemented at the central, provincial and city
     level.

The helping verb *worden* is in the simple past and combined with the past participle
toe-ge-past. A more complex verbal construction in the passive voice is found in lines
28–29:

(2a) *In die gevallen konden zware straffen worden uitgedeeld.*
      In those cases heavy penalties could be given.

In this example, the modal verb *kunnen* marks the modality of possibility. As the finite
verb, it comes in second position, right before the subject (inversion). The helping
verb *worden* becomes an infinitive form, and is placed in the verbal group at the end,
together with the past participle *uit-ge-deeld*. Consider the less complex construction
when the sentence is rephrased without the modal verb *kunnen*:

(2b) In die gevallen *werden* zware straffen *uitgedeeld*.
      In those cases heavy penalties were given.

Translation warning: Complex verbal groups

The Dutch clustering of verbs in complex verbal groups may be confusing for an
English speaker. Look, for example, at the following constructions:

(1) a. *Door omstandigheden kon de lezing niet gegeven worden.*

     b. *Door omstandigheden kon de lezing niet worden gegeven.*
         Due to circumstances the paper could not be presented.

There is no compelling reason for preferring one sequence in the verbal group, [past
participle – verb], to the other [verb – past participle]. Likewise, in verbal groups of
even more complexity, the past participle can either be placed before the main verbs
or after:

(2) a. *In het Engeland van de zeventiende eeuw had het werk van Spinoza nooit
         gepubliceerd kunnen worden.*

     b. In het Engeland van de zeventiende eeuw *had* het werk van Spinoza nooit
         kunnen worden gepubliceerd.
         In seventeenth-century England, Spinoza's works could never have been
         published.

Grammar exercise: Complex verbal groups

Review the second, third and fourth paragraphs of the text (ll. 18–50), while highlighting all verbal constructions in passive voice, as in the two examples given:

Simple verbal group:

line 18: *Censuurwetgeving* [...] *werd* [simple past] *toe-ge-pas-t* [<toepassen] *op centraal, gewestelijk en stedelijk niveau.*

Complex verbal group:

line 28: *In die gevallen konden* [simple past] *zware straffen worden uit-ge-deel-d* [<uitdelen]

For the remaining instances (10 in all) double underline the finite verb, in order to determine the tense of the sentence and analyze the rest of the verbal group.

Grammar exercise: Subclause refresher

As has been mentioned subclauses cannot stand alone but require embedding in or are dependent on the main clause. Subordinating conjunctions and relative pronouns are the signposts of subclauses (whereas coordinating conjunctions such as *en, maar, dus, of, want* do not introduce subclauses, but combine main clauses and therefore exhibit main clause word order). If this sounds new or unfamiliar, please review Chapter V once more before you do the following exercise.

Review Text VI.2 and identify the various subclause constructions by first singling out the subordinating conjunctions and relative pronouns, for example:

Subordinating conjunctions:

Lines 7–8: *dat hier geen beperkingen bestonden in de drukpersvrijheid*

Relative pronouns:

Line 16:   *die reeds gedrukt waren*

Find the remaining instances (7) of subordinating conjunctions, and instances of relative pronouns (6 in all).

Translation exercise

Translate lines 18 through 25, *Censuurwetgeving ging in de Republiek – ten grondslag lag.* In case you are using this book in class context, you may want to compare your translation with those of your fellow classmates and discuss any translation differences.

Text VI.3   *Land in zicht*[56]
    by Frans Blom

Review of M. Gosselink's *Land in zicht. Vingboons tekent de wereld van de 17de eeuw.*[57]

5

De succesvolle tentoonstelling 'Land in zicht', vorig jaar georganiseerd door de Rotter-
damse Kunsthal in samenwerking met het Nationaal Archief, toonde een unieke selectie
uit het werk van de 17ᵉ-eeuwse cartograaf Johannes Vingboons. Uniek, omdat de aquarellen van overzeese Nederlandse vestigingen een heerlijke historische sensatie bewerkstelligen, maar vooral uniek omdat het onderliggende onderzoek en de materiaalverzameling   10
zeer grondig zijn geweest. De collectie van Vingboons uit het Nationaal Archief was voor
deze bijzondere gelegenheid aangevuld met drie van zijn atlassen uit het Vaticaan, met de
Medici-atlas uit Florence, en enkele stukken uit Parijs en Londen.

Het gelijknamige boek bij de tentoonstelling getuigt van diezelfde toewijding. Samenge-   15
steld door kunsthistorica Martine Gosselink belicht het onder meer de werkwijze van de
kunstenaar, die in de Amsterdamse St. Anthoniebreestraat nr. 64 overzeese voorstellingen
schiep op basis van het kaartenmateriaal uit de collecties van de West- en Oostindische
Compagnieën. In de beeldvorming ging hij soms zover dat de verre wereld onder zijn
handen herschapen werd. Eén van de sprekendste voorbeelden is het aanzicht van Nieuw   20
Amsterdam op Manhattan. Dat oogt op de aquarel als een fris, ordentelijk stadje, met
welgebouwde Hollandse huizen, een statige kerk, een met wiskundige precisie aangelegde vesting Fort Amsterdam en een fiere molen. Schepen op de voorgrond versterken de
indruk van een florerende handelspost. Deze voorstelling creëerde Vingboons naar een
tekening die kort tevoren vanuit Nieuw Nederland naar *patria* was gezonden, om aan te   25
tonen dat de WIC-vestiging aan haar lot was overgelaten, in verval was geraakt en nog
amper te verdedigen was. Eén en al misère hier: huisjes zijn ingestort, de kerk is tweemaal
zo laag en een beetje scheef, de stenen fortificatie is niet meer dan een uitgezakte aarden
wal, en dat molentje blijkt een wiek te missen. Een veelzeggende casus in het onderzoek
naar beeldmanipulatie van de overzeese gebieden in *patria*.   30

Het goed vormgegeven boek biedt op elke pagina reproducties in kleur van de vele aquarellen, waagt zich ook aan een tiental confrontaties met hedendaagse stadsaanzichten in
foto's (vanuit dezelfde hoek als Vingboons presentaties), en sluit af met een overzichtelijke
oeuvrecatalogus.   35

---

56. Land in zicht. *De Zeventiende Eeuw.* Jaargang 24, 124. (Hilversum: Uitgeverij Verloren). Available
at <http://www.de_zeventiende_eeuw.nl>

57. Gosselink, Martine. *Land in zicht: Vingboons tekent de wereld van de zeventiende eeuw* (Zwolle/
Den Haag: Waanders/Nationaal Archief, 2007).

Reading strategy

1.   This review focuses on the way in which Amsterdam artists in the Golden Age portrayed the overseas world of Holland's colonial territories. Philip Vingboons was one of these artists. Remarkably, he had never been to the New World, so how did he manage to create his images? Skim the text, and try to find the answer to this question by underlining key lines and words.

2.   The critic elaborates on Vingboons' watercolors of New Amsterdam (now: New York) as a telling example of *beeldmanipulatie* (the manipulation of images) in the art industry of Golden Age Amsterdam. Summarize the differences between the drawing that was made on the spot and Vingboon's representation made in the Netherlands. Comment on elements like the fortress, the church and the windmill, and the overall impression of both types of representation.

In terms of *beeldmanipulatie* (l. 30), explain the phrase *dat de verre wereld onder zijn handen herschapen werd* (ll. 19–20).

Grammar: Infinitive constructions with *om te*

Consider the use of *om te* + infinitive in the syntax of lines 24–26:

…een tekening die kort tevoren vanuit Nieuw Nederland naar patria was gezonden om aan te tonen dat de WIC-vestiging aan haar lot was overgelaten

The *om te* + *infinitive* contruction is used to describe a purpose, and translates into English as *(in order) to* + *infinitive*. Thus, the translation of the whole sentence is: … a drawing that had been sent over from New Netherland to the mother country in order to show that the WIC settlement had been left to its own devices.

Dutch has a high number of infinitive phrases that start with *om*. These infinitive phrases have subclause word order, that is to say, all verbs are placed at the end. As they do not represent full syntax (a finite verb and subject are absent), these *om*-phrases are also called "short subclause constructions". Here are some more examples:

(1)   *Het was leuk om je te ontmoeten.*
It was nice to meet you.

(2)   *Het is lekker weer om een fietstochtje te maken.*
The weather is nice to go for a bike ride.

(3)   *Johan Cruijff zegt altijd: je moet schieten om te scoren.*
Johan Cruijff always says: you need to shoot the ball in order to score.

(4)   *Om een goed overzicht te krijgen van de schilderkunst in de Nederlandse Gouden Eeuw raadpleegde ik het boek van Haak.*
In order to get a good overview of Dutch Golden Age painting, I consulted Haak's book.

While infinitive clauses with *om* are quite common, similar clauses can also be made with other prepositions such as *zonder* (without), *door* (by) and *na* (after):

> e.g. *Zonder na te denken, maakte hij het schilderij af* (Without thinking he finished the painting).

Grammar and translation exercise: Infinitive clause introduced by a preposition

Underline the infinitive clauses in the following sentences, double underline the preposition that introduces the short subclause and provide full translations.

1. *Zonder het te merken had ik langzamerhand een grote kennis opgebouwd van de Nederlandse schilderkunst.*
2. *Door veel schilderijen te zien is hij uiteindelijk een specialist geworden.*
3. *Na eeuwenlang een bloeiende handelscompagnie geweest te zijn ging de VOC aan het eind van de 18e eeuw failliet.*
4. *Om haar gelijk te bewijzen loopt ze naar een kast.*
5. *Je hebt het gevoel dat Helene Kröller-Müller elk moment kan opduiken, al was het maar om bezoekers die stiekem een laatje opentrekken van een kast, bestraffend toe te spreken.*
6. *De achter ons liggende eeuw is getekend door de poging de sociale ongelijkheid terug te dringen.*
7. *Door alle disciplines op één hoop te gooien werden de oppervlakkige overeenkomsten zichtbaar.*
8. *Na zes jaar voor het echtpaar te hebben gewerkt was hij de tirannieke bemoeizucht van Helene zat.*
9. *Veel Surinamers stemden 'met de voeten' door naar Nederland te vertrekken.*
10. *In 1609 verleende het stadsbestuur van Leiden de Pilgrim Fathers toestemming om zich in de stad te vestigen.*

Return to Text VI.1. It has four infinitive clauses with prepositions. Underline the preposition and the verbal group.

> ### Translation warning: Infinitive constructions that do not take *om/zonder* etc.

A good question to ask is whether Dutch has infinitive clauses <u>without</u> prepositions like *om*, *zonder* etc. Certain (high-frequency) verbs such as *beloven* and *vergeten* take the *te* + infinitive construction with an optional *om*. Hence, for example: *je moet me beloven (om) dat nooit meer te doen* (you must promise me never to do that again).

Moreover, there are quite a few verbs, such as *blijken*, *zeggen*, *weigeren* or *durven*, that do not take *om* at all; they just take a *te* + infinitive construction. Examples from the text above are listed here:

...en nog amper te verdedigen was > *die <u>was</u> amper <u>te verdedigen</u>*

...which was very hard to defend (a better and more economic translation would be "hardly defensible" but for the sake of showing the infinitive construction, it is translated with an English infinitive)

...dat molentje <u>blijkt</u> een wiek <u>te missen</u>

...that tiny windmill <u>appears to be missing</u> a wing

Grammar: Remaining infinitive constructions

Other infinitive constructions include:

1. *aan het + infinitive* (to be translated, as mentioned earlier, with an English progressive/continuous):

   Vermeer <u>is</u> een nieuw werk <u>aan het schilderen</u> in zijn atelier.
   Vermeer <u>is painting</u> a new piece in his studio.

2. *het te + infinitive* as an adjectival construction (to be translated with an extra subclause):

   <u>Het te maken schilderij</u> voor de klant was een zeegezicht.
   <u>The painting (that was) to be made</u> for the client was a seascape.

3. modals *kunnen, moeten, mogen, willen, zullen* (and non-modal) *gaan + infinitive* (i.e. so-called bare infinitives as there is no *te* at all):

   Rembrandt <u>wilde</u> de Nachtwacht <u>schilderen.</u>
   Rembrandt <u>wanted to paint</u> the Night Watch.

4. *double infinitives* with conjugated *hebben + modal infinitive + infinitive* (to be translated with an English past participle + infinitive):

   Rembrandt <u>heeft</u> het portret van Saskia altijd <u>willen schilderen.</u>
   Rembrandt <u>has</u> always <u>wanted to paint</u> Saskia's portrait.

An infinitive can also serve as a noun if one puts *het* in front of it (this is translated with an English gerund, used as a noun):

<u>Het maken</u> van een schilderij is niet makkelijk.
(The) <u>making</u> (of) a painting is not easy.[58]

---

58. One can make a similar noun construction with a *ge + verb* root in Dutch; in English this gets translated with an *-ing* form of the verb also, e.g. *Het geschilder van Nederlandse kunstenaars in de zeventiende eeuw moet men niet onderschatten*: <u>The painting</u> of Dutch artists in the seventeenth century is not to be underestimated. As has been mentioned too on p. 30, this *ge*-construction can sometimes have a negative connotation: *Al dat gepraat over al die schilders uit de zeventiende eeuw interesseert me de rozen*: All that talk about all those painters in the seventeenth century does not interest me one bit.

Grammar: Refresher exercises

1.   Adjectival participial constructions

Analyze the syntactical hierarchies in the following two instances of adjectival participial constructions taken from the text. Identify (a) article and noun, (b) past participle, (c) rest. Try to rewrite them using relative pronouns. For example: … het door Jan geschreven voorstel: (a) het… voorstel, (b) geschreven and (c) door Jan

> Rewrite: … het voorstel dat Jan heeft geschreven

- …een met wiskundige precisie aangelegde vesting Fort Amsterdam.   (ll. 22–23)
- Het goed vormgegeven boek   (l. 32)

And, vice versa, make the proper adjectival participial construction for the next phrase (this may not be easy):

- …een tekening die kort tevoren vanuit Nieuw Nederland naar patria was gezonden   (ll. 24)

2.   Passive voice

In Text VI.3, there are seven examples of passive voice. Determine the tense, and give the infinitive of the past participles

> For example:

> l. 6:   ge-organiseer-d < organiseren – tense: tense is iffy here as the finite verb is absent
> l. 12:   was […] aan-ge-vul-d < aanvullen – tense: pluperfect

3.   Subclauses

Return to the last text in this chapter and underline all subclauses. Circle the conjunctions or relative pronouns (bold, as in the example below). Double underline the finite verb.

> Example:

> (ll. 8–9) omdat de aquarellen van overzeese Nederlandse vestigingen een heerlijke historische sensatie bewerkstelligen

Now find the five other subclauses and analyze in them in the same way.

Translation exercise

Translate lines 15 through 21, and compare your translation with those of your fellow students or check the answer in the back of the book.

Extra refresher exercises

Please consider the following extra exercises, which will refresh some of the grammar that was offered in the earlier chapters.

Reflexives

The use of reflexive pronouns (and verbs), which English mostly lacks, was explained in Chapter III.3. Return to Text V.1 and consider the following sentences (ll. 21–24):

> *De Japanners stellen strenge voorwaarden aan de VOC. De Compagnie mag zich op geen enkele manier mengen in de binnenlandse aangelegenheden. Compagniesdienaren mogen zich niet vrij bewegen in het land en kunnen zich dan ook niet vermengen met de bevolking.*

The reflexive pronoun *zich* is used three times. Which verbs do the different *zich*-s belong to? The tense in this passage is the present tense; change this to the present perfect being mindful of where to place the reflexive pronoun. (**Tip** : in all three sentences, the result will yield a double infinitive; see *complex verbal groups* in IV.3). Once you are done, check your sentences and compare them to the answers in the back.

Verbs

The following verb forms are taken from Text VI.3. Explain what the tense is and, if the verb is not in the infinitive form yet, give the infinitive of the verb. The answers are, once again, given in the answer key in the back.

Lines:

7	toonde
9	bewerkstelligen
11	zijn geweest
11–12	was aangevuld
15	getuigt
16	belicht
18	schiep
19	ging
20	herschapen werd
20	is
21	oogt
23	versterken
24	creëerde
25	was gezonden
26	was overgelaten
26	was geraakt

Reminder: a list of the irregular verbs in Dutch are included in the back of this book (see Appendix 2, starting on p. 173).

The following passage is taken from Text V.2 (ll. 35–39). First, circle all the verbs:

> *Het boek dat Multatuli in de herfst van 1859 schreef, gaf hij de vorm van een wolf in schaapskleren. Letterlijk noteerde hij hierover, opnieuw in een brief aan Tine: 'Als ik had uitgegeven: "Klacht tegen het Indische Bestuur", dan had niemand mij gelezen. Ik laat de lezers nu lang in de waan dat zij een half grappige, half ernstige vertelling lezen, en pas als ik hen aan het lijntje heb, kom ik uit de hoek met de hoofdzaak.*

Next, discuss whether the verb in question is:

a.   finite, a past participle or an infinitive

b.   in the present/simple past/perfect or pluperfect tense

c.   is placed in a subclause or main clause position

Inversion

Inversion happens when a non-subject is in first position of the main clause. As a result the subject is in third position, as the finite verb must always fill the second position (the V2 principle).

Return to Text V.1 on p. 102 and underline all cases of inversion (seven in all); double underline the subject. Check your answers with those given in the answer key.

Prepositions

Prepositions were first introduced in Chapter II.2, starting on page 43. They can introduce a prepositional group including a noun, or a short subclause, and they can also be (the separable) part of a compound verb. Go over the following passage taken from V.3 (ll. 53–63) and identify the prepositions:

> *Tegelijkertijd geeft hij aan dat de nieuwkomers uit de voormalige Oost en West niet één op één te vergelijken zijn met de voornamelijk uit Turkije en Marokko afkomstige moslims. Oostindie introduceert in zijn boek de term 'postkoloniale bonus'. Nieuwkomers uit de voormalige koloniën waren sterk in het voordeel. Ze hadden meer burgerrechten, waren op zijn minst al een beetje vertrouwd met de Nederlandse taal en cultuur en kregen ruimte voor het beleven van hun eigenheid. Bij deze groep geen gezeur over dubbele loyaliteiten. Engagement met het land van herkomst werd eerder aangemoedigd dan geproblematiseerd. Bijkomend voordeel was dat de nieuwkomers uit Indië, Suriname en de Antillen meer dan de moslimmigranten uit diverse lagen van de maatschappij afkomstig waren. Voor migranten uit moslimlanden bestaat veel minder coulance. Nieuwkomers uit Oost en West zijn voluit geïntegreerd.*

Decide for each individual preposition whether it is used with a noun (e.g. *onder de tafel*), with an infinitive construction (*zonder dat te weten*) or in isolation, as part of the separable verb (*eet je soep op*; the separable verb here is *opeten*). Check your answers.

Separable verbs

In Text VI.2 (ll. 6–25), there is, once again, a high incidence of prepositions. Here is the passage:

> *In vergelijking met andere Europese landen kon de Noord-Nederlandse boekhandel zich verheugen in een relatief grote persvrijheid. Dat wil overigens niet zeggen dat hier geen beperkingen bestonden in de drukpersvrijheid; de Republiek kende zowel preventieve als repressieve boekencensuur. Preventieve censuur richtte zich vooraf op de productie van drukwerk, maar sinds het einde van de zestiende eeuw, na de vestiging van de Republiek, hoefden drukkers hier geen privilege meer aan te vragen voor hun uitgaven. In kerkelijk verband bleef deze censuurvorm tijdens de gehele periode bestaan; lidmaten van de Nederduits gereformeerde kerk dienden in beginsel hun manuscripten vooraf aan de kerkelijke autoriteiten ter goedkeuring voor te leggen.*

Met repressieve censuur wordt gedoeld op de controle en verbodsmaatregelen ten aanzien van de verspreiding, het in bezit hebben en lezen van specifieke geschriften die reeds gedrukt waren.

Censuurwetgeving ging in de Republiek uit van wereldlijke en kerkelijke instanties en werd toegepast op centraal, gewestelijk en stedelijk niveau. Met name het gewest Holland, waar de boekproductie in de zeventiende eeuw het grootst was, vaardigde herhaaldelijk censuurplakkaten uit die vaak werden overgenomen door de Staten-Generaal. Deze op zichzelf strenge maatregelen hielden echter meestal geen gelijke tred met de toepassing ervan. In de praktijk van alledag stond een gewestelijk en stedelijk particularisme een doeltreffende uitvoering vaak in de weg, zonder dat hieraan een principieel grotere verdraagzaamheid dan elders ten grondslag lag.

There are six instances of separable verbs here: identify them, single out the preposition and give the infinitive. Try to guess what these verbs mean.

The use of "er"

The different uses of the word *er* in Dutch were explained in Chapter III.2. Text VI.1 shows four examples of the use *er*:

Lines:

7   … *en nu is er een derde ongewijzigde druk van uitgekomen*

8   …*dat er internationale waardering bestaat voor dit standaardwerk*

18–19   *Wanneer nodig betrekt hij de politiek, sociale ontwikkelingen en de economie erbij*

52–53   … *dat toen de belangrijkste schilders waren gestorven en er zich geen belangrijke ontwikkelingen meer voordeden.*

For each use of the word *er*, determine what kind of *er* this is:

a.   *er* as an adverb of place
b.   *er* used with a preposition
c.   *er* used with a numeral
d.   *er* used with an indefinite subject
e.   *er* used in passive constructions without subject

Check your answers with the ones given in the key.

Passive and infinitive constructions

How many passive and infinitive constructions are there in the following passage from Text IV.3 (ll. 4–10)? Translate the entire passage and compare your translation with the one that is given in the back. (Some of these sentences may have already been translated in Chapter IV).

Uit studies van Rijkswaterstaat die sinds 1937 waren uitgevoerd, bleek dat de veiligheid van Nederland in tijden van grote stromen en hoge waterstanden niet verzekerd kon zijn. In de dichtbevolkte gebieden aan de monding van de Rijn, Maas en Schelde bleek het moeilijk en duur om nieuwe dijken te bouwen of oude te verstevigen. In eerste instantie leek de oplossing de afdamming van alle riviermondingen: de Westerschelde, de Oosterschelde, het Haringvliet en het Brouwershavens Gat. Dit voorstel werd het Deltaplan genoemd.

Appendix 1

Vocabulary (alphabetical)

Below is an alphabetized list of the words of the different reading texts in this book. A reference to the texts allows you to find the words in context. E.g. the first word 'aan', which means *on; to* can be found in Chapter I, Text 1.

For serious research and translation, a good dictionary is indispensable and we recommend the Van Dale pocket edition as well as the full edition, which is also available on CD-ROM (see www. vandale.nl). For scholars who want to take a more pro-active approach and learn new vocabulary, in 2008 Peter Schoenaerts and Helga Van Loo brought out a useful Thematic Vocabulary, entitled, *Thematische woordenschat, Nederlands voor anderstaligen* (Amsterdam/Antwerp: Intertaal). As mentioned before, it is wise to start compiling one's own word lists which contain words and idioms that are dominant or keep recurring in one's area of research/expertise.

aan	on; to	I.1; p. 43
aan banden leggen	to curtail; limit	VI.2
aan de beurt komen	have one's turn	VI.1
aan de beurt zijn	to be next	V.1
aan de ene kant... aan de andere kant	on the one hand... on the other hand	II.2
aan het licht komen	to come to light; to reveal itself	IV.1
aan het lijntje hebben	to have on a leash; to be in control of	V.2
aanbieden	to offer	I.1
aandacht (de)	attention	I.1
aandacht besteden	to pay attention	V.1
aandacht opeisen (de)	to demand attention	V.2
aandacht trekken	to draw attention	II.1
aangaan	to initiate something	V.1
aangehouden (aanhouden)	kept	VI.1
aangelegenheid (de)	affair	V.1
aangemerkt (aanmerken)	considered	IV.1
aangenomen (aannemen)	adopted	II.2
aangescherpt-e	sharpened	III.1
aangezien	because	p. 111
aangrenzend-e	neighboring	III.1
aanhanger (de)	devotee; follower	III.1
aanhoudend-e	continuing	II.1
aanklacht (de)	accusation	V.2
aanleg (de)	construction	IV.2

aansturen op	to aim for	IV.2
aantrekken	to recruit; take on; to attract	III.2; V.1
aantrekt (aantrekken)	attracts	V.1
aanval (de) op	attack on	II.1
aanvoer (de)	import; supply	V.1
aanvragen	to apply for	VI.2
aanzien (het)	prestige	III.1
aard (de)	nature	V.1
achter	behind	I.2; p. 43
af	finished	V.2
afgehamerd (afhameren)	auctioned off	I.1
afgelopen jaar	last year	II.1
afgewezen (afwijzen)	rejected	VI.2
afweren	to hold off; resist	IV.2
afwijzen	to reject	VI.2
algemene middelen (de)	public funds	IV.2
Allerheiligenvloed (de)	All Saints' Flood	IV.1
allerverbolgenst > verbolgen	most enraged, furious	IV.2
als	when; if	p. 110
arbeiden	to work	IV.2
asielzoekers (de)	asylum seekers	II.1
auto (de)	car	I.1
baai (de)	bay	V.1
bajes (de)	prison (slang)	III.1
baksteen/bakstenen (de)	brick	I.2
bedrag-en (het)	amounts	I.1
bedreiging (de)	threat	IV.1
beeld-en (de)	statues	I.1
beeldenstorm (de)	iconoclasm	VI.1
beginnen	to begin	III.2
begon (beginnen)	began	III.2
behandelt (behandelen)	treats; deals with	VI.1
beheer (het)	control	III.2
behoren tot	to belong to, to be part of	IV.1
bekend	known	I.2
bekijken	to view; to see	I.1
belang (het)	interest	IV.2
belangrijk-e	important	II.1; III.1
beledigd (beledigen)	insulted	VI.2
bemoeienis (de)	interference	III.2
beneden	under; beneath	p. 43

beoefenaar-s (de)	practitioners	IV.2
bepaald (bepalen)	defined	III.1
bepalen	to determine	II.2
beperking (de)	restriction	VI.2
berg, de	mountain	IV.2
bergh, (de) < (berg-en)	mountain(s)	IV.2
beriepen zich (zich beroepen op)	appealed to	IV.2
beschermer	protector	II.1
beschikbaar	available	I.1
beschikbaar komen	to become available	II.1
beschikbaarheid (de)	availability	II.2
beschouwing (de)	consideration	III.1
beschreef (beschrijven)	described	IV.2
beschrijven	to describe	IV.2
beslaglegging (de)	confiscation	VI.2
beslissend	decisive	V.2
besluit (besluiten)	concludes	II.1
bestaan (het)	existence; life	III.1
bestaat (bestaan)	exists	II.1
bestaat (bestaan) uit	to consist of	III.1; V.1
bestemming (de)	destination	III.1
bestond uit (bestaan uit)	consisted of	III.1
bestuur (het)	administration	V.2
betalen	to pay	IV.2
betrekkelijk-e	relative	III.1
betrekt (betrekken) bij	pulls in; involves	VI.1
betreuren	to deplore	IV.2
beurt (de)	turn	V.1
bevel (het)	order	V.2
bevestigde (bevestigen)	confirmed	I.1
bevolking (de)	population	II.1; III.1;V.1
bevordert (bevorderen)	promotes; enhances	VI.1
bevreesd waren (zijn)	to be afraid	III.2
bewegen	to move	I.1
bewijzen	to prove	VI.1
bewind (het)	government, regime	IV.2
bewondering (de)	admiration	VI.1
bewoner-s (de)	inhabitants	IV.1
bewust	aware, conscious	IV.2
bezette (bezetten)	to occupy	III.2
bezoek (het)	visit	V.1

bezoeker-s (de)	visitor(s)	I.1
bezweek (bezwijken)	collapsed	IV.2
bezwijken	to collapse	IV.2
Bibliopolis early modern books	name of book and site about	VI.2
bij	with; at	I.1–3; p. 43
bijgedragen (bijdragen)	contributed	III.1
bijgesteld (bijstellen)	adjusted	VI.1
bijzetten	to show	II.1
bijzonder	particular(ly)	VI.1
binden	to connect	II.1
binnen	inside; within; in	II.1; p. 43
binnenkomen	to enter	III.1
binnenkwam (binnenkomen)	entered	III.1
binnenlands	domestic	V.1
bladerend (bladeren)	browsing	VI.1
bladzijde (de)	page	VI.1
bleek (blijken)	appeared	II.1
bleven (blijven)	stayed	III.1
blijken	to appear	II.1
blijven	to stay; to remain	III.1; VI.1
blits maken, de	to steal the show (slang)	III.1
bloedspuwend	spitting blood	V.2
bloei (de)	thriving	VI.1
bloemstuk (het)	genre piece of flowers	VI.1
boden aan (aanbieden)	offered	I.1
boekdrukkersgilde (het)	bookprinters' guild	VI.2
boekencensuur (de)	book censorship	VI.2
boekhandel (de)	book trade	VI.2
bonje (de)	argument (slang)	III.1
bouwmateriaal/(het) bouwmaterialen	building material(s)	I.2
boven	above	I.1; p. 43
boventoon voeren (de)	to play first fiddle	VI.1
breedte (de)	width	I.2
brengt met zich mee (met zich meebrengen)	entails	IV.1
bron (de)	source	VI.1
buiten	outside	p. 43
buiten beschouwing latend	leaving aside	III.1
buren (de)	neighbors	IV.2
burger (de)	(middle class) citizen	VI.1
burgerlijk	common	VI.1

CBS, het (Centraal Bureau voor de Statistiek)	the Dutch Census Bureau	III.2
cijfer-s (het)	figures, numbers	III.2
compagniesdienaar	company servant, administrator	V.1
contact-en leggen	to make (contact)	V.1
courant (de) < krant (de)	newspaper	III.1
daling (de)	decrease	IV.1
dan ook	therefore	V.1
dan wel	or	VI.1
deel (het)	part	II.1; VI.1
deelden (delen)	shared	II.1
derde	third	VI.1; see also p. 194
diamantbewerker (de)	diamond cutter/worker	III.1
diende (dienen)	served	II.1
diens	his	IV.2
dienstmeisje (het)	maid	III.1
dierstuk (het)	genre piece with animals	VI.1
dijkdoorbraak-/braken (de)	bursting of the dikes	IV.1
dijkslag-en (de)	dike posts	IV.2
dikwijls	often	III.1
divers	several	V.2
doel (het)	goal	II.1
doelbewust	determined	IV.2
doeltreffend	effective	VI.2
door	through; by	I.1–2; p. 43
doorbreken	to break through	V.1
doordat	because	p. 188
doordringen	to penetrate	III.1–40
doorstaan/ doorstane	endured	IV.2
dorpeling-en (de)	villagers	IV.2
draagstoel (de)	palanquin; sedan chair	V.1
dreigde (dreigen)	threatened	IV.2
drie	three	I.1
drongen door (doordringen)	penetrated	III.1–40
druk (de)	print edition	VI.1
drukken	to print	VI.2
drukker-s (de)	printers	VI.2
drukwerk (het)	printed matter	VI.2
Duitse	German	III.1
dus	so	II.1; p. 112

duurt (duren)	lasts	V.1
dwingen	to force	III.1
een bepaalde	a certain	VI.1
eenheid (de)	unity	II.1
eenmaal	once	V.1; p. 194
eeuw-en (de)	centuries	IV.1
eigen	own	II.1
eiland (het)	island	V.1
eisen	requirements	VI.2
elders	elsewhere	III.1
ellende (de)	misery	IV.2
enig-e	some	I.1
ernstig	severe, grave; serious	IV.1; V.2
exposeerde (exposeren)	exhibited	I.1
fatsoen (het)	decency	II.1
fatsoenlijk-e	decent; honorable	III.2
feitelijk	in fact	V.1
feit-en (het)	facts	II.1; V.2
figuur (de/het)	figure	VI.1
fijnschilder (de)	fine painter	VI.1
financieren	to finance	V.1
floreert (floreren)	flourishes	VI.1
gaat aan (aangaan)	initiates something	V.1
gangbare	conventional	IV.2
gastarbeider (de)	foreign, migrant worker	III.2
gebied (het)	area	II.1
gebiedsdeel (het)	territory	III.2
gebleven (blijven)	remained	VI.1
gebonden aan (binden)	bound to; connected to	II.1
geboortecijfer (het)	birth rate	III.1
gebouw-en (het)	buildings	I.2
gebruikt (gebruiken)	used	II.1
gedachte	thought/idea	II.1
gedeeltelijk	partly; partially	IV.2
gedrukt (drukken)	printed	VI.2
gedwongen (dwingen)	forced	III.1
geen	no	I.2; see also p. 73
geen sprake was (van)	was not the case	III.1
geenszins	not at all	II.1
gegeven (het)	fact	VI.1

gehaat/gehate	hated	IV.2
geheugen (het)	memory	IV.1
gekozen (kiezen)	chosen	V.2
gekruid	seasoned	III.1
geldboete (de)	a fine	VI.2
geleden	ago	I.1; V.2
gelijktijdig	simultaneous	IV.2
geloof (het)	religion	II.1
geloven	to believe	II.2
gemeen < gemeenschappelijk	collective; in common	IV.2
gemeenschappelijk	common	V.1
gemiddeld	average	IV.2
genieten	to enjoy	IV.2
genoegen (het)	pleasure	VI.1
genoemd (noemen)	named	IV.1
geraamd (ramen op)	estimated at	IV.2
geschat-te	estimated	I.1
geschenk (het)	present	V.1
geschiedenis (de)	history	II.1; VI.1
geschiedschrijver-s (de)	historiographers, historians	IV.1
geschikt	suitable	VI.1
gesleept (slepen)	dragged	II.1
gestorven (sterven)	died	VI.1
getoetst (toetsen)	checked	VI.1
getroffen (treffen)	stricken	IV.1
gevallen (vallen)	fallen	IV.2
gevolg-en (het)	results, consequences	IV.2
gewest (het)	district, region	III.1
gewest Holland (het)	the province of Holland	VI.2
gewestelijk	provincial (of the provinces)	VI.1
gewonde (de)	injured	III.1
gezag (het)	authority	IV.2; V.1
gezag bekleden	to exercise authority	V.1
gezaghebbende	authoritative	II.1
gezin-nen (het)	(nuclear) families	III.2
gezinshereniging (de)	reunification of a family	III.2
godsdienstig-e	religious	III.1
Gouden Eeuw (de)	Golden Age	VI.1/5
grappig	funny	V.2
grasduinen	to browse	VI.1
greep krijgen op	to get (a grip on)	IV.1

grens-/zen (de)	boundaries	II.2; VI.1
grief/grieven (de)	grievances	V.2
groeiden als kool (groeien)	shot up	III.1
grondgebied (het)	territory	IV.2
groot-ste	biggest	I.1
gummi (de)	rubber (as in rubber baton)	III.1
haalt voor de dag (voor de dag halen)	take out	IV.2
halen uit	to retrieve from	II.1
hand in hand gaan met	to go hand in hand with	VI.1
handboek (het)	reference work; manual	VI.1
handel (de)	trade	V.1
handelaar-/laren (de)	traders	V.1
handelswaar (de)	merchandise	IV.2
handtekening-en (de)	signatures	II.1
hebben	to have	I.1;
		see also pp. 24–25
heeft (hebben)	has	I.1
heeft (hebben) te maken met	has to do with	VI.1
heen en weer	back and forth	II.1
heen en weer en weer terug	back and forth and back again	II.1
heerlijk	lovely	VI.1
heerser (de)	ruler	V.1
hele (<heel-e)	whole; entire	I.1
herdacht (herdenken)	commemorated	V.1
herdenken	to commemorate	V.1
herdruk (de)	reprint	VI.1
herstellen	to restore	I.2
hield het bij (houden bij)	limited itself to	II.1
historiestuk (het)	history painting	VI.1
hoeveelheid (de)	quantity	VI.1
hoewel	although	p. 112
hofhouding	the household of the Court	V.1
hofreis (de)	journey to the court	V.1
hoofdrol spelen (de)	to play the leading part	VI.1
hoofdstedelijk-e	metropolitan	III.1
hoofdzaak (de)	main affair/matter	V.2
hoog	high	I.1
hoogtepunt (het)	highlight	VI.1
houten	wooden	I.1
huidig-e	present, current	IV.2
huwelijkspartner (de)	spousal partner	III.2

iedereen	everybody	I.1
in	in	I.2; p. 44
in beeld komen	to come into the picture	VI.1
in de waan laten	let (them) be under the illusion	V.2
in dit verband	in this respect	IV.1
in eigen waarde laten	to respect someone's values	II.1
in gevaar brengen	to endanger	VI.2
in het algemeen	in general	VI.1
in het niet	into nothing	IV.2
in opdracht van	commissioned by	I.1
in schril contrast staan	to be in sharp contrast	III2
in tal van	in many	II.1
inbreng (de)	contribution	III.1
indeling (de)	arrangement	VI.1
indien	if	p. 111
ingelanden (de)	landholders	IV.2
ingeruild (inruilen)	exchanged for	III.2
ingezetene-n (de)	residents	IV.2
inleidend	introductory	VI.1
inrichten	to organize	III.1
instemming (de)	agreement	II.2
inwilliging (de)	granting	III.2
inwoner-s (de)	resident(s)	II.1
inwonertal (het)	population rate	III.1
inzagen (inzien)	realized	IV.2
inzichtelijk	insightful	VI.1
jaarlijks-e	annual	V.1
jarig zijn	have one's birthday, anniversary	V.2
jood/joden (de)	Jews	VI.2
kapsones (de)	put on airs, be cocky (slang)	III.1
kast (de)	cabinet	I.1
kelders (de)	cellars	I.2
kenbaar maken	to make known	V.1
kenmerkend	typical	VI.1
kennismaken	to get to know	VI.1
kerk (de)	church	II.1
kern (de)	nucleus; center	III.1
kersttoespraak (de)	Christmas speech	II.1
kersvers-e	brand new	IV.2
keten (de)	chain	III.1

kiezen	to choose	III.1; V.2
kiezer-s (de)	voters	II.1
klacht-en (de)	complaints	V.2; VI.2
klant-en (de)	customers	I.1
klein	small	I.2
kleur-en (de)	colors	I.1
klippen (de)	cliffs	II.1
kloek	substantial	VI.1
kocht (kopen)	bought	I.1
komen	to come	III.1
komt (komen) door	is due to	V.1
komt aan het licht (aan het licht komen)	comes to light; reveals itself	IV.1
komt voort uit (voortkomen uit)	comes forth from	II.1
koningin (de)	queen	II.1
kooplieden (de)	merchants	V.1
koopmanschap (het)	trade, business	IV.2
kostbaar	expensive	V.1
kozen (kiezen)	chose	III.1
kracht-en (de)	forces	IV.1; V.1
krachten bundelen (de)	to join forces	V.1
krachtig	powerful	II.1
krant-en (de)	newspapers	II.2; III.1
kreeg (krijgen) te maken met	had to deal with	III.1
krijgt (krijgen)	gets; obtains	V.1
kroon spannen (de)	to beat the lot	IV.1
kruiderij-en (de)	spices	IV.2
kruydery, (de) (kruiderij-en)	spices	IV.2
kunst (de)	art	I.1; VI.1
kunstenaar (de)	artist	VI.1
kunsthistorisch	relating to art history	VI.1
kwaad	angry	V.2
kwam (komen) beschikbaar	came available	II.1
kwam op gang (op gang komen)	came into stride; got underway	III.2
kwamen (komen)	came	III.1
kwamen terecht (terechtkomen)	ended up	III.2
lag (liggen)	was	III.1
Lage Landen (de)	Low Countries	IV.1
land van herkomst (het)	country of origin	III.2
landschap (het)	landscape	VI.1
langs	along	p. 44

leden (plural) (sg. het lid)	members	VI.2
leek (lijken)	seemed	II.1
leer (de)	doctrine	VI.2
leeuwendeel (het)	lion's share, majority	III.1
legde het primaat bij	put most importance on	II.1
leider (de)	leader; ruler	V.1
leidinggevend	endowed with leadership	II.1
lengte (de)	length	I.2
levensvatbaarheid (de)	viability, feasibility	III.2
lichtend voorbeeld (het)	illuminating example	II.1
lid (leden), het	member	VI.2
lidmaat (het)	member	VI.2
liep stuk op (stuklopen)	broke down on	II.1
liepen spaak (spaak lopen)	went wrong	III.2
liggen	to be	III.1
ligging (de)	position, location	IV.1
loopt naar (lopen)	walks to	I.1
maakte (maken)	made	I.1
maar	but	I.1; see also p. 112
maatregel-en (de)	measures	II.2; VI.2
mag (mogen)	may	V.1; see also p. 96
marginale toetsing (de)	marginal test	II.1
mazzel (de)	luck (slang)	III.1
meenemen	to take along with	III.1
meerderheid-/heden (de)	majorities	II.2
meester (de)	master painter	VI.1
meisje-s (het)	girls	II.2
mengen	to mingle	V.1
merendeel (het)	majority	III.2
met	with	II.2; p. 44
met andere woorden	in other words	II.1
met rust	in peace	VI.2
met zich meebrengen	to entail	IV.1
meubelbeurs (de)	furniture fair	I.1
meubilair (het)	furniture	I.1
middeleeuwen (de)	Middle Ages	IV.1
minderheid-/heden (de)	minorities	II.2
minstens	at least	II.1
mishandeld (mishandelen)	exploited/abused	V.2
mits	provided	p. 111
moeizaam-/zame	ponderous	III.1

mogen	may; to be allowed	V.1; p. 96
mogendheid-/heden (de)	powers	VI.2
monding (de)	estuary	IV.1
moreel ijkpunt	moral benchmark	II.1
muilkorf (de)	muzzle	II.1
na	after	I.2; p. 44
naar	to	I.1; p. 44
naar gelang	depending on; according to	IV.2
naar schatting	in estimation	III.1
naar verhouding	comparatively	III.1
naast	next to; besides	I.1
nadat	after	p. 110
nadeel (het)	disadvantage	VI.1
nakomen van	to abide by	VI.2
namen mee (meenemen)	took along with	III.1
NAP: Normaal Amsterdams Peil	Normal Amsterdam Water Level	IV.2
natuurkracht (de)	force of nature	IV.1
natuurramp (de)	natural disaster	IV.1
Nederduits gereformeerde kerk	Dutch Reformed Church	VI.2
neerstreek (neerstrijken)	settled	III.1
neerstrijken	to settle	III.1
neiging (de)	inclination	III.1
neme, (nemen) iets ter hand	take something in hand	VI.1
nemen	to take	VI.1
nergens	nowhere	II.2
niet al te nauw nemen (het)	to be not so particular or fussy	IV.2
nieuw-e	new	I.1
nieuwkomer-s (de)	newcomers	III.2
nijverheid (de)	industry	III.1
noemen	to name	IV.1
non-aanvalsverdrag (het)	non-attack treaty; peace treaty	II.1
noodklok luidden (luiden) (de)	sounded the alarm	IV.2
noordwesterstorm (de)	northwestern storm	IV.2
Noordzeewering (de)	North Sea Barrier	IV.2
normen (de)	standards; norms	II.1
nota bene	please note	IV.2
nu	now (that)	p. 111
oever (de)	river, sea shore	IV.2
ofschoon	although	p. 112
olie (de)	oil	IV.2

oly (de) (<olie)	oil	IV.2
om	at	p. 44
om te + infinitive	to	I.1; pp. 142–143
omdat	because	p. 111
omschreven (omschrijven)	described	VI.1
omschrijven	to describe	VI.1
omslag (de)	change; turn	III.2
onafwendbaar	inevitable	III.2
ondanks (dat)	despite; even though	p. 112
onder	under; among	I.3; p. 44
onderhoud (het)	maintenance	IV.2
onderneming (de)	enterprise	V.1
ondertekende (ondertekenen)	signed	III.2
onderwerp (het)	subject	VI.1
oneens zijn met (het)	to disagree	II.1
ongebreideld-e	unbridled; unrestrained	III.2
ongebruikelijk	unusual	V.1
ongeschoold-e	unschooled; untrained	III.2
ongetwijfeld	doubtless	IV.2
ongewijzigd	unchanged	VI.1
onophoudelijk-e	continuous, ceaseless	IV.1
onroerend goed (het)	real estate	III.1
ontbering (de)	deprivation, hardship	III.1
ontdekt (ontdekken)	discovered	I.1
onthullend	revealing	V.2
ontleend (ontlenen)	derived	VI.1
ontslaan (zich)	to let (itself) off the hook	II.1
ontsloeg zich (ontslaan)	let itself off the hook	II.1
ontstaan	to come into being	I.2
ontstonden (ontstaan)	came into being	I.2
ontvangen	to receive	III.1; V.1
ontwerpen	to design	I.2
ontwerp-en (het)	design	I.1; I.2
ontwierp (ontwerpen)	designed	I.2
ontwikkeling-en (de)	development(s)	I.1; II.1;VI.1
ontzegd (ontzeggen)	denied	III.1
onuitputtelijk	inexhaustible	VI.1
oordeel (het)	verdict	II.1
oorzaak (de)	cause	IV.1
op	on; at; in	I.1; p. 44
op aandrang van	at someone's urging, instigation	IV.2

op de proef gesteld (stellen)	put to the test	IV.1
op gang komen	to come into stride; get underway	III.2
op goed geluk	on the off-chance	III.1
op het gebied van	in the area of	VI.1
op zijn kosten	at his expense	IV.2
opbouwen	to build up	III.1
opbrengst (de)	proceeds	I.1
opdracht (de)	assignment	I.2
opdrachtgever (de)	patron	VI.1
openbare orde (de)	public order	VI.2
opgebouwd (opbouwen)	acquired; built up	III.2; VI.1
opgelost (oplossen)	resolved	II.1:
opgesloten (opsluiten)	locked up	III.2
opgetekend (optekenen)	written down	VI.1
opgetreden tegen (optreden)	acted against	VI.2
opiniestuk (het)	editorial	V.2
opknapbeurt (de)	facelift; renovation	I.2
opknappen	to fix; to renovate	IV.2
oplage (de)	(print) edition	I.1; VI.2
opleggen	to impose	VI.2
opmerkelijk-e	remarkable	III.1
opperhoofd (het)	chief	V.1
opsluiten	to lock up	III.2
opsommerig	enumerative	VI.1
opstand (de)	The (Dutch) Revolt (1568–1648)	VI.1
opvallen	to stand out	VI.1
opvatting-en (de)	opinions	VI.1
opviel (opvallen)	stood out	VI.1
opzoeken	to look up	VI.1
oud-e	old	I.1
oude-n van dagen (de)	elderly people	III.1
over	in (temporal); about; over	II.1; p. 44
overdreven	exaggerated	IV.2
overgenomen (overnemen)	adopted	VI.2
overheid (de)	government; state	II.1; VI.1
overkomen	to come over	III.2
overnemen	to adopt	VI.2
overstroming-en (de)	floods	IV.1
overwegend	predominantly	III.1
overzicht (het)	survey	VI.2
overziet (overzien)	surveys	VI.1

paaltje-s, (het)	pegs	IV.2
paraplu (de)	umbrella	II.1
past (passen in)	fits	V.1
per stuk	per piece	I.1
persvrijheid (de)	freedom of the press	VI.2
pijnlijk	painful	IV.1
plafond (het)	ceiling	I.2
plattelandsleventje (het)	country life	III.2
poging-en (de)	attempts	III.2
portret (het)	portrait	VI.1
praktijk (de)	reality	VI.2
predikant (de)	preacher	VI.2
primaat leggen bij (het)	to put most importance on	II.1
privilege (het)	copyright	VI.2
raam/ramen (het)	windows	I.2
ramen op	to estimate at	IV.2
rampzalig	disastrous	IV.1
ramsj (de)	irregulars	III.1
rechtbank (de)	court of law	II.1
recht-en (het)	rights	III.2
rechter (de)	judge	II.1
rechterhand (de)	right hand	IV.2
rechterlijke macht (de)	judiciary	II.1
rechtvaardiging (de)	justification	II.1
reden-en (de)	reasons	IV.2
regelmaat (de)	regularity	IV.1
regelmatig	regular	IV.2
regering (de)	government	II.2
reis afleggen (een)	to make a journey	V.1
Republiek (de)	The (Dutch) Republic	VI.2
respect betuigen	to pay, show (respect)	V.1
richt (zich richten op)	focuses on	VI.1
richting (de)	direction	II.1
rijtjeshuis (het)	a row house or terrace(d) house	III.2
rivaliteit-en (de)	rivalries	II.1
rivierengebied (het)	river delta	IV.1
roep om	call for	II.1
roerloos	rudderless	II.1
roman (de)	novel	V.2
ruim	comprehensive	VI.1

ruimhartig-e	generous	III.1
ruimte (de)	space	IV.1
ruimtelijk	spatially	I.2
samenhang (de)	coherence	I.2; VI.1
samenvallen	to coincide	IV.2
samenviel (samenvallen)	coincided	IV.2
samenwerkingsverband (het)	collaborative	I.1
scheiding (de)	separation	III.2
schiereiland (het)	peninsula	III.1
schilderij (het)	painting	VI.1
schilderkunst (de)	art of painting	VI.1
sinds	since	II.2; p. 44; p. 111
sinds mensenheugenis	from/since time immemorial	IV.2
slaapkamers (de)	bedrooms	I.2
slachtoffer-s (het)	victims	IV.2
sluipend-e	stealthy	IV.1
sluiting (de)	conclusion	VI.1
soevereiniteitsoverdracht (de)	transfer of sovereignty	III.2
spaak lopen	to go wrong	III.2
spant de kroon (de kroon spannen)	beats the lot	IV.1
specerij-en (de)	spices	V.1
spreekt (spreken) voor zich	speaks for itself	VI.1
staan	to be	IV.2
stadsbestuur (het)	city council	III.1
stal (de)	shed, stable	IV.2
standaardwerk	work of reference	VI.1
Staten-Generaal (de)	the States-General	VI.2
steeg (stijgen)	rose	IV.1
stelling (de)	thesis	II.1
stemmen	to vote	II.1
stennis (de)	argument (slang)	III.1
sterftecijfer (het)	mortality rate	III.1
sterven	to die	VI.1
stijgen	to rise	IV.1
stijging (de)	rise, rising	IV.1
stilleven (het)	still-life painting	VI.1
stoel (de)	chair	I.1
stond (staan)	was	IV.2
stonden (staan) in schril contrast	were in sharp contrast	III.2
stormramp (de)	storm disaster	IV.1

stormvloed-en (de)	storm surges	IV.1
stormvloedhoogte	height of the storm surge	IV.2
stortten in (instorten)	collapsed	IV.2
straat (de)	road, street	IV.2
straathandelaar (de)	street vendor	III.1
straf uitdelen (een)	to impose a penalty	VI.2
strafbaar	punishable	II.2
streng	severe	V.1
strijd (de)	fight; battle	II.1; IV.1
stuit (stuiten op)	comes across	VI. 1
stuklopen op	to break down on	II.1
stuurde aan op (aansturen op)	aimed for	IV.2
suiker (de)	sugar	IV.2
suyker (de) (suiker)	sugar	IV.2
tafel (de)	table	I.1
talloos/talloze	numerous	IV.1
te maken hebben met	to have to do with	VI.1
te maken krijgen met	to deal with	III.1
tegelijk	simultaneously	II.1
tegen	against	II.2; p. 44
tegenstelling-en (de)	contrast	III.2
tegenwoordig	nowadays; currently	IV.2; V.1
teisterden (teisteren)	ravaged	IV.2
tekening-en (de)	drawings	I.2
tentoonstelling (de)	exhibit	I.1
tenzij	unless	p. 112
ter goedkeuring	for approval	VI.2
terechtkomen	to end up	III.2
terwijl	while	p. 110
tientallen	tens of; "dozens of"	I.1
tijd (de)	time	I.1
tijdelijk	temporary(-rarily)	III.1; V.1
tijdens	during	p. 45
tijdgenoot (de)	contemporary	VI.1
tijdvak (het)	period	VI.1
tocht (de)	journey	III.1
toegang (de)	entrance; access	III.1
toegangswegen (de)	access roads	I.2
toegeschreven aan (toeschrijven aan)	attributed to	IV.2
toegestaan (toestaan)	permitted	III.1

toegevoegd (toevoegen)	added	IV.2
toegewezen (toewijzen)	assigned; granted	IV.2; V.1
toelating (de)	admission	III.1
toen	when	p. 110
toename (de)	increase	IV.1
toentertijd	at the time	VI.1
toeschrijven aan	to attribute to	IV.2
toestemming	permission	III.1
toetsen	to check	VI.1
toeval (het)	accident, chance	IV.1
toevloed (de)	influx	VI.1
toewijzen	to assign; to grant	IV.2; V.1
tof	decent, great, smashing (slang)	III.1
toren (de)	tower	I.1; p. 45
tot	until	I.1
treffen	to strike	IV.1
trekken	to draw	I.1; II.1
trok (trekken)	drew	I.1
trok alle aandacht (trekken)	drew all attention	II.1
trots zijn op	to be proud of	II.1
tuintje (het)	little garden	III.2
tussen	between	I.2; II.1
tussenkabinet	interim cabinet	II.1
Twaalfjarig Bestand (het)	Twelve Years' Truce (1609–1621)	VI.1
Tweede Kamer	Dutch Parliament (literally: Second Chamber)	II.1
twijfelden (aan) (twijfelen)	to doubt	I.1; III.2
twintigste-eeuws-e	twentieth-century	I.1
uit	out; from	I.1; II.1; p. 44
uitbeeldden (uitbeelden)	depicted	VI.1
uitgaat van (uitgaan van)	assumes	IV.1
uitgangspunt (het)	objective; starting point	I.1
uitgave (de)	edition	VI.2
uitgebreid	elaborate	VI.1
uitgebreid (uitbreiden)	expanded	III.2
uitgegeven (uitgeven)	published	V.2
uitgekomen (uitkomen)	came out; was published	VI.1
uitgevaardigd	promulgated	VI.2
uitgever (de)	publisher	VI.2
uitkomst	results	II.1

uitleest (uitlezen)	finishes reading	VI.1
uitschreeuwt (uitschreeuwen)	cries out	V.2
uitspraak (de)	statement	II.1
uitstrekken, zich	to expand	II.1
uitvaardigen	to issue; to promulgate	VI.2
uitvoeren	to execute; to implement	II.1
uitvoering (de)	execution	VI.2
uitwerking (de)	effect, result	IV.1
uitwijzing (de)	deportation	III.1
vaardigde uit (uitvaardigen)	issued	VI.2
vaderland (het)	native, mother country	III.2
vallen	to fall	IV.2
van	of; from	I.1; II.1; p. 45
van voor naar achter	from front to back	VI.1
varieert (variëren)	varies	V.1
vechten	to fight	I.1
vee (het)	livestock	IV.2
veel/vele	many	I.1
veiligheid (de)	safety	III.1
veiligheidspolitiek (de)	security politics	II.1
veilinghuis-/zen (het)	auction houses	I.1
veranderde (veranderen)	changed	II.2
verantwoordelijk	responsible	IV.1
verband (het)	connection	II.1
verbinden	to connect	V.1
verblijfplaats (de)	residence	V.1
verbod (het)	prohibition	VI.2
verbod opgelegd (een) (opleggen)	imposed a prohibition	VI.2
verbodsmaatregel-en (de)	prohibition measures	VI.2
verbonden (verbinden)	connected	V.1
verdeeld (verdelen)	divided	IV.2
verdeeldheid (de)	division	II.1
verder	further	IV.1
verdraagzaamheid (de)	tolerance	VI.2
verdrievoudigde…zich	tripled	III.1
verdrinken	to drown	IV.2
verdronk (verdrinken)	drowned	IV.2
verenigde	united	II.1
vergaderden (vergaderen)	had a meeting	II.1
vergeten	to forget	VI.1

verhaal (het)	story	IV.1
verhandeling (de)	discourse	VI.1
verheffen	to raise	II.1
verhuizen	to move	III.1
verjaagd-e	driven away	III.1
verklaart (verklaren)	explains	II.1
verkoopmanager (de)	sales manager	I.1
verkruimelden (verkruimelen)	crumbled	II.1
verleende (verlenen)	granted; to issue	III.1; VI.2
verliep (verlopen)	went	III.2
verlies (het)	loss	IV.1
verlopen	to go	III.2
verloren ging (verloren gaan)	got lost	IV.2
vermaard	renowned	III.1
verontwaardigd-e	outraged, incensed	III.1
verplicht	obliged	IV.2
verrast	surprised	IV.2
Verre Oosten (het)	the Far East	V.1
verschafte (verschaffen)	provided with	III.1
verscheen, verschenen (verschijnen)	appeared; published	V.2; VI.1
verscheidenheid (de)	diversity	VI.1
verschijnen	to publish; to appear	V.2; VI.1
verschrikkelijk-e	terrible	IV.2
verschrompelden (verschrompelen)	withered	II.1
verslaggever (de)	reporter	III.1
verspreid over	spread out	VI.1
verspreiding (de)	distribution	VI.2
versterkt (versterken)	fortified	IV.1
verstoren	to disturb	VI.2
vertaling (de)	translation	VI.1
vertegenwoordiger-s (de)	representative	V.1; VI.2
vertelling (de)	narration	V.2
vertrek-ken (het)	rooms	I.2
vervaardigd (vervaardigen)	constructed	I.1
vervallen	run-down, ravaged	III.2
vervelend	annoying; bothersome	VI.1
vervijfvoudiging (de)	quintuplification	IV.1
vervolgens	then; further	IV.1
verwaarloosden (verwaarlozen)	neglected	IV.2
verwarrend	confusing	VI.1
verwoestend-e	devastating	IV.1

verzamelaar-s (de)	collectors	I.1
verzet (het)	opposition, resistance	IV.2
verzinken	to sink	IV.2
verzoek (het)	request	III.2
verzonk (verzinken)	sank	IV.2
verzorgingsstaat	welfare state	II.1
verzuilde samenleving (de)	pillarized society	II.1
vestigde (vestigen)	established	II.1
vestiging (de)	establishment	VI.2
vijand (de)	enemy	IV.1
vijftien	fifteen	I.1
vloed (de)	flood, high tide	IV.2
vluchteling (de)	fugitive	III.1
vochten (vechten)	fought	I.1
voert…uit (uitvoeren)	executes; implements	II.1
voet (de)	foot (measure)	IV.2
voldeden (voldoen)	sufficed	IV.2
voldoen	to suffice	IV.2
voldoende	sufficient; adequate; satisfactory	IV.1
volgend op	subsequent to	VI.1
volgens hem	according to him	II.1
volgmigratie (de)	second/consecutive wave of migration	III.2
volksbuurt (de)	working-class area	III.2
voltooid (voltooien)	finished	V.2
voor	before; in favor of; for	I.1; I.2; p. 43; p. 45
voor de dag halen	to take out	IV.2
voor hun rekening nemen	to foot the bill	VI.1
voor schut zetten	to be made a fool	III.1
voordat	before	p. 110
voordeden zich (voordoen)	presented themselves; occurred	VI.1
voorgaan	to precede	V.1
voorgedaan, zich (zich voordoen)	happened	III.2
voorgesteld (voorstellen)	proposed	II.2
voorgingen (voorgaan)	preceded	V.1
voorleggen	to show	VI.2
voormalig-e	former	III.2
vooroplopen	to lead the way	I.1
voorspoed (de)	prosperity	VI.1
voorspoedig verlopen	to go well	III.2
voorstelling (de)	scene	VI.1
voortbestaan (het)	survival	IV.1

voortkomen uit	to come forth from	II.1
voorwaarde-n (de)	conditions	V.1
voorwaarden stellen	to set conditions	V.1
voorwerp (het)	object	V.1
voorwerp-en (het)	objects	I.1
vorst (de)	prince	V.1
Vrede van Münster (de)	The Münster Peace (1648)	VI.1
vredes-	peace	II.1
vrij	free	II.2
vrijbrief (de)	charter	IV.2
vrijdom (het)	immunity	IV.2
vroeger	formerly; in the past	II.1
vrouw-en (de)	women	II.2
waarden (de)	values	II.1
waardering	appreciation	VI.1
waarschijnlijk	probably	V.2
Walletjes (de)	The Red Light District	II.2
wanhoopskreet (de)	cry of desparation	V.2
wanneer	when	p. 110
wanneer nodig	if necessary	VI.1
wapenstilstand (de)	armistice	II.1
waren (zijn)	were	I.1
was het oneens met	disagreed	II.1
waterbeheersing (de)	water control	IV.1
watersnoodramp-en (de)	inundations, floods	IV.1
waterstand (de)	water level	IV.2
wederopbouw (de)	reconstruction; rebuilding	III.2
weerbarstig-e	unruly	II.1
weggewerkt (wegwerken)	removed (from view)	I.2
wegslaan	to sweep away	IV.2
wegsloeg (wegslaan)	swept away	IV.2
wekenlang	for weeks on end	I.1
wereld (de)	world	I.1
wereldje (het)	small world (of one's own)	III.2
werkelijk	real	II.1
werkelijkheid (de)	reality; truth	II.1; V.2
werving (de)	recruitment	III.2
weten	to know	II.2
wetenschappelijk	scientific	V.1
wetten (de)	laws	II.1

wezenlijk-e	actual	II.1
wijzen op	to point to/at; to indicate	II.2
winstgevend	lucrative	V.1
woelig-e	turbulent	IV.2
wording (de)	making, origin	IV.1
zaak/zaken (de)	matter(s)	II.1
zakenrelatie (de)	commercial relationship	V.1
zeespiegel (de)	sea level	IV.1
zestig	sixty	I.1; p. 194
zich aftekenen	to become apparent	III.2
zich beroepen op	to appeal to	IV.2
zich bewegen	to move around	V.1
zich informeren over	to inform oneself	VI.1
zich ontwikkelen	to develop	VI.1
zich uitstrekte (uitstrekken)	to expand	II.1
zich verdrievoudigen	to triple	III.1
zich vermengen	to mix; mingle	V.1
zich verzetten tegen	to resist	VI.2
zich vestigen	to take up one's residence; to settle	III.1
zich voordoen	to happen; to present themselves; to occur	III.2; VI.1
zichtbaar	visible	I.1
zijn	to be	I.1; see also pp. 24–25
zijn	his	I.1; see also p. 22
zijn bijgezet (bijzetten)	are shown	II.1
zin (de)	sense	IV.1
zin- en betekenisgever	(literally) giver of sense/meaning	II.1
zinnen (de)	sentence(s)	II.1
zodat	so that	p. 111
zoekgebied (het)	search area	III.2
zolang (als)	as long (as)	p. 187 ???
zonder	without	I.2
zorg dragen	to take care of	II.1
zorg droegen (zorg dragen)	took care of	II.1
zorgt, zorgde (zorgen) voor	took care of; to provide	IV.1; VI.1
zoveel mogelijk	as much as possible	II.1
zwaar	heavy	I.2
zwanger	pregnant	II.2

Appendix 2

List of frequently used irregular Dutch verbs[59]

In the first (alphabetized) column of these irregular verbs the infinitive can be found. Be aware that some of these verbs can also be used as reflexives. In these cases *(zich)* is added between brackets, as in *bewegen (zich)*. Some verbs can *only* be used as reflexives. In these cases, *zich* is added without parentheses: *gedragen zich*.

In the second column, the simple past is listed. If the verb is a separable verb, the separate form is given in between parentheses: *(beval aan)*. If two forms of the simple past exist, both are given: *jaagde / joeg*. If you can't predict the plural form based on the singular form, the plural is listed as well: *aanbeval/aanbevalen*.

In the third column, the past participle is given.

Infinitive	Simple past	Past participle	English
aanbevelen	beval aan	aanbevolen	to recommend
bedragen	bedroeg	bedragen	to amount to
bedriegen	bedroog	bedrogen	to deceive
bedrijven	bedreef	bedreven	to commit
beginnen	begon	begonnen	to begin
bergen (zich)	borg	geborgen	to store, to salvage
bevelen	beval/bevalen	bevolen	to order
bewegen (zich)	bewoog	bewogen	to move
bewijzen (zich)	bewees	bewezen	to prove
bidden	bad/baden	gebeden	to pray
bieden	bood	geboden	to offer, to bid
bijten	beet	gebeten	to bite
binden	bond	gebonden	to bind
blazen	blies	geblazen	to blow
blijken	bleek	gebleken	to prove
blijven	bleef	gebleven	to stay
blinken	blonk	geblonken	to shine
breken	brak/braken	gebroken	to break
brengen	bracht	gebracht	to bring
buigen (zich)	boog	gebogen	to bow

59. Based on Arjen Florijn. *De regels van het Nederlands, Grammatica voor anderstaligen*. Groningen: Wolters-Noordhoff, 2004).

Infinitive	Simple past	Past participle	English
delven	dolf	gedolven	to dig
denken	dacht	gedacht	to think
doen	deed	gedaan	to do
dragen	droeg	gedragen	to bear/carry
drijven	dreef	gedreven	to float
dringen	drong	gedrongen	to push
drinken	dronk	gedronken	to drink
druipen	droop	gedropen	to drip
duiken	dook	gedoken	to dive
dwingen	dwong	gedwongen	to force
eten	at/aten	gegeten	to eat
fluiten	floot	gefloten	to whistle
gaan	ging	gegaan	to go
gadeslaan	gadesloeg (sloeg gade)	gadegeslagen	to observe
gedragen zich	gedroeg	gedragen	to behave
gelden	gold	gegolden	to apply
genezen	genas/genazen	genezen	to heal
genieten	genoot	genoten	to enjoy
geven	gaf/gaven	gegeven	to give
gieten	goot	gegoten	to pour
glijden	gleed	gegleden	to slide
glimmen	glom	geglommen	to shine
graven	groef	gegraven	to dig
grijpen	greep	gegrepen	to grab
hangen	hing	gehangen	to hang
hebben	had	gehad	to have
heffen	hief	geheven	to lift
helpen	hielp	geholpen	to help
hijsen	hees	gehesen	to hoist
hoeven	hoefde	gehoeven/gehoefd	to need
houden (van)	hield	gehouden	to keep/(love)
jagen	jaagde/joeg	gejaagd	to hunt
kiezen	koos	gekozen	to choose
kijken	keek	gekeken	to watch
klimmen	klom	geklommen	to climb
klinken	klonk	geklonken	to sound
knijpen	kneep	geknepen	to pinch

Infinitive	Simple past	Past participle	English
komen	kwam/kwamen	gekomen	to come
kopen	kocht	gekocht	to buy
krijgen	kreeg	gekregen	to get
krimpen	kromp	gekrompen	to shrink
kruipen	kroop	gekropen	to crawl
kunnen	kon/konden	gekund	can/be able to
laten	liet	gelaten	to let
lezen	las/lazen	gelezen	to read
liegen	loog	gelogen	to lie
liggen	lag/lagen	gelegen	to lie down
lijden	leed	geleden	to suffer
lopen	liep	gelopen	to walk
meten	mat/maten	gemeten	to measure
mijden	meed	gemeden	to avoid
moeten	moest	gemoeten	must/have to
mogen	mocht	gemogen	may/be allowed
nemen	nam/namen	genomen	to take
omgeven	omgaf/omgaven	omgeven	to surround
onderhouden	onderhield	onderhouden	to maintain, support
ondernemen	ondernam/ondernamen	ondernomen	to undertake
ontbreken	ontbrak/ontbraken	ontbroken	to be missing
onthouden	onthield	onthouden	to remember
ontslaan	ontsloeg	ontslagen	to dismiss
ontvangen	ontving	ontvangen	to receive
ontwerpen	ontwierp	ontworpen	to design
overwegen	overwoog	overwogen	to consider
prijzen	prees	geprezen	to praise
raden	raadde/ried	geraden	to guess
rijden	reed	gereden	to drive/to ride
rijzen	rees	gerezen	to rise
roepen	riep	geroepen	to call
ruiken	rook	geroken	to smell
schelden	schold	gescholden	to swear
schenken	schonk	geschonken	to give
schieten	schoot	geschoten	to shoot
schijnen	scheen	geschenen	to appear
schrijden	schreed	geschreden	to stride

Infinitive	Simple past	Past participle	English
schrijven	schreef	geschreven	to write
schuilen	school	gescholen	to hide
schuiven	schoof	geschoven	to slide/move
slaan	sloeg	geslagen	to hit
slapen	sliep	geslapen	to sleep
slijten	sleet	gesleten	to wear (out)
sluipen	sloop	geslopen	to steal
sluiten	sloot	gesloten	to close
smelten	smolt	gesmolten	to melt
smijten	smeet	gesmeten	to throw
snijden	sneed	gesneden	to cut
snuiven	snoof	gesnoven	to snort
spijten	speet	gespeten	to regret
spreken	sprak/spraken	gesproken	to speak
springen	sprong	gesprongen	to jump
spuiten	spoot	gespoten	to squirt, inject
staan	stond	gestaan	to stand
steken	stak/staken	gestoken	to put
stelen	stal/stalen	gestolen	to steal
sterven	stierf	gestorven	to die
stijgen	steeg	gestegen	to rise, increase
stinken	stonk	gestonken	to smell
strijden	streed	gestreden	to struggle, fight
strijken	streek	gestreken	to brush, iron
stuiven	stoof	gestoven	to blow, dash
toestaan	toestond (stond toe)	toegestaan	to allow
treden	trad/traden	getreden	to step
treffen	trof	getroffen	to hit
trekken	trok	getrokken	to pull
vallen	viel	gevallen	to fall
vangen	ving	gevangen	to catch
varen	voer	gevaren	to sail
vechten	vocht	gevochten	to fight
verbieden	verbood	verboden	to forbid
verdwijnen	verdween	verdwenen	to disappear
vergeten	vergat/vergaten	vergeten	to forget
verkopen	verkocht	verkocht	to sell
verliezen	verloor	verloren	to lose
verraden	verraadde/verried	verraden	to betray
verschijnen	verscheen	verschenen	to appear
verstaan	verstond	verstonden	to understand

Infinitive	Simple past	Past participle	English
vervangen	verving	vervangen	to replace
verzoeken	verzocht	verzocht	to request
vinden	vond	gevonden	to find
vliegen	vloog	gevlogen	to fly
vragen	vroeg	gevraagd	to ask
vreten	vrat/vraten	gevreten	to feed; to stuff oneself
vriezen	vroor	gevroren	to freeze
waarnemen	waarnam (nam waar)	waargenomen	to observe
wassen (zich)	waste/wies	gewassen	to wash
wegen	woog	gewogen	to weigh
werpen	wierp	geworpen	to throw
werven	wierf	geworven	to recruit
weten	wist	geweten	to know
wijken	week	geweken	to yield
wijten	weet	geweten	to blame
wijzen	wees	gewezen	to point
willen	wilde/wou/wilden	gewild	to want
winden	wond	gewonden	to wind
winnen	won	gewonnen	to win
worden	werd	geworden	to become
wrijven	wreef	gewreven	to rub
wringen	wrong	gewrongen	to wring, wriggle
zeggen	zei/zeiden	gezegd	to say
zenden	zond	gezonden	to send
zien	zag/zagen	gezien	to see
zijn	was/waren	geweest	to be
zingen	zong	gezongen	to sing
zinken	zonk	gezonken	to sink
zinnen	zon	gezonnen	to ponder
zitten	zat/zaten	gezeten	to sit
zoeken	zocht	gezocht	to look for
zuigen	zoog	gezogen	to suck
zullen	zou/zouden	–	shall, would will/should
zwellen	zwol	gezwollen	to swell
zwemmen	zwom	gezwommen	to swim
zweren	zwoor	gezworen	to swear, vow
zwerven	zwierf	gezworven	to wander
zwijgen	zweeg	gezwegen	to be silent

Appendix 3

Pronunciation guide for the Dutch language

While this book is aimed at *readers* rather than *speakers* of Dutch, this appendix will give the reader a concise overview of the pronunciation of Dutch consonants, vowels and diphthongs.

Consonants

Most consonants in Dutch sound similar to English consonants with the following exceptions:

1. /p/, /t/ and /k/ are aspirated in English but not in Dutch. This means that in English, these consonants are followed by what is called "voicelessness", sounding like a short /h/.

   e.g. Wil je een kopje thee? Would you like a c[h]up of t[h]ea?

   Please note that even in the Dutch word *thee*, where the *h* is included in the spelling, the /h/ is silent, so not pronounced like English t[h]ea.

2. If an English word ends in a /d/ or a /b/, the /d/ and the /b/ are voiced, whereas in Dutch they are not. This means that while in English the final /b/ and /d/ sound like a /b/ and a /d/, in Dutch they sound more like a /p/ and a /t/.

   e.g. the English word *hand* is also *hand* in Dutch but in Dutch it sounds like *hant*

   Likewise the phrase *ik heb* (I have) sounds like *ik hep*.

3. Although different dialects in Dutch may account for slight differences, the /f/ and /v/ are very similar in sound and sound more like an English /f/. The same goes for /s/ and /z/, where most /z/-s sound more like an English /s/.

4. The /g/ sound in Dutch (represented in spelling by the letters -*g* or -*ch*) is very similar to the Scottish /ch/, as in the word *Loch*. Because English does not have this sound, this sound is experienced as challenging especially when there is a succession of /g/ sounds in one sentence, as for example in: *De koeien grazen in het groene gras* (The cows are grazing in the green grass). The /g/ sound is almost made like a /k/ sound, that is, the back of the tongue rises up but rather than locking onto the roof of the mouth, the speaker allows air to go through, so one hears a grating sound. Speakers in the South of The Netherlands and Flanders do not have a hard, raspy /g/ but what we call a soft /g/, which is comparable to the /ch/- sound in German, as in President Kennedy's famous line, *Ich bin ein Berliner*.

5. The Dutch /j/ is not a double sound like the English -*dj* in *John*, but sounds like the English /y/ in words like *yes* and *yard*.

6.   The /r/ at the beginning of a word very much sounds like the French /r/ as in *rouge* (red). It is a rolling /r/ that loses its roll and becomes softer, and in some cases more like an American or Irish /r/, if the /r/ is placed in the middle of a word or at the end of a word, after vowels:

   e.g.   *Robbie heeft een rode fiets* (rolling, raspy /r/): Robbie has a red bicycle.
   Bruin brood (rolling, raspy /r/): Brown bread.
   De winter in Haarlem was warm (softer /r/): The winter in Haarlem was warm.

7.   The Dutch /w/ has much less labial movement than the /w/ in English and that means that a Dutch /w/ almost sounds like an English /v/. The key is to relax one's lips and think of a /v/.

Vowels

/a/ /aa/: the Dutch /a/ sounds like an English /a/ in the word *art*. Note that single vowels are generally short, while double vowels are always long. So *man* (man) is short, but *maan* (moon) is long. Single open vowels (vowels that are not closed off by a consonant when dividing the word up in syllables) are always long: for example *slapen* (to sleep) breaks up into two syllables, namely *sla-* and *pen* and since the syllable *sla-* does not have a consonant right next to it in its syllabic structure, the /a/ in *slapen* is long. If the word were the Dutch adjective *slappe* (meaning weak) on the other hand, the syllabic structure would be *slap-* and *pe* and since the /a/ in this instance is closed off by a consonant, the /a/ is short (spelling rules involving short and long vowels are explained in more detail in Chapter I).

/e/ /ee/: The short Dutch /e/ sounds like the /e/ in English *debt*. The long single vowel or double /ee/ vowel in Dutch sounds like the English /a/ as is heard in the English word *make*.

/i/ /ie/: the short /i/ in Dutch sounds very much like the short /i/ in English, such as in a word like *pin* or *pit*. The longer /i:/ sound, which is spelled like *-ie*, as in *mier* (ant) comes closest to the English /ee/ or /ea/ sound.

/o/ /oo/: the short Dutch /o/ is akin to the vowel sound in English *straw*. The longer /oo/ sound, on the other hand, is more like the English /oa/ sound in a word like *goat*. Clearly, there are underlying semantic similarities as well, for English *boat* is Dutch *boot*, and are almost similar in sound as well.

/u/ /uu/: the short /u/ in Dutch is close to the English /a/ sound in *anonymous*, e.g. *Opa doet een dutje in het park*: Grandpa takes a nap in the park.
   When the *-u* is open (like in the formal personal pronoun *u* (you) for example) or when there is /uu/, the vowel sound is much like the /u/ in French *tu*: *De vis is duur en het weer is guur*: The fish is expensive and the weather is cold and stormy.

/oe/: the /oe/ sound in Dutch, which is spelled accordingly (like *boek*: book) is very much like the /oo/ sound in English: *Hij hoeft het niet te doen*: He does not have to do it.

/eu/ is a Dutch sound that English does not have, but the best reference is the *-eu* sound in French *jeu*: *Wat vader in de keuken kookt is leuk en lekker*: What father cooks in the kitchen is fun and tasty.

Diphthongs or double vowels

Diphthongs or double sounds are essentially made up of two or more vowels, so the sound may start with one vowel but ends with another. The first person pronoun "I" in English is an example of an English diphthong, notably /ai/.

/aai/ is very much like English /ai/ but slightly longer: *moeder maait het gras en vader aait de hond*: mother mows the lawn and father pets the dog.

/au/, which can be spelled -*au* or -*ou*, sounds the same as English /ou/ (as in *house*). *Hij houdt niet van het bouwen van grote gebouwen*: He does not like to build big buildings.

/eeu/: this is a combination of a long -*ee* in Dutch (see above) followed by a short /u/ sound, which can be achieved by aiming for a /w/. In spelling this diphthong is usually followed by a -*w* anyway. *Jan geeuwt eeuwenlang bij het zien van Tjsechovs zeemeeuw*: John is yawning endlessly while watching Chekhov's *Sea Gull*.

/ei/: this sound (spelled as -*ei* or -*ij*) is between an English /a/ and /y/ as in *why*. E.g. *Mijd de meid die de mijt niet mijdt*: Avoid the gal who does not avoid the hay stack.

/ieu/ is the sound that is quite similar to the vowel sound in the English word *news*. *Het laatste nieuws*: The latest news.

/ooi/: this sounds like a lengthed version of the -*oy* sound in English, as in the word *boy*. *De mooie ooievaar stond in een grote kooi*: The pretty stork stood in a large cage.

More experienced readers in the Dutch language may have noticed that Dutch, like Germans uses umlauts (called *trema's* in Dutch), to aid the pronunciation of certain words. Thus the plural of the word *knie* (knee) is regular, so -*en* gets added: *knieen* but rather than pronouncing this word as /*kniéén*/ with a long Dutch /i:/ and a long English /aa/ sound in the /*een*/ ending of the word, it is pronounced as a single *knie*, and an added -*en* /un/, so /knie(long ee) + un/. To make this distinction an umlaut is placed over the second /e/, becoming *knieën*.

Appendix 4

Glossary of grammatical terms

Active (voice)	as opposed to passive voice. A sentence is written in active voice when the subject performs the action of the verb. In passive voice the subject is acted upon. e.g. *De Minister heeft het wetsvoorstel ingeleid.* (active) The Minister introduced the bill. *Het wetsvoorstel is ingeleid (door de Minister).* (passive) The bill has been introduced (by the Minister) Translation alert : Dutch uses more passive voice than English.
Adjectival participial phrase	*see* Extended participial phrase
Adjective	is a word that modifies a noun e.g. *Het grote schilderij; het schilderij is groot.*
Adverb	is a word that modifies a verb, another adjective or another adverb. Translation alert : in English an adverb usually has a -*ly* suffix. The Dutch adverb does not have a (separate) ending but looks the same as the adjective (with the exception of the adjectival -*e* ending). e.g. *Hij zei het mooi*: He said it beautifully. (the adverb modifies the verb *zeggen*) *Dat is een heel lange dijk*: That is a very long dike. (the adverb modifies the adjective *lange*) *Vermeer schilderde vreselijk langzaam*: Vermeer painted terribly slowly. (adv. modifies adv. *langzaam*)
Antecedent	is a noun, noun phrase or clause that a subclause refers back to, i.e. in *Dit is het huis waar Rem Koolhaas is geboren* (This is the house where Rem Koolhaas was born), *het huis* is the antecedent. Antecedent means literally that which comes before.
Article	Dutch has two definite articles (*het/de*: the) and one indefinite article: *een*: a(n)
Auxiliary verb	is a so-called "helping" verb, used in combination with the main verb (which is usually an infinitive or a past participle): e.g. *Hij gaat koffie zetten*: He is going to make coffee. *Maar zij heeft al koffie gezet*: But she has already made coffee. *See also* Main verb.

Closed syllable	as opposed to an open syllable; a syllable that is closed off by a consonant; an open syllable is not closed off, and therefore ends in a vowel (that is long). The vowel that is closed off by a consonant in its syllabic structure is always short. e.g. *pen-nen* (closed, the *-e* is short): pens *pe-nen* (open, the *-e* is long): carrots
Comparative	is the form the adjective takes (i.e.usually suffix -er) when two things are compared to each other. e.g. *De haven van Rotterdam is <u>groter</u> dan de haven van Amsterdam*: The port of R. Is <u>bigger</u> than the port of A.
Compound noun	is a combination of two nouns put together, forming a new word e.g. *pillendoos*: pill box; *drugsbeleid*: drug policy
Compound verb	is a combination of a verb and another word. Compound verbs consist of separable verbs and inseparable verbs.
Conditional	is a sentence that contains a condition (usually *als; indien* [when; if] sentences in Dutch and English). e.g. *Als het zeeniveau stijgt, komt Nederland onder water te staan*: If the sea level rises, The Netherlands will get flooded. *Indien u uw belasting niet direct betaalt, zal u misschien een boete moeten betalen*: If you don't pay your taxes, you may have to pay a penalty.
Conjugate	is the act of making the verb agree with the subject (in first, second, or third person singular/plural).
Conjugated verb	*see* Finite verb
Conjunction	a word that connects two sentences/clauses: e.g. *De Deltawerken zijn in Zeeland <u>en</u> de Afsluitdijk verbindt Noord-Holland met Friesland*: The Delta Works are in Zeeland <u>and</u> the Afsluitdijk connects Noord-Holland with Friesland.
Continuous	*see* Progressive
Coordinating conjunction	connects two main clauses: e.g. *Vermeer is wereldberoemd <u>maar</u> we weten weinig over zijn leven*: Vermeer is world famous <u>but</u> we know very little about his life.
Subordinating conjunction	introduces a subclause, that is embedded in or dependent on the main clause: *Hij gaat naar Rome <u>omdat</u> hij de paus wil zien*: He goes to Rome <u>because</u> he wants to see the pope.

Demonstrative	in Dutch they are: *dit/dat* (this/that) and *deze/die* (these/those). *Dit/dat* corresponds with the definite article *het* and *deze/die* with *de*. Translation alert : since plurals always take the article *de*, the demonstrative for the plural is always *deze/die*.
Diminutive	is a noun that has the suffix -(*t)je* to indicate that something is small, so *een autootje* is a small car.
Diphthong	is when two vowels are next to each other and thus produce a new (double) vowel sound. E.g. u + i = ui, as in *huis*.
Direct object	is the object that is acted upon by the verb e.g. *De vrouw slaat haar man*: The wife hits her husband.
Double infinitive	is a double infinitive construction in the perfect tense in Dutch (this is especially common with modal verbs). Translation alert : English does not use double infinitives but will use a perfect construction + infinitive, to translate the Dutch double infinitive. E.g. *Ik had niet willen komen*: I had not wanted to come.
Dummy subject (*er*)	is sometimes also referred to as "temporary subject" *er* and occurs when a sentence/clause starts with *er*. Note 1: *er* is often combined with the verbs *zitten/liggen/staan/zijn* in Dutch: e.g. *Er ligt een boek op tafel*: There is a book on the table. *Er stonden achtentachtig schilderijen in het atelier van Piet Mondriaan*: There were 88 paintings in the studio of Piet Mondrian. Note 2: the actual subject follows in the sentence and one has to identify that subject in order to conjugate the verb properly, i.e. *Er zitten zeven zwanen aan de waterkant* (There are seven swans on the river bank) and **not** **Er zit zeven zwanen aan de waterkant*.
Extended participial phrase	is an adjectival phrase that contains a past participle. Translation alert : in English this phrase is usually translated by a relative clause. E.g. *Het door hem ontwikkelde watermanagement*: The water management which was developed by him.
Finite verb	is the basic component part of a sentence, together with the subject. The finite or conjugated verb belongs to the subject and exhibits tense and is in agreement with the subject, e.g. *Hij gaat beroemd worden*: He will become famous; *gaat* is the finite verb here, conjugated in the present tense and third person singular. *Worden* is the infinitive without conjugation. Note: in main clauses, the finite verb always fills the second position (V2), and is to be found near the subject, which directly precedes or follows the finite verb. In subclauses the finite verb is clustered with the other verbs at the end, showing SOV word order.

First person	is the *ik*: I-person(singular) and *wij/we*: we-person (plural)
Future tense	is the tense that indicates events occurring in the future; typically in Dutch, future can be indicated by the present tense, as in *Morgen ga ik naar de dokter*, or with the verbs *zullen*/will or *gaan*/go.
Genitive	is practically extinct in Dutch, although the *'s* in *'s morgens, 's middags* (etc.) is a residual genitival case of what used to be *des morgens*.
Gerund	is when, in English, a present participle or -ing verb acts like a noun: <u>Sailing</u> is John's hobby. In Dutch one simply uses the infinitive to translate these gerunds: <u>*Zeilen*</u> *is Johns hobby.*
Hypothetical mode	*see* Irrealis
Imperative	is the form of the verb that expresses a command: e.g. <u>*Maak*</u> *je huiswerk nu af*: <u>Finish</u> your homework now.
Imperfect tense	*see* Simple past.
Indefinite article	*see* Article.
Indefinite pronoun	a pronoun that refers to one or more unspecified beings, objects, or places. They are words like *niets* (nothing), *niemand* (none, nobody), *iedereen* (everyone), etc.
Indirect object	is the person/object in a sentence/clause that the action of the verb is involved with e.g. *De Koningin las de troonrede voor aan <u>de leden van de Staten Generaal</u>*: The Queen read the Queen's speech to <u>the members of the States General</u>.
Indirect question	is a question that is embedded in a sentence but ends with a period rather than a question mark. E.g. *Ik weet niet <u>wat zijn adres is</u>*: I do not know <u>what his address is</u>. *Ik vraag me af <u>hoeveel bruggen Amsterdam heeft</u>*: I wonder <u>how many bridges Amsterdam has</u>.
Infinitive	is sometimes referred to as the "whole verb"; in English it can be preceded by "to": to <u>walk</u> is <u>lopen</u> in Dutch, or in a sentence it is the whole verb that follows the finite verb. E.g. *Ik kan niet <u>slapen</u>*: I can't <u>sleep</u>.
Infinitive clause	an independent clause that contains an infinitive construction. *Nederland heeft dammen en dijken <u>om het water buiten te houden</u>*: the Netherlands has dams and dikes <u>to keep the water out</u>.
Inseparable verb	is a verb whose prefix cannot be separated from the verb. E.g. *Het vredesinitiatief <u>mislukte</u>*: The peace initiative failed. *mis* and *lukken* can never be separated whereas in separable verbs the prefix and the verb can be separated, as for example with the verb *binnenkomen*: *Hij*

	kwam laat de zaal *binnen* toen het vredesinitiatief al besproken werd: He arrived late in the room when the peace initiative was already being discussed.
Interrogative	is a question word: wie (who), welke (what), *waar* (where), *wanneer* (when), *hoe* (how) etc.
Interrogative conjunction	is when an interrogative forms the beginning of an indirect, embedded (sub)clause: *Ik weet niet waarom Nederland zoveel molens heeft*: I do not know <u>why</u> Holland has so many windmills.
Interrogative pronoun	like an interrogative, it is a question word that can be used to ask a direct (open) question or an indirect question in which case the indirect question is the embedded subclause, e.g. *Ik weet niet meer wat Leeghwater heeft uitgevonden*: I don't know anymore wat Leeghwater invented. The interrogative pronouns are *wie(ns), wat* and *welk(e)* (who(m), whose, what and which)
Intransitive verb	*see* Transitive verb
Inversion	is when the order of the subject and verb are reversed because the sentence/clause begins with a word that is not the subject: *Op de derde dinsdag in september rijdt de Koningin in een gouden koets*: On the third Tuesday in September the Queen rides in a golden carriage. Inverted word order also occurs in questions: *<u>Weet je</u> waar Frans Hals gestorven is?* Do you know where Frans Hals died?
Irrealis	is a hypothetical mode, discussing things that do not or did not really happen, e.g. *Als ik koning was, dan zou ik een paleis bouwen* (If I were a king, I would build a palace.). Markers of this construction are *als* with optional *dan*. Hypothetical mode is marked by the verb *zou(den)* (would) or with past tense only.
Irregular verb	is also known as a strong verb: it is a verb which has a vowel change in the past tense, rather than the regular past-ending, i.e. the suffix *-de(n)* or *-te(n)*. E.g. *studeren* (to study) is regular, and is *studeerde(n)* in the simple past; *zwemmen* (to swim), on the other hand, is irregular and is *zwom(men)* in the simple past. *See also* Appendix 2.
Locative *er*	Locative *er*/there is used to refer back to a previously mentioned location. E.g. *Ben je weleens in Amsterdam geweest. Nee ik ben <u>er</u> nog nooit geweest*: Have you ever been to Amsterdam? No I have never been <u>there</u>.
Main clause	is a clause that, in contrast to a subclause, can stand on its own. E.g. *<u>Ik ga op vakantie</u> omdat ik moe ben*: <u>I go on vacation</u> because I am tired. *Ik ga op vakantie* can stand on its own.

Main verb	is the nucleus of the verbal group, determining the relation between subject and object(s). E.g. *Ik zal je morgen een brief sturen.* I will send you a letter, tomorrow. Within the verbal group *zal sturen*, the main verb is *sturen*, coordinating the relation between subject, *ik*, and the direct object *een brief* and the indirect object *je*. *See also* Auxiliary verb.
Mass noun	is a noun that has no plural form, cannot be counted/divided and often refers to a substance. e.g. *Ik wil geen kaas voor ontbijt*: I do not want any cheese for breakfast. **Translation alert** : when a mass noun is negated in Dutch the negation *geen* (instead of *niet*) is used.
Modal verb	is an auxiliary verb that indicates modality; they are verbs like *kunnen, moeten, niet hoeven te, mogen* etc. *Nederland is een land waar alles kan maar niets mag*: Holland is a country where you can do anything but nothing is allowed.
Noun	is a word that represents a person, place or thing.
Object	*see* Direct/Indirect object
Open syllable	*see* Closed syllable
Ordinal number	e.g. *eerste* (first), *tweede* (second), *derde* (third) etc.
Partitive *er*	is the *er* that is being used in combination with numerals or quantities. E.g. *Hoeveel fietsen heb jij? Ik heb er twee*: How many bikes do you have? I have got two. Note how *er* does not get translated here.
Passive (voice)	*see* Active voice
Past participle	the form the main verb takes in the perfect tense; the past participle can also be used as an adjectival/participial phrase. E.g. *Berlage heeft het gebouw van de beurs in Amsterdam ontworpen*: Berlage has designed the building of the stockmarket in Amsterdam. *Het door Berlage ontworpen gebouw staat in Amsterdam.*
Perfect tense	is the tense that takes a form of *hebben*/have or *zijn*/be for the finite verb and takes a past participle for the main verb. E.g. *Hij heeft gisteren in de Noordzee gezwommen*: He swam in the North Sea yesterday. **Translation alert**: Dutch uses the perfect tense much more than English. English tends to translate a Dutch perfect tense with a simple past (*see* example above).
Personal pronoun	Any of the pronouns that represent grammatical persons: *ik/I, jij/you, jullie/you* etc.

Pluperfect tense	is the perfect tense where the finite verb *hebben*/have or *zijn*/be are in the past tense. E.g. *Zij <u>hadden</u> zeven maanden <u>gewacht</u> toen zij het nieuws hoorden dat hij <u>omgekomen</u> <u>was</u>*: They had been waiting for seven months when they heard the news that he had died.
Possessive (pronoun)	is a pronoun that indicates possession/ownership: e.g. *Dat is <u>mijn</u> huis*: That is <u>my</u> house.
Predicate	is the finite verb + the word the finite verb governs or modifies: e.g. *Nederlandse asperges <u>zijn wit</u>*: Dutch asparagus <u>are white</u>.
Preposition	is a word that indicates location (spatially and figuratively): e.g. *De huis staat <u>op</u> de terp*: The house is <u>on</u> the mound. *Je bent al de hele tijd <u>in</u> mijn gedachten*: You have been <u>in</u> my thoughts the whole time.
Prepositional phrase	a group of words that starts with a preposition: *De kat zit <u>achter de bank</u>*: The cat is <u>behind the couch</u>.
Present tense	The tense of the verb that represents the present.
Progressive	involves an action in English with a certain duration. In Dutch one can use the *aan het* + *infinitive* construction to translate an English progressive: e.g. *Hij was <u>aan het eten</u> toen Piet binnenkwam*: He was <u>eating</u> when Pete came in.
Proper noun	is the name of a specific person or place: e.g. *<u>Amsterdam</u> ligt onder het zeeniveau*: <u>Amsterdam</u> lies below sea level.
Reflexive (pronoun)	is a pronoun that is tied up with certain verbs in Dutch. They refer back to the person who is the subject of the action. **Translation alert**: English does not have reflexive verbs or pronouns, so often these pronouns do not get translated: e.g. *Hij voelt <u>zich</u> niet goed*: He does not feel well. *Ik realiseerde <u>me</u> dat ik te laat gekomen was*: I realized I had come too late.
Regular verb	is a verb that has a regular conjugation in the present tense and obtains a regular *-te(n)* or *-de(n)* ending in the past tense. Regular verbs are also called weak verbs.
Relative clause	is a subclause that modifies a (preceding) noun, noun phrase or clause: e.g. *Hugo de Groot was een rechtsgeleerde <u>die ook wel bekend staat als Grotius</u>*: Hugo de Groot was a legal scholar <u>who is also known as Grotius</u>. *die ook wel bekend staat* etc. modifies the antecedent, i.e. the noun *rechtsgeleerde*.
Relative pronoun	is the pronoun referring to a noun while introducing a relative clause, e.g. *die* (referring to *de*-words en *dat* (referring to *het*-words), or *waarin* (in which), *waarmee* (with which), *met wie* (with whom) etc.

Second person	is the *jij/je/u*/you (singular) person and the *jullie/u*/you (plural) person.
Separable verb	is a verb that has a prefix which gets separated from the verb in the present tense and the simple past. In infinitive and perfect constructions, the prefix will join up with the verb again. E.g. *zich uitroepen*: to call itself *Nederland roept zich tot kenniseconomie van Europa uit* (Holland proclaims itself to be the knowledge economy of Europe). 2. *Nederland riep zich tot kenniseconomie van Europa uit*. 3. *Nederland wil zich tot kenniseconomie van Europa uitroepen*. 4. *Nederland heeft zich to kenniseconomie van Europa uitgeroepen*. 4. Finally, If a separable verb is part of the subclause and (is in the present or past tense), the prefix also "reunites" with the verb: *Toen Nederland zichzelf tot kenniseconomie van Europa uitriep, protesteerde Frankrijk dat zichzelf dat jaar al tot kenniseconomie had uitgeroepen*: When Holland proclaimed itself to be the knowledge economy of Europe, France protested as it had already called itself the knowledge economy of Europe that year.
Short subclause construction	*see* Infinitive clause
Simple past	is the verb tense that is also known as the imperfect, e.g. *Hij dronk zeven glazen wijn en viel toen van zijn fiets*: He drank seven glasses of wine and then fell off his bicycle. *See also* Perfect tense
Stem	of the verb is also known as the root of the verb, or the form of the verb in the first person singular. The stem of the verb *veranderen* (change) is *verander*; the stem of the verb *vragen* is *vraag*, because it is *ik verander* and *ik vraag*. The stem is also (exclusively) used to form an imperative.
Strong verb	*see* Irregular verb
Subject	is the basic component part of a sentence, together with the verb. The subject is the noun or the pronoun that is performing the action of the verb. E.g. *Hugo de Groot ontsnapte in een boekenkist*: Grotius escaped in a chest of books. In main clauses, subject and finite verb are always close together. In subclauses they are separated, as the finite verb is placed in the verbal cluster at the end.
Sub(ordinating) clause	*see* Main clause
Subordinating conjunction	*see* Coordinating conjunction
Superlative	is when the adjective in Dutch obtains a *-st(e)* suffix (English: *-est* suffix) to indicate the highest kind, degree, quality/order, surpassing

all others. E.g. *Rotterdam is een van de groot<u>ste</u> havens in de wereld*: Rotterdam is one of the big<u>gest</u> ports in the world.

Third person	is the *hij/zij/ze/het*/he/she/it (singular) person and the *zij/ze*/they (plural) person
Transitive verb	is a verb that can take a direct object, whereas intransitive verbs cannot take a direct object. e.g. 1. *De dokter geeft de patiënt morfine*: The doctor gives the patient morphine (*geven* is transitive here because it takes the object *morfine*). 2. *De patiënt sterft.* The patient dies. (*sterven* is intransitive here because it cannot take an object)
Verb	is the word that represents the action/state of the subject in a sentence or a clause. E.g. 1. *Piet <u>loopt</u> door het Vondelpark*: Pete <u>walks</u> through the Vondelpark. 2. *Het Vondelpark <u>ligt</u> in Amsterdam*: The Vondelpark <u>is</u> in Amsterdam.
Weak verb	is also known as a regular verb: *see* Regular verb.

Appendix 5

Dutch numerals

Numbers

Dutch numbers are fairly straightforward and the only remarkable contrast with English numbers is that past twenty, the last digit comes first, so not twenty-one, but "one and twenty" (eenentwintig)

1	een (also written as één, when emphasized)
2	twee
3	drie
4	vier
5	vijf
6	zes
7	zeven
8	acht
9	negen
10	tien
11	elf
12	twaalf
13	dertien
14	veertien (and **not**, as one might expect, *viertien*)
15	vijftien
16	zestien
17	zeventien
18	achttien
19	negentien
20	twintig
21	eenentwintig
22	tweeëntwintig
23	drieëntwintig
24	vierentwintig
25	vijfentwintig
26	zesentwintig
27	zevenentwintig
28	achtentwintig
29	negenentwintig

30	dertig
31	eenendertig
etcetera	enzovoort
40	veertig
50	vijftig
60	zestig
70	zeventig
80	tachtig (and **not**, as one might expect, *achttig)
90	negentig
100	honderd (**never** eenhonderd)
101	honderdeneen
156	honderdzesenvijftig
1000	duizend
100.000	honderdduizend
1.000.000	een miljoen
billion	een miljard (and **not**, as one might expect, *biljoen)
trillion	een triljard (plural: *triljarden*)

Ordinal numbers

1st	eerst(e)
2nd	tweede
3rd	derde (and **not**, as one might expect, *driede)
4th	vierde
5th	vijfde
6th	zesde
7th	zevende
8th	achtste
9th	negende
10th	tiende
etcetera	enzovoort

A good word to include in one's number vocabulary is the word *keer* (time):

> e.g. *De eerste keer dat ik in Buenos Aires was, was ook de laatste keer*: The first time I was in Buenos Aires was also the last time. *Maal* is also used as a synonym for *keer*.

Appendix 6

Dutch-language archives in the Netherlands, Flanders and elsewhere

It is recommended that prior to visiting archives, archivists and/or librarians should be contacted as you may need to request written permission before obtaining access to certain collections, which may not be open to the public.

This list is by no means exhaustive, but a mere start for scholars who embark on their archival research.

Flanders

Flanders has an extremely useful list of thematically listed archives, which can be found under: http://www.archiefwijzer.be/

The Netherlands

Some of the larger national archives in the Netherlands are:[60]

DNPP: *Documentatiecentrum Nederlandse Politiek Partijen* in Groningen, which holds materials with regard to Holland's political parties

HDNP: *Historisch Documentatiecentrum voor het Nederlands Protestantisme* in Amsterdam, holding materials regarding Holland's Protestant history

IIAV: *Internationaal informatiecentrum en Archief van de Vrouwenbeweging* in Amsterdam: materials on the women's movement in the Netherlands

IISG: *Internationaal Instituut voor Sociale Geschiedenis* in Amsterdam, containing materials on the socialist, communist and emancipation movements in the Netherlands

KB: *Koninklijke Bibliotheek* in The Hague (Dutch National Library)

KDC: *Katholieke Documentatiecentrum* in Nijmegen, holds materials dealing with Dutch Catholic history

KHA: *Koninklijk Huisarchief* in The Hague, holds materials on the Dutch Royal Family

---

60. These archives are well organized, have good websites and are eminently Googleable, so for these Dutch archives we have not included the website addresses.

KITLV/Royal Netherlands Institute of Southeast Asian and Caribbean Studies, Leiden.
   Letterkundig Museum in The Hague, holding materials dealing with Dutch literary history,
   Dutch authors and publishers
NA: *Nationaal Archief* in The Hague (Dutch National Archive)
NAI: *Nederlands Architectuurinstituut* in Rotterdam (Dutch architecture and design)
NIOD: *Nederlands Instituut voor Oorlogsdocumentatie* in Amsterdam (Institute for War, Holocaust
   and Genocide Studies)
TIN: *Theaterinstituut Nederland* in Amsterdam (Theater Institute)
Water Management Archives (the so-called *waterschapsarchieven*) are stored regionally in the differ-
   ent provinces of the Netherlands

Useful *online* resources for Dutch archives:
–   Websites of Netherlands' Archives can be found under: www.archiefnet.nl
–   Archival materials can also be looked up online, at www.archieven.nl
–   Information about access, privileges and archive laws can be found at www.rijksarchiefinspectie.nl

An insightful manual for the use of archives in the Netherlands is
–   *Archiefwijzer: Handleiding voor het gebruik van archieven in Nederland* by Yvonne Bos-Roper,
   Marijke Bruggeman and Eric Ketelaar, published in 1994 by Coutinho, but now in its third print
   run. The book not only outlines the history of archives in the Netherlands but also lists the different services, offers archival tools and gives information about the digitalization of the Dutch
   Archives. Other themes include paleography and an explanation of the formerly used organiza-
   tional methodology of the archives.

For the archives of the VOC or Dutch East India Company see G. L. Balk, F. van Dijk, D. J. Kortlang,
F. S. Gaastra, Hendrik E. Niemeijer, P. Koenders' book, entitled *The Archives of the Dutch East India
Company (VOC) and the Local Institutions in Batavia (Jakarta),* brought out by Brill Academic
Publishers in 2007. This bilingual edition catalogues fifteen archives of VOC institutions in Jakarta
and was made possible by the National Archives of Indonesia and the Netherlands (The VOC records
are included in UNESCO's memory of the World Register).

List of archives with Dutch-language collections abroad

Dutch Antilles
Nationaal Archief Curaçao, Scharlooweg 75–79, Willemstad, Curaçao, E-mail: na@nationalarchives.an

Indonesia
Arsip Nasional Republik Indondesia (National Archives Indonesia), Jalan Ampera Raya, Cilandak,
Timur, Jakarta 12560. E-mail: info@anri.go.id
For VOC sources, see also: <http://www.tanap.net/content/voc/archasia/archasia_intro.htm>

South Africa

National Archives and Records Service of South Africa, Head Office, Pretoria The National Archivist. Postal address: Private Bag X236, PRETORIA 0001. Street address: 24 Hamilton Street, Arcadia, PRETORIA. E-mail: Archives@dac.gov.za

National Archives Repository, The Head. Postal address: Private Bag X236, PRETORIA 0001. Street address: 24 Hamilton Street, Arcadia, PRETORIA. E-mail: enquiries@dac.gov.za

National Film, Video and Sound Archives, The Head. Postal address: Private Bag X236, PRETORIA 0001. Street address: 239 Vermeulen Street (at intersection with Andries Street), PRETORIA. E-mail: Film.Enquiries@dac.gov.za

Records Management and Information Systems, The Head. Postal address: Private Bag X236, PRETORIA. 0001 Street address: 24 Hamilton Street, Arcadia, PRETORIA Records management in general. E-mail: rm@dac.gov.za

Archives of the Politieke Raad, Capetown

Surinam

Nationaal Archief, 1 Kalium Street, Paramaribo
[this archive was just opened in 2010 when the Dutch government returned 800 "meters" of Surinam's colonial history to Paramaribo]

United States

Bancroft Rare Book and Manuscript Library, Berkeley, California[61]:
        http://bancroft.berkeley.edu/collections/rarebooks.html
Library of Congress, Washington D.C.: http://www.loc.gov/index.html
The New Netherland Institute, Albany, New York: http://www.nnp.org/
The New York Public Library, New York: http://www.nypl.org/

---

61. Due to the Dutch Studies program and UC Berkeley's devotion to Dutch Studies, the main library on the Berkeley Campus (Doe Library) holds one of the largest Dutch-language collection of books in the US, including an extensive Frisian collection. The Harvard Library at Harvard University holds an equally impressive collection of Dutch-language books.

Answers Chapters I–VI

Chapter I. Architecture and design

Questions with the Text I.1

Strategic reading exercise
1. This takes place at the furniture fair in Milan
2. Furniture: design and designers
3. Visitors
4. Marcel Wanders is one of the more famous Dutch designers
5. English and Dutch are part of the same family of languages; this means many words may look related: e.g. antiek>antique; investering>investment; cactussen>cacti; welkom>welcome; wereld>world etc.

Grammar exercise: The different uses of deze/die/dit/dat
Lines:
5   *Dat wordt* (*dat* used pronominally)
15 *Geen meubels die* (*die* used as a relative pronoun, referring back to *meubels*)
24 *Deze* (demonstrative) sculptures
28 *de ontwerper die* (*die* used as a relative pronoun, referring back to de *ontwerper*)
31 *een plafondlamp die* (*die* used as a relative pronoun, referring back to *plafondlamp*)
34 *ontwerpers die* (*die* used as a relative pronoun, referring back to *ontwerpers*)
49 *dit* (demonstrative) jaar; *dit* because it is *het* jaar

*Grammar exercise: Nouns, forming the plural with the singular
and the singular with the plural*
Lines:
1   *design>designs* [this is an English word, so prefers an English plural]
   kunst>kunsten
4   *verzamelaars>verzamelaar*
   meubilair does not get a plural ending as the plural is implied in the word *meubilair*
5   *investering>investeringen*
7   *bedlampjes>bedlampje*
   meter>meters [notice that Dutch uses singular here where English would use the plural]
   cactussen>cactus (doubling of -s- in plural). People may also use the Latin plural here as in *cacti*

8   *auto>auto's*

     mozaïksteentjes>mozaïksteentje

     wereld>werelden

9   *designer>designers*

     stoel>stoelen

10   *touw>touwen*

     tentoonstelling>tentoonstellingen

11   *meubelbeurs>meubelbeurzen* (*s* changes into *z*)

     bezoekers>bezoeker

12   *ontwikkelingen>ontwikkeling*

     designgebied>designgebieden

14   *fabriek>fabrieken*

     tientallen>tiental (doubling of *-l-* in plural)

15   *ontwerpen>ontwerp*

     meubels>meubel

     opdracht>opdrachten

     klanten>klant

16   *medewerkers>medewerker*

     studio>studio's

     weken in wekenlang>week

17   *handen>hand*

18   *verkoopmanager>verkoopmanagers*

20   *verzoek>verzoeken*

21   *bedragen>bedrag*

     manager>managers

22   *baas>bazen* (*s* changes into *z*)

     uitgangspunt>uitgangspunten

24   *kleihompjes>kleihompje*

     seconden>seconde (secondes is also an accepted plural)

25   *dochter>dochters*

     euro>euro's

28   *ontwerper>ontwerpers*

     markt>markten

29   *oplage>oplages*

     architect(e)>architecten

30   *edities>editie*

     fruitschalen>fruitschaal (dropping of *-a-* in plural)

31   *plafondlamp>plafondlampen*

     kleuren>kleur

     regenboog>regenbogen

32   *prijzen>prijs* (*z* in plural instead of *s*)

Questions with the Text I.2

Strategic reading exercise

Key words: *landhuis, totaalkunstwerk, architect, gebouwen, symmetrie, architectuur, inrichting, land-schap, ontwierp, cultuurhistorisch, renovatie.* This text relies heavily on the description of the architecture and design of the *Jachthuis.*

1. Berlage gets his new hunting lodge back; while Berlage did not own this house, he designed it and the "getting back" refers to the restoration, which is done in the way Berlage would have wanted it/imagined it
2. Challenges: installations have been covered over by walls and floors; yet these installations have aged (*verouderd*) and they are unsafe (*onveilig*) so they need to be replaced. To remain faithful to Berlage's vision, the current architect uses Berlage's drawings (*tekeningen*) and old pictures (*foto's*) of the building (*gebouw*)

Grammar exercise: Pronouns

1. *zijn* (l. 1), possessive, his; *het* (l. 5), subject, it; *ze* (l. 8) subject, she; *je* (l. 9), subject, you.
2. *je* is the informal, so this is not a very formal text; *Trouw* is a national newspaper
3. *haar reputatie* (l. 10): her reputation (possessive); *tegen haar* (l. 13): against her (direct object)
4. *hun landgoed* (l. 12): their estate
5. the two instances of *zijn* here are not possessives but infinitives of *to be.*

Grammar and translation excercise

1. *is de bedstee* (l. 8): main verb; *ze....was* (l. 10): main verb; *was .... opgewassen* (l. 13): helping verb; *was Berlage* (l. 14): main verb; *Dit conflict was* (l. 15): main verb; *was hij* (l. 17): main verb.
2. – *Als je ronddwaalt* > *ronddwalen*: When you wander about
    – *krijg je het gevoel* > *krijgen*: you get the feeling
    – *Helene Kröller-Müller kan opduiken*: HKM can emerge
    – *het was* > *zijn*: it was
    – *de haarborstels liggen*: the hair brushes lie/are
    – *de sprei is getrokken* > *zijn/trekken*: the bedspread has been pulled
    – *Het echtpaar had* > *hebben*: The couple had
    – *Daarbij valt op* > *opvallen*: Therewith it is remarkable
    – *het bed van de heer des huizes is* > *zijn*: the lord of the manor

Grammar exercise: Word order

3. – *Een gemakkelijke klus* (subject) *wordt* (verb), V2 word order
    – *vertelt* (verb) *architect* (subject): inversion
    – *Die* (object) *kun* (verb) *je* (subject) *verwijderen* (main verb): inversion, sentence starts with direct object
    – *De architect* (subject) *heeft* (finite verb)...*bestudeerd* (main verb). V2 word order

- *Het* (subject) *is* (verb) *een zwaar en duister gebouw* (object): V2 word order
- *zegt* (verb) *de architect* (subject): inversion because clause is preceded by spoken text
- *Ruimtelijk* (adverb) *is* (verb) *het* (subject): inversion because clause is preceded by adverb
- *De hal* (subject) *is* (verb): V2 word order
- *de andere vertrekken* (subject) *hebben* (verb): V2 word order
- *Het* (subject) *was* (verb): V2 word order

Questions with the Text I.3

Strategic reading and translation exercise

1.   Rem Koolhaas is an architect, probably Holland's most famous modern architect
2.   Why is he important? Possible criteria are the number of buildings he has designed (*hoeveelheid gebouwen*), the great influence he has exerted on the built environment (*de meeste invloed op de bebouwde omgeving*)
3.   In line 15 the author gives the answer to the importance of Koolhaas: he is considered most important because of his influence on other architects (*invloed op architecten*). No one has meant as much for the generation after him *and* the avantgarde (ll. 15–16)
4, 5. What does the author say about Dutch design?
   - *Kenmerkend voor Dutch Design was de ratio, de ironie en de heldere kleuren* [...] (l. 38): Characteristic for Dutch Design were the ratio, the irony and the bright colors [...]
   - *Dutch Design is geen school zoals de Amsterdamse School en De Stijl* (l. 41): Dutch Design is not a school like the Amsterdam School and De Stijl
   - *Het is een bedacht concept, een soort reclamemiddel, vergelijkbaar met BritArt, geconstrueerd door kunstverzamelaar en reclameman Charles Saatchi* (l. 43): It is a made-up concept, a kind of advertising tool, comparable to BritArt, constructed by art collector and advertising guru Charles Saatchi
   - *Een jaar of tien geleden was Dutch Design een realiteit van tijdschriften en congressen, die gevoed werd door het ministerie van OCenW* (ll. 48–49): Some ten years ago Dutch Design was a reality in magazines and conferences, which was being nourished by the Department of Education (Onderwijs), Culture (Cultuur) and Sciences (Wetenschap).
6.   *De beroemdheidscarrousel van architecten kwam tot stilstand en de hype waaide over* (ll. 54–55): The merry-go-round of fame of architects came to a standstill and the hype went away.
     Iedereen kon weer gewoon aan het werk, een typisch Rotterdams en Nederlands verschijnsel (ll. 55–56): Everyone could return to work again as usual, a typical Rotterdam and Dutch phenomenon.

Grammar and translation exercise

c.   *Hij ontwierp veel minder* [...] *dan* [...] *zijn collega's* (ll. 10–11)
     Hoeveel ontwierp hij? How much did he design?

d. *Zijn architectenbureau [heeft] vestigingen in Rotterdam, New York en Beijing* (ll. 17–18)
    Waar heeft zijn architectenbureau vestigingen? Where does his architecture firm have offices?

e. *Dag en nacht werken ze eraan als moderne slaven* (l. 26)
    Hoe werken ze eraan? How do they work on it?

f. *Een jaar of tien geleden was Dutch Design een realiteit van tijdschriften en congressen* (l. 48)
    Wanneer was DD een realiteit van tijdschriften en congressen?
    When was DD a reality for magazines and conferences?

Word exercise: Prefixes

Text I.1

verzamelaars (4) > *ver-zamelen*: the origin is *versamenen* which has the root *samen* (together) in it: to bring together

gezien (5): past participle of *zien*, reminiscent of English to see

gehaakte (7): past participle of *haken*, here used as an adjective, hence the -e ending; *haak* is reminiscent of English hook

geworden (9): past participle of *worden*

ontwikkelingen (12) > *ont-wikkelen*: *wikkelen* is to wind/wrap around. *Ontwikkelen* then means to unwrap, but the meaning here is to develop

bekijken (12), clearly a more intense form of *kijken* here

vervaardigd (16): past participle of *ver-vaardigen*. The root *vaardig* means ready and *vervaardigen* essentially means to make ready, though here clearly it is to manufacture

bewegen (17): *be-wegen*; has the word *weg* in it and implies location; adding the *be-* implies movement van one place to the next, hence means to move

verkoopmanager (18) > *ver-kopen* (to sell) is the opposite of *kopen* (to buy)

ontwerpstudio (18): > *ont-werpen*, *werpen* means to throw/cast while *ontwerpen* means to design

verzoek (20) > *ver-zoeken*, *zoeken* is to seek, *verzoeken* is to request

bewijzen (23): *wijzen* is to point but etymologically it goes back to *wijs* (wise) and German *wissen* (to know); *bewijzen* is to prove

ontdekt (28): past participle of *ont-dekken*; *dekken* is to cover, *ontdekken* to discover

gevormde (38): past participle of *vormen*, here used as an adjective

gepresenteerd (49): past participle of *presenteren,* to present

bevestigde (50): *vestigen* is to establish while *bevestigen* is to confirm

geschatte (54): past participle of *schatten* which means to estimate, here used as an adjective

Text I.2

gerestaureerd (5): past participle of *restaureren*, to restore

verbleef (9): past tense of *ver-blijven*; *blijven* is to stay, and so is *verblijven*

gelet op (10): past participle of *letten op*; *letten* means to be stopped, to ponder something; *op* in *letter op* means to be aware of

ontwierp (11): past tense of *ont-werpen* (see above)

gewerkt (16): past participle of *werken*, reminiscent of to work in English *bezoekers* (22) > *be-zoeken, zoeken* is to seek, *bezoeken* is to visit

bestraffend (22) > *be-straffen, straffen* is to punish and so is *bestraffen*; because *bestraffend* is an adverb here, and because you cannot make *straffen* into an adverb, the *be-* is necessary to accommodate this morphological change

getrokken (24): past participle of *trekken* (to pull)

gescheiden (25): past participle of *scheiden* (to separate); the English word schism is obviously related

gegeven (29): past participle of *geven*, close to English to give

gebleven (31): past participle of *blijven* (to stay)

vertelt (31): ver-tellen, *tellen* is to count; *vertellen* is to tell

gebouwd (33): past participle of *bouwen*, to build

herstellen (36): her-stellen, *stellen* to pose, *herstellen* is to restore

bedacht (38): past tense of *be-denken, denken* is to think; *bedenken* is to think up/invent, so a more intense form of thinking, one could say

ontstonden (42): from *ont-staan*, explained in chapter

renovatie (46): re-noveren, *noveren* is obscure though possibly related to making new (Latin: *novo*); renoveren is to restore to its "new" state

verouderde (47) > *ver-ouderen*, to make/become older

onveilige (47): opposite of *veilige* (safe)

verwijderen (48): contains the root *wijd(er),* English wide; *verwijderen* means to remove here but etymologically it means to put at a distance >> to remove

geheel (52): *heel* means whole here, *geheel* turns it into a noun

Text I.3

beantwoorden (5): be-antwoorden, *antwoorden* means to answer, *beantwoorden* is used here to mean the same; *beantwoorden* makes *antwoorden* a transitive verb, necessary because it comes with an object in the sentence

bestaan (5): be-staan comes from *blijven staan* means to remain standing >> *bestaan*: to exist

bepalend (6) > *be-palen*, means literally to provide with *palen* (poles) in order to enclose/measure/determine boundaries >> *bepalen* means to determine

ontwierp (10): past tense of *ontwerpen*, see above

verlengde (11): past tense of *ver-lengen, leng* has the root long in it so verlengen means to make longer/extend

be-*bouwde* (12): past participle used as an adjective; be-*bouwen*, which makes *bouwen* (intransitive) meaning to build, transitive, meaning to build

bevestigend (14) > *be-vestigen*, see above

betekend (15): past participle of *be-tekenen*, meaning to provide with a sign (*teken*), so to signify; mean

gebruik (23) > *ge-bruiken*, to use. *Bruiken*'s etymological root is to enjoy, obtain

geplakt (33): past participle of *plakken* (to stick, glue, attach), here used as an adjective, related to English to plaster

verkopen (36): see above

ontstonden (40): past tense of *ontstaan*, see above

bedacht (43): past tense of *be-denken*, making *denken* (think) transitive

vergelijkbaar (43): > *ver-gelijken, gelijken* is to liken, *vergelijken* is to compare

geconstrueerd (44): past participle of *construeren*, to construct

behoren (45): makes *horen* (to belong) transitive; also *toebehoren*, in English to belong to

verantwoordelijke (53) > *ver-antwoorden, antwoorden* is to answer, *verantwoorden* is to answer to someone, to be responsible

verschijnsel (56) > *ver-schijnen, schijnen* is to appear as is *verschijnen*

Chapter II. Secularization, social legislation and liberties in Dutch society

Questions with Text II.1

Strategic reading exercise

1. *Nederland bestaat niet.* Explanation title: "The Netherlands does not exist" is a reference to the identity crisis the country has undergone since secularization, depillarization and immigration.
2. Pillarization and identity? During pillarization there were many different identities based on choice of religion but in some ways this has hampered the formation of one national identity.
3. The supposed tolerance of Dutch society was pragmatic and was not the product of morality or a Christian lifestyle or other values.
4. Piet de Rooy says that pillarization did not enhance national unity and thus the country was not about *e pluribus unum* but a place of pragmatic compromises and constant rivalries (between the different pillars). During depillarization in the 1960s, it seemed like the Netherlands came together by being a shining example to Europe for being the best welfare state in Europe and being a pacifist nation to boot, but this reputation has faded.
5. Pim Fortuyn and national identity? By fighting against immigration and multiculturalism, he profiled himself as a patriot and protector of the Judeo-Christian and humanist values of the Netherlands and thus imposed a certain national identity upon the country.

Grammar exercise: Adjectives

1. *leidinggevend* would receive an *-e* ending: *leidinggevende politici.*
2. *IJkpunt* is een *het*-woord and (*geen = niet een*), so used indefinitely here, hence no *e*-ending after *moreel*: *moreel* ijkpunt but in line 17 it is *het morele* ijkpunt.
3. In line 18 *belangrijk* could also be placed in front of the noun (*waarden*); would the adjective stay the same or would it receive an *-e*? It would receive an *-e*: *belangrijke waarden.*

Translation and morphological exercise

1a. Politicians are not endowed with leadership in the area of morality. But who is?
1b. But who does take care of the moral checkpoint?

     (The accent on *wel* is put there for emphasis, hence the translation who <u>does</u> take care)
1c. Who passes the authoritative judgement on the words of Gretta?
1d. Who posits out loud which values are important and which are not?

2. *leiding(gevend)* (l. 9) > *leiden* (endowed with leadership > to lead)
    handtekening(en) (l. 12) > *tekenen* (signature(s) > to draw)
    toetsing (l. 15) > *toetsen* (test > to test)
    samenleving (l. 28) > *samen leven* (society > to live together)
    verzuiling (l. 43–44) > *verzuilen* (pillarization > to pillarize)
    rechtvaardiging (l. 46) > *rechtvaardigen* (justification > to justify)
    (betekenis)geving (l. 47) > *(betekenis) geven* (the giving of meaning > to give meaning)
    stelling (l. 52) > *stellen* (thesis > to argue; posit)
    ontwikkeling (l. 58) >*ontwikkelen* (development > to develop)
    verzorging(sstaat) (l. 59) > *verzorgen* (welfare/care (state) > to take care of)
    richting (l. 66) > *richten* (direction > to aim)

3. *verzamelen* > *verzameling* (to collect > collection)
    vergaderen > *vergadering* (to meet > meeting)
    reguleren > *regulering* (to regulate > regulation)
    verschrompelen > *verschrompeling* (to shrivel up > the shrivelling up)

Questions with Text II.2

Strategic reading and translation exercise:
–   *Met de seksuele revolutie veranderde het imago van Nederland van een puriteins protestants land op het gebied van seks naar een wereldwijde koploper op erotisch terrein.*
    With the sexual revolution the image of the Netherlands changed from a puritannical, Protestant country with regard to sex, to becoming a worldwide leader as far as erotica was concerned.
–   *Er is iets grondig aan het veranderen in de seksuele cultuur van Nederland en daarin blijft seksueel puritanisme net zo verankerd als voorheen.*
    Something is fundamentally changing in the sexual culture of the Netherlands and in it, sexual puritanism is just as anchored as previously.
–   *Met seks gaat het mis, maar ook met seksuele vrijheden.*
    With sex things are going wrong but with sexual liberties too.
    Hekma argues that while people in Holland think they are very free and open about sex, puritanism is just as prevalent as is the pornofication of Holland due to the internet. At the same time, sexual liberties are now being curtailed due to the conservative government of the last few years.

Prepositions list and translation exercise
–   *In een oude fabriek aan de Via Tortona exposeerde Wanders enige tientallen nieuwe ontwerpen:* In an old factory *on* Via Tortona Wanders exhibited dozens of new designs.
–   [...] *haar baas blijft trouw aan zijn uitgangspunt* [...]: her boss remains loyal *to* his objective.
–   *alle* [...] *installaties zijn weggewerkt achter de wanden en vloeren* [...]: all the installations have been hidden *behind* the walls and floors.

- *De provincies beneden de rivieren zijn zuidelijke provincies*: The provinces *beneath* (or south of) the rivers are southern provinces.
- [...] *prijzen tot ver boven de 70.000 euro:* [...] prices going far *above* 70.000 euros.
- *Bij de New Yorkse galeriehouder Moss [staan] acht bronzen beelden van huishoudelijke voorwerpen*: At the Moss Gallery in New York [are] bronze statues of domestic objects.
- *de architect is geen kunstenaar bij wie de inspiratie van binnenuit komt:* the architect is no artist *with* whom inspiration comes from within.
- *In de verzuilde samenleving vonden burgers binnen hun eigen zuil een identiteit*: In the pillarized society citizens found an identity *within* their own pillar.
- *De kinderen spelen niet binnen maar buiten*: The children do not play inside but *outside*.
- *Het is een bedacht concept* [...] *geconstrueerd door kunstverzamelaar en reclameman Charles Saatchi*: It is a made-up concept [...] constructed *by* the art collector and advertising guru Charles Saatchi.
- *Als je ronddwaalt door het bijna honderd jaar oude jachthuis* [...]: If you wander around *through* the nearly one-hundred-year old hunting lodge.
- *Dat maakt het jachthuis ook in cultuurhistorisch opzicht bijzonder*: That also makes the hunting lodge *in* the cultural historical sense special
- *De 43-jarige designer uit Amsterdam* [...]: The 43-years-old designer *from* Amsterdam.
- *De paraplu Nederland die zich boven die zuilen uitstrekte*: The umbrella "The Netherlands" which stretched *out* over the pillars.
- *De duinen liggen langs het strand*: The dunes are *along* the beach.
- *Met de seksuele revolutie veranderde het imago van Nederland van een puriteins protestants land* [...]: *With* the sexual revolution the image of the Netherlands changed from a puritanical and Protestant country.
- *na zes jaar voor het echtpaar te hebben gewerkt* [...]: *after* having worked for six years for the couple.
- *Nog voor de opening kocht het Groninger Museum de complete serie*: Even *before* the opening the Groninger Museum bought the complete series.
- *ze loopt naar een kast* [...]: she walks *to* an armoire
- *Grote groepen kiezers zwalken heen en weer van links naar rechts en weer terug*: Big groups of voters wander to and fro *from* left to right and back again.
- *Naast Wanders boden zeker twintig 'Dutch designers' meubels in gelimiteerde oplage te koop aan*: *Next to/Besides* Wanders, more than twenty Dutch designers offered furniture for sale in limited editions.
- *Om acht uur ga ik naar huis*: At 8 o'clock I will go home.
- *Het is fascinerend om rond te lopen door het jachthuis*: It fascinating *to* walk around through the hunting lodge.
- *De kat ligt onder de tafel*: The cat lies *under* the table.
- *Zijn architectenbureau kent vestigingen in onder andere Rotterdam, New York en Beijing*: His architecture firm has offices in, *among* others, Rotterdam, New York and Beijing.

- [...] *ontwikkelingen op designgebied* [...]: developments *in* the area of design.
- *ik zit op school*: I am *at* school.
- *Het boek ligt op de tafel*: The book is *on* the table.
- *Over twintig minuten vertrekt mijn trein*: *In* twenty minutes my train will leave.
- *de discussie over de moraal*: the discussion *about* morality
- *Die vrije mensen maken zich sinds enige tijd ernstige zorgen*: Those free people have been getting worried *for* quite awhile
- [...] *er zijn nieuwe wetten voorgesteld of aangenomen tegen bestialiteit, dierenporno en kijken naar kinderporno*: new laws have been proposed or passed *against* bestiality, animal porn, and the watching of children's porn.
- *De Minister stemde voor het wetsvoorstel*: The Minister voted *in favor of* the proposed law.
- *Tijdens de Franse Revolutie veranderde Parijs in een bloedbad*: *During* the French Revolution Paris turned into a bloodbath.
- [...] *tot ik mijn handen nauwelijks meer kon bewegen* [...]: *until* I could barely move my hands.
- [...] *het jachthuis, dat tussen 1916 en 1920 werd gebouwd* [...]: the hunting lodge, which was built *between* 1916 and 1930 [...]
- *Bedlampjes van drie meter hoog*: Bedlamps *of* three meters high
- *Dit conflict was voor Berlage ook een breekpunt*: This conflict was also a breaking point *for* Berlage
- *De sprei is zonder één rimpeltje glad over haar kleine bed getrokken*: The bed spread has been pulled smoothly over her small bed *without* a single crease.

Grammar exercise: Separable verbs
Identifying, explaining and translating the eight separable verbs in:

1. *Met seks **gaat** het **mis**, maar ook met seksuele vrijheden. Sinds de centrumrechtse regering van CDA, PvdA en CU is **aangetreden** in februari 2007 zijn er nieuwe wetten **voorgesteld** of **aangenomen** tegen bestialiteit, dierenporno en kijken naar kinderporno waarvan ook de virtuele versies strafbaar gesteld gaan worden.*
   gaat....mis: prefix at the end of the (main) clause; inf. *misgaan*: to go wrong
   aangetreden: one verb > past participle > inf. *aantreden*: to take office
   voorgesteld: one verb > past participle > inf. *voorstellen*: to propose
   aangenomen: one verb > past participle > inf. *aannemen*: to accept, although in the context of laws this means passing a law.

2. *Als je **ronddwaalt** door het bijna honderd jaar oude jachthuis, krijg je het gevoel dat Helene Kröller-Müller (1869–1939) elk moment kan **opduiken**, al was het alleen maar om bezoekers die stiekem een laatje **opentrekken** van een kast, bestraffend **toe** te **spreken**.*
   ronddwaalt: one verb in subclause > inf. *ronddwalen*: to wander around
   opduiken: one verb > the infinitive: *opduiken*: to emerge/come to the surface
   opentrekken: one verb > the infinitive (as well as the end of the subclause): *opentrekken*: to open
   toe...spreken: toespreken is "interrupted" by *te* because of the infinitive construction but essentially the prefix joins up with the verb because of the infinitive construction. *Toespreken*: to speak to, usually in an admonishing manner.

3.   Separable verbs in Text II.3

aandringen (6–7)	to insist/urge
uitvoeren (10)	to execute
opstellen (22)	to compose/put together
plaatsvinden (23–24)	to take place
aandringen (24)	to insist/urge
aanpassen (24–25)	to modify
toenemen (33)	to increase
meenemen (38)	literally to take with, but here to take into account

Strategic reading exercise

The Dutch euthanasia law has to be reviewed:

–   to guarantee better protection for patients (*bescherming van patienten te waarborgen*)
–   [because] the right to life should be more prominently written [anchored] into the law (*het recht op leven moet verankerd zijn*)

Grammar and translation: Antecedents

–   *De voorwaarden waaronder euthanasia mag worden uitgevoerd garanderen niet tegen misbruik*: The conditions (<antecedent) under which euthanasia may be implemented do not prevent abuse.

–   *Het comité noemt situaties waarin een arts tot euthanasia besluit*: The committee lists situations (<antecedent) in which a physician decides upon euthanasia.

–   *De bedstee waarin HKM sliep, is klein*: The daybed (<antecedent) in which HKM slept is small.

–   *De andere kamers zijn laag waardoor het geheel somber is*: The other rooms are low (<antecedent) through which the whole seems somber.

–   *Ze werken eraan als moderne slaven, waarna Koolhaas de laatste selectie maakt*: They work on it (<antecedent) like modern slaves, after which Koolhaas makes the final selection.

–   *Het was een kort debat waarin twee posities naar voren kwamen*: It was a short debate (<antecedent) in which two positions came to the fore.

–   *En zo is de seksuele soepelheid waarop Nederlanders zo pochen, een illusie*: And thus the sexual flexibility (<antecedent) about which the Dutch brag so much, is an illusion.

Grammar refresher

Lines:

1.   4: *moet....herzien* 4–5: *om...te waarborgen*
     8: *blijkt* 9: *blijft* 10: *mag worden uitgevoerd....garanderen*
     11: *worden beschermd* 13: *kan...beëindigen*
     14: *om te garanderen* 14–15: *is genomen*
     15: *concludeert* 17: *moet geven.... is*
2.   Finite verbs: *moet, blijkt, blijft, mag, kan, is, concludeert, moet, is*: present tense

3.   plural nouns: *patiënten, Naties, aanbevelingen, voorwaarden, Mensenrechten, mensen, deskundi-gen, mensenrechten, ogen*

4.   *zijn* (mening) (l. 17): *his* (opinion)

5.   *dit zogenaamde BUPO-verdrag* (l. 29): *this* so-called BUPO-treaty

Word guessing exercise: Noun + noun compounding

Text II.1

Lines:

1   *Neder-land*: nether (low) land > low land

11   *uit-spraak*: out(er) speech > statement

14   *recht-bank*: justice bank > court of law

16   *ijk-punt*: gauge point > benchmark

22   *tussen-kabinet*: in between cabinet > interim cabinet

25   *uit-komst*: out coming > outcome

28   *samen-leving*: > together living > society at large

30–31   *betekenis-gever* > significance giver > signifier

33   *para-plu* > for rain > umbrella

37   *zuil-toppen* > pillar tops > pillar tops

            in-woners > those who live in > residents

40   *muil-korf*: mouth guard > muzzle

41   *kerst-toespraak*: Christmas speech > Christmas speech

            aanval-s-verdrag: attack treaty > attack treaty

45   *leven-s-waarde*: life value > value

45–46   *wapen-stilstand*: weapon standstill > armistice

            recht-vaardiging: justice statement > justification

47   *over-heid*: over ness > the state [the suffix -heid turns an adjective or other word into a noun]

49   *hoog-leraar*: high teacher > professor

51   *natie-staat*: nation state

53   *een-heid*: one ness > unity

59–60   *vrede-s-politiek*: peace politics > pacifism

            veiligheid-s-politiek: security politics

68   *asiel-zoekers*: asylum seekers

Text II.2

Lines:

5   *kop-loper*: head runner > front runner

6   *porno-grafie*: porno graphy > pornography

7   *voor-lichting*: for information > educational information

8   *buiten-landers*: outside landers > foreigners

11   *vrij-heid*: free ness/dom > freedom [see note on -heid above]

13	*goed-keuring*: good approval > approval
15	*samen-leving* (see above)
25	*over-seksualisering*: over sexualization
31	*moraal-ridders*: moral knights > moralists (the ones who take it to an extreme)
32	*voor-stelling*: something that is put in front of > performance
34	*sekse-rollen*: gender roles
34	*seks-onderwijs*: gender education
41	*dis-functies*: dysfunctions
42	*soepel-heid*: supple ness [see note on -heid above]

Text II.3

Lines:

4	*euthanasia-wet*: euthanasia law
5	*mensen-rechten*: people laws > human rights
9	*zelf-doding*: self killing > suicide
11	*mis-bruik*: mis use > abuse
15	*mis-vatting*: mis idea > misguided idea
20	*leven-s-beëindiging*: ending of life
22	*euthanasia-verklaring*: euthanasia declaration/statement
24	*wet-geving*: giving of laws > legislature
28–29	*burger-rechten*: citizen rights > civil rights
32	*euthanasia-gevallen*: euthanasia cases
33	*melding-s-bereidheid*: reporting willingness > willingness to report
34	*euthanasia-zaken*: euthanasia matters
37–38	*euthanasia-praktijk*: euthanasia practice
40	*woord-voerder*: word carrier > spokesperson

Translation exercise

1. *Uit de aanbevelingen blijkt dat het comité bezorgd blijft.* (*dat* is subordinating conjunction)
   From the recommendations it appears that the committee remains concerned.

2. *De voorwaarden garanderen niet dat mensen tegen misbruiken worden beschermd.*
   (*dat* is subordinating conjunction)
   The conditions do not guarantee that people are being protected against abuses.

3. *Het feit dat een tweede arts zijn mening moet geven, is niet voldoende.* (*dat* is a relative pronoun referring back to antecedent *Het feit*)
   The fact that a second physician has to give his opinion is not sufficient.

4. *Het comité wil zeker dat eerst een juridische toetsing plaatsvindt.* (*dat* is a subordinating conjunction)
   The committee certainly wishes that there will be a judicial review first.

5. *Minister Hirsch Ballin verklaarde dat de toename laat zien dat de meldingsbereidheid* (i.e. willingness to report) *toeneemt.* (*dat* is a subordinating conjunction, twice)
   Minister HB stated that the increase shows that the willingness to report increases.

6. *Hij gelooft niet dat er sprake is van een stijging van het aantal euthanasiezaken.* (*dat* is a subordinating conjunction)
   He does not believe that one can speak of an increase of the number of euthanasia cases.

Chapter III. Migration

Questions with Text III.1

Grammar exercise: Regular verbs

Migrantenland

Lines:

8   *zich verdrievoudigen – verdrievoudigde zich – verdrievoudigden zich*: to triple

10   *groeien – groeide – groeiden*: to grow

16   *verlenen – verleende – verleenden*: to grant

17   *zich vestigen – vestigde zich – vestigden zich*: to take up one's residence

37   *zich specialiseren – specialiseerde zich – specialiseerden zich*: to specialise

38–39   *verschaffen – verschafte – verschaften*: to provide with

45   *emigreren – emigreerde – emigreerden*: to emigrate

50   *hopen – hoopte – hoopten*: to hope

Please note that many Dutch reflexive verbs are not reflexive in English. See Chapter III (Text 3) on this particular topic.

Text III.2

Lines:

4   *bezetten – bezette – bezetten*: to occupy

7   *ondertekenen – ondertekende – ondertekenden*: to sign

10/11, 31   *terugkeren – keerde terug – keerden terug*: to return

15   *proberen – probeerde – probeerden*: to try

16   *twijfelen – twijfelde – twijfelden*: to doubt

17   *stemmen – stemde – stemden*: to vote

19   *menen – meende – meenden*: to think

37   *zich aftekenen – tekende zich af – tekenden zich af*: to become visible

40   *groeien – groeide – groeiden*: to grow

41/42   *zich vestigen – vestigde zich – vestigden zich*: to take up one's residence

Note that some of these verbs are separable verbs (see Chapter II on separable verbs and the list of prepositions).

Translation exercise

Translate the first and the second paragraph of *Migrantenland*.

Nederland – Migratieland

- *Nederland is[62] niet alleen aan het begin van de 21ste eeuw een land met naar verhouding veel migranten; dat was in het verleden óók al het geval. Tussen de migrantenstroom in heden en verleden bestaan opmerkelijke overeenkomsten en verschillen.*

  The Netherlands is not only at the beginning of the 21st century a country with relatively many migrants; this was also the case in the past. Between the influx of migrants now and in the past striking similarities and differences exist.

- *Tussen 1500 en 1650 verdrievoudigde de bevolking van het gewest Holland zich. Het inwonertal nam toe van ongeveer 275.000 naar 850.000. Ondanks het feit dat het sterftecijfer er een stuk hoger lag dan het geboortecijfer, groeiden de Hollandse steden in deze periode als kool. Amsterdam groeide van ruim 10.000 in 1500 naar 200.000 anderhalve eeuw later. In Leiden nam het inwonertal toe van 12.000 in 1585 tot meer dan 70.000 in 1670.*

  Between 1500 and 1650 the population of the Holland region tripled. The population increased from about 275,000 to 850,000. Despite the fact that the mortality rate was considerably higher than the birth rate, the cities in Holland shot up in this period of time. Amsterdam grew from over 10,000 in 1500 to 200,000 one and a half centuries later. In Leiden the population increased from 12,000 in 1585 to more than 70,000 in 1670.

- *In deze jaren hebben de Duitse landen het meest aan deze immigratie bijgedragen.*

  In these years, the German countries contributed most to this immigration.

- *Een belangrijke groep migranten die vanwege godsdienstige tolerantie in de Republiek neerstreek, waren de uit Portugal en Spanje verjaagde joden.*

  An important group of migrants who settled in the Republic because of religious tolerance, were the Jews, who were driven out of Portugal and Spain.

- *De Sefardische joden specialiseerden zich in de goud- en diamanthandel.*

  The Sephardic Jews specialized in the gold and diamond trade.

- *De belangrijkste groep vreemdelingen die in de periode tussen de twee grote wereldoorlogen Nederland binnenkwam – de grote groep Duitse vrouwen die tijdelijk als dienstmeisje werkzaam waren buiten beschouwing latend – waren joodse vluchtelingen uit Duitsland, Oostenrijk en Polen.*

  The most important group of migrants who came into the Netherlands in the years between the two World Wars – leaving aside the big group of German women who worked temporarily as maids – were Jewish refugees from Germany, Austria and Poland.

---

62. It is common to use the present tense even when the past tense is implied. Authors use this as a stylistic device, giving their text more immediacy. In English, on the other hand, this convention is frowned upon and rarely used.

Questions with Text III.2

Strategic reading exercise

1. After the independence of the Republic of Indonesia, 300,000 immigrants from the Dutch colony *Nederlands-Indië*, came to the Netherlands. In the seventies of the 20th century, after the independence of Surinam, many immigrants from Surinam came to the Netherlands as well.

2. *gastarbeider* (lit. guest worker). A *gastarbeider* is a migrant/temporary worker, who, in this case, was expected to leave the Netherlands after finishing the job.

3. *gezinshereniging* (lit. family reunification). Reunification of families: the families or spouses of the foreign workers came to the Netherlands as well.

4. *volgmigratie* (lit. following/consecutive migration): All the immigrants who came to the Netherlands to follow the foreign workers: families, spouses and children of the migrant workers.

Grammar exercise: Irregular verbs in Text III.1

Lines:

4 etc.	*zijn – was – waren*: to be
9/12	*toenemen – nam toe – namen toe*: to increase
10	*liggen – lag – lagen*: to lie, to be
14	*komen – kwam – kwamen*: to come
20	*neerstrijken – streek neer – streken neer*: to settle down
22	*meenemen – nam mee – namen mee*: to take along
24 etc.	*worden – werd – werden*: to become
	kunnen – kon – konden: can
30	*kiezen – koos – kozen*: to choose
	hebben – had – hadden: to have
33–35	*doordringen – drong door – drongen door*: to penetrate
42	*binnenkomen – kwam binnen – kwamen binnen*: to come in(to), to enter
44	*bestaan uit – bestond uit – bestonden uit*: to consist of
45	*blijven – bleef – bleven*: to stay
46	*willen – wou/wilde – wilden*: to want
47	*krijgen – kreeg – kregen*: to get

Please note that the simple past sg. of *willen* (to want) has two possible forms, the irregular form *wou* and the regular form *wilde*.

With the separable verbs, please look at the verbal part of the verb. You will find the verbal part in the list of irregular verbs in Appendix 2, e.g. *meenemen* consists of a preposition *mee* and a verb *nemen*. You will find the verb *nemen* in the list of irregular verbs.

Text III.2

Lines:

5 etc.	*worden – werd – werden*: to become
7	*spaak lopen – liep spaak – liepen spaak*: to go wrong

8 etc.	*komen – kwam – kwamen*: to come
18 etc.	*zijn – was – waren*: to be
20	*zullen – zou – zouden*: shall/would
21	*staan – stond – stonden*: to stand, to be
24 etc.	*hebben – had – hadden*: to have
25/26	*verlopen – verliep – verliepen*: to go off
26	*beginnen – begon – begonnen*: to begin
28	*tegenvallen – viel tegen – vielen tegen*: to disappoint
33	*gaan – ging – gingen*: to go
35	*bestaan – bestond – bestonden*: to exist, to be
43	*verblijven – verbleef – verbleven*: to stay, to live
44	*laten – liet – lieten*: to let
50	*blijken – bleek – bleken*: to appear

Caveat: some of the verbs above consist of a prefix and a verbal part, e.g. *bestaan* (to exist, to be) and *verblijven* (to stay, to live). When looking them up in the list of irregular verbs, it is wise to focus on the verbal root of the verb: *staan* (to stand) and *blijven* (to stay). In some cases the prefix has become part of the verb and is inseparable from the verbal part, e.g. *beginnen*, as is the case in English as well.

Translation exercise: Text III.2

1. Translations of the first lines of all the paragraphs
–   *Japan bezette in 1942 de uit meer dan 13.000 eilanden bestaande archipel [Nederlands-Indië]* (ll. 4–5): In 1942 Japan occupied the archipelago of the Dutch (East) Indies, which consisted of more than 13,000 islands.
–   *Aan het begin van de jaren zeventig kwam er een tweede stroom koloniale migranten naar Nederland op gang* (ll. 13–14): At the beginning of the seventies, a second influx of colonial migrants to the Netherlands gained momentum.
–   *De omslag van Nederland als emigratieland naar Nederland als immigratieland had zich al vóór de komst van de Surinamers en Antillianen voorgedaan* (ll. 24–25): The transformation of the Netherlands from an emigration country to an immigration country had already occurred before the arrival of the Surinamese and the Antillians.
–   *Toen in 1973, mede als gevolg van de eerste oliecrisis, een einde kwam aan de ongebreidelde economische groei en de eerste tekenen van recessie zich aftekenden, werd de actieve werving van gastarbeiders stopgezet* (ll. 37–39): When in 1973 as a result of the first oil crisis, the unrestrained economic growth ended and the first signs of a recession became apparent, the active recruitment of migrant workers was stopped.
–   *Met de bruidjes uit het land van herkomst werd ook een ander probleem geïmporteerd* (l. 46): With the brides from the country of origin, another problem was imported as well.
–   *Deze 'volgmigratie' was vele malen groter dan de oorspronkelijke immigratie* (l. 54): This consecutive migration was many times bigger than the original immigration.
2. Translation of last paragraph: *Om die reden wonen momenteel meer dan 700.000 Turken en Marokkanen in Nederland. Op 1 januari 2008 waren dat – volgens cijfers van het CBS – 372.714*

Turken (waarvan 194.556 tot de 'eerste generatie' behoren; de overigen zijn in Nederland geboren) en 335.127 Marokkanen (eerste generatie: 167.063 personen) (ll. 54–58): Because of that [i.e. volgmigratie] 700,000 Turks and Moroccans live in the Netherlands at the moment. According to the figures of the Census there were, on January 1st, 2008, 372,714 Turks (of whom 194,556 belong to the "first generation"; the remaining ones were born in the Netherlands) and 335,127 Moroccans (first generation: 167,063).

3.   Recommendation for self-study: answer the questions and translate some extra sentences.

Grammar exercise: Uses of er

You should find the following number of uses of *er/hier* per text:

Text III.1

Lines:

9–11	*Ondanks het feit dat … als kool. er* = adverb of place: *de Hollandse steden*
13–15	*Veel van hen kwamen … opbouwen. er* = adverb of place: *de Hollandse steden*
28–29	*Later vestigden zich hier … joden. hier* = adverb of place: *in de Republiek*

Text III.2

7–9	*Op 27 december 1949 ondertekende … gebied. er* = combination with the indefinite subject: *een einde*
13–14	*Aan het begin … op gang. er* = combination with the indefinite subject: *een tweede stroom koloniale migranten*
14–16	*Na de inwilliging … van te maken. er* = combination with the preposition: *van* (20), which refers to: *het verzoek van het Surinaamse gebiedsdeel om geheel zelfstandig te worden*
33–35	*Ook hier gingen … bestond. hier* = adverb of place: *Turkije en Marokko*

Notice that *er* cannot be used in this sentence, as *hier* occupies the first position in the sentence and is stressed.

Text III.3

22–24	*Want waarom wordt er … onderklasse? er* = dummy subject in a passive sentence
51–52	*Nu al is de schooljeugd er … zijn. er* = adverb of place: *in de vier grote steden*
63–65	*Komt dat door … gaat? hier* = adverb of place: in the Netherlands (implicit). *Hier* is stressed in this sentence and cannot be replaced by *er*.

Questions with Text III.3

Strategic reading exercise: Word guessing

Self-study: please follow the instructions and answer the following questions.

In case you are part of a group: please follow the instructions within small subgroups (2–4 students) and answer or discuss the following questions.

Don't use a dictionary yet!

b.   Underline the words that seem to be important for an overall understanding of the text.

Important words in this text are:

Title: *multiculturele drama; sociale ongelijkheid terugdringen* (ll. 12–13); *volwaardig burger* (l. 14–15); *gelijke kansen* (l. 15); *tweedeling* (l. 22); *achterblijven van allochtonen* (l. 23–24); *etnische onderklasse* (l. 24); *zorgwekkend* (l. 31); *aanmerkelijke achterstand in cognitieve ontwikkeling en taalvaardigheid* (ll. 32–33); *de kloof tussen autochtone en allochtone kinderen* (ll. 35–36); *werkloosheid* (l. 38–39); *armoede* (l. 39); *schooluitval* (l. 39); *criminaliteit* (l. 39); *hopen zich op* (l. 39); *etnische minderheden* (l. 39); *achterblijvers en kanslozen* (l. 41); *het minderhedenbeleid* (l. 45–46); *asielmigranten uit de Derde* Wereld (l. 49); *razendsnelle demografische veranderingen* (l. 55–56); *enorme aanpassingsproblemen* (l. 56); *zijn de problemen legio* (l. 57); *de gezondheidszorg* (l. 57); *het onderwijs* (l. 57–58); *de rechtspraak* (l. 58); *de volkshuisvesting* (l. 58); *de arbeidsmarkt* (l. 58).

Grammar and translation exercise: Negation

Text III.3

1.   Negation:

Lines:

9–10   *maar blijkbaar vraagt men zich <u>niet</u> af* [...]: but apparently one does not wonder

13   *<u>Geen</u> vraagstuk* [...]: No problem

15–16   *Maar dat was <u>niet</u> het enige:* [...]: But that was not the only thing

22–23   *Want waarom wordt er <u>niet</u>* [...] *gesproken over* [...]: Because why don't we speak about ...

28   *Is dat <u>niet</u> te zwartgallig?*: Isn't that too pessimistic?

28   *<u>Nee</u>, lees onder meer* [...]: No, read for instance ...

34   *<u>zonder</u> enig schooldiploma*: without any qualification

40   *En de vooruitzichten zijn* [...] *<u>niet</u> gunstig*: And the prospects are not favorable

55   *<u>Niemand</u> kan dat* [...] *vinden*: No one can find that ...

64–65   *dat we hier <u>geen</u> rassenrellen kennen* [...]: that we don't have race riots here

2.   Words with prefix *on(t)*:

Text III.1

Lines:

9   *ondanks*: despite

27   *onroerend goed*: opposite of *roerend goed* (goods that can move around; that you can take with you), so *onroerend goed* is real estate

48   *ontzegd*: denied

49–50   *ontbering*: hardship, (de)privation

         Clearly the word *ontvangen* (ll. 24 and 50–51) has no negation in it as it means to receive

51   *verontwaardigd*, comes from *onwaardig* (unworthy), so *verontwaardigd* is indignant

Text III.2

Lines:

10   *ongeveer* is somewhat obscure but does have a negation in it; the word comes from *ongevaar/ zonder gevaar* (without danger, which turned into without being alert/paying attention, which turned into to the best of one's knowledge and present-day "about"as in he is about 5'11: *hij is ongeveer 1 meter 80*).

11   *onbekend*: unknown

17   *onafhankelijk*: independent

19–20 *onafwendbaar*: inescapable

34   *ongeschoolde*: unschooled

37–38 *ongebreidelde*: unbridled/unrestrained

Text III.3

Lines:

7   *onzekerheid*: uncertainty

12   *ongelijkheid*: inequality

21   *ontstaan*: emergence; beginning

22   *onvoorstelbaar*: unimaginable

32   *ontwikkeling*: development

38   *ontnuchterende*: sobering

62   *onbenut*: unused

       ontlenen: to derive; deduce

63   *ondanks*: despite

64   *onrust*: disquiet

Grammar and translation exercise: Reflexive verbs

Text III.1

Lines:

8   *zich verdrievoudigen*: to triple

16–17, 27 *zich vestigen*: to take up one's residence; to settle

37   *zich specialiseren*: to specialize

Text III.2

Lines:

19   *zich verharden*: to harden

24–25 *zich voordoen*: to present itself

38   *zich aftekenen*: to become apparent

41–42 *zich vestigen*: to settle

Text III.3

Lines:

8   *met zich meebrengen*: to result from

9   *zich afvragen*: to ask oneself, to wonder

26	*zich voltrekken*: to take place
39	*zich ophopen:* to accumulate
60–61	*zich veroorloven:* to afford

Chapter IV. The Netherlands, a country defined by water

Questions with the Text IV.1

Strategic reading exercise
Explain the title. *Vriend* (friend) because it brought riches; *vijand* (enemy) because the Dutch have
to fight a constant battle to keep the water out and prevent floods.

Grammar exercise: Perfect
All verbs in the perfect in the first and second texts of Chapter IV.

Text IV.1
Lines:

5	*op de proef stellen – stelde(n) – gesteld*: to put to the test
9	*noemen – noemde(n) – genoemd*: to name
12	*brengen – bracht(en) – gebracht*: to bring
14	*maken – maakte(n) – gemaakt*: to make
17	*versterken – versterkte(n) – versterkt*: to fortify
21	*zijn – was/waren – geweest*: to be
27	*tellen – telde(n) – geteld*: to count
	N.B. *getroffen* in l. 30 is a past participle used as an adjective:
	from *treffen – trof(fen) – getroffen*: to hit
31	*aanmerken – merkte(n) aan – aangemerkt*: to consider

Text IV.2

4–5	*opvallen – viel(en) op – opgevallen*: to strike
8	*zijn – was/waren – geweest*: to be
17	*komen – kwam(en) – gekomen*: to come
19	*geboren* (no infinitive, no simple past, only the past participle used in the passive form: to be born)
22	*verrassen – verraste(n) – verrast*: to surprise
23	*verliezen – verlo(o)r(en) – verloren*: to lose
27	*vallen – viel(en) – gevallen*: to fall
27	*overdrijven – overdreef/overdreven – overdreven*: to exaggerate
28	*ramen – raamde(n) – geraamd*: to estimate
32	*hebben – had/hadden – gehad*: to have
36	*verdelen – verdeelde(n) – verdeeld*: to divide up

37	*toewijzen – wees to/wezen toe – toegwezen*: to assign
44–45	*toeschrijven – schreef toe/schreven toe – toegeschreven*: to attribute
46	*toevoegen – voegde(n) toe – toegevoegd*: to add
50	*betalen – betaalde(n) – betaald*: to pay

Translation exercise

Translate Text 1 completely. This could be a class project. Dutch perfect tense will be translated into English as a simple past, unless it is like an English perfect where something starts in the past but continues on in the present.

Questions with Text IV.2

Strategic reading exercise

1. Number of people drowned during the *Allerheiligenvloed* in 1570: The number of victims is estimated over 20,000. Half of them lived in what we call nowadays the Netherlands, the other half in what we now call Belgium.
2. Number of people drowned during the *Watersnood* (Flood) in 1953: 1836 people died in 1953.
3. The maintenance of the dikes was a local responsibility. Everyone who had an interest in maintaining the dike, was held responsible for a particular part of the dike.
4. *De Allerheiligenvloed heeft grote politieke gevolgen gehad*: the individual responsibility for the dikes became a social responsibility, paid by taxes of the community. The system was changed by the hated Spanish king Philips II and his representative in the Netherlands: Alba. Nowadays, maintaining the dikes is still paid from tax money. *Politieke gevolgen* are political consequences.

Grammar exercise: Comparatives and superlatives

Comparatives and superlatives in Text 1 and 2. Write down the basic form, the comparative and the superlative form of the word and translate them. The underlined forms are the forms, which can be found in the text.

Water vriend/vijand:

	basic form	comparative	superlative
5	veel	meer	meest
	many	*more*	*most*
10	belangrijk	belangrijker	<u>belangrijkste</u>
	important	*more important*	*most important*
12	ver	<u>verder</u>	verst
	far	*farther/further*	*farthest/furthest*
21	ernstig	<u>ernstiger</u>	ernstigst/meest ernstig
	grave	*more grave*	*most grave*
29	rampzalig	<u>rampzaliger</u>	rampzaligst/meest rampzalig*
	disastrous	*more disastrous*	*most disastrous*

32	zwaar	zwaarder	de zwaarste
	heavy	*heavier*	*the heaviest*

Allerheiligenvloed

4	weinig	minder	minst
	little	*less*	*least*
14/20	zwaar	zwaarder	de zwaarste
	heavy	*heavier*	*the heaviest*
15	hoog	hoger	de hoogste
	high	*higher*	*the highest*
47	verbolgen	verbolgener	(aller)verbolgenst
	furious	*more furious*	*most furious*
52	vaak	vaker	vaakst
	often	*more often*	*most often*

With three syllables or more, the superlative is often expressed in Dutch by *meest* + basic form: *meest rampzalig*, as in English: most disastrous, instead of *rampzaliger* and *rampzaligst*. Also, if a word is hard to pronounce, the superlative is also often expressed by *meest* + basic form, e.g. as in *ernstigst* → meest ernstig.

Translation exercise Text IV.2

What is the effect of the use of these vivid words?

They paint the picture so to speak. They describe the drama of the All Saints Flood vivaciously.

1. *een bijzonder woelige fase* (l. 6): an extremely turbulent phase

   vreemd genoeg (l. 7): oddly enough

   heel wat zware overstromingen (l. 8): many heavy floods

   rampzalig (l. 9): disastrous

   alle reeds doorstane ellende (l. 9): all already endured misery

   een verschrikkelijke noordwesterstorm (l. 10): a terrible northwestern storm

   zware stormrampen (l. 13): heavy storm disasters

   de zwaarste (l. 14): the heaviest

   de hoogste vloed aller tijden (l. 15): the highest flood of all times

   nog ruim onder (l. 16): still well under

   zelfs nog hoger (l. 17): even higher

   de zwaarste ramp sinds mensenheugenis (l. 20): the greatest disaster since time immemorial

   een emotionele beschrijving (l. 21): an emotional account

   drie voet diep (l. 24): three feet deep

   het overstroomde land (l. 26): the flooded country

   'niet minder dan honderdduizend' slachtoffers (l. 26): not less than one hundred thousand victims

   zwaar overdreven (l. 27): highly exaggerated

   ruim 20.000 (l. 28): over twenty thousand

   ruim vijf keer zoveel mensen (l. 29–30): over five times as many people *grote politieke gevolgen* (l. 32): great political consequences

de zo gehate Philips II en Alva (ll. 32–33): the very much hated Philips II and Alba

sinds mensenheugenis (l. 34): since time immemorial

niet al te nauw (l. 38): not too fussy

zwaar weer of hoge waterstand (l. 38–39): heavy weather or high water level

het bedreigde punt (l. 40): the threatened point/place

hun oude privileges (l. 45): their old privileges

het allerverbolgenst (l. 47): the most enraged

doelbewust (l. 49): determined

een slecht gevoel voor timing (ll. 52–53): a bad feeling for timing

de kersverse dijk (l. 53): the brand new dike

2.   Translate the first and the last sentence of each paragraph of Text IV.2.

Het is weinig beoefenaars van de politieke geschiedschrijving van Nederland opgevallen dat de strijd om de nationale onafhankelijkheid in de tweede helft van de 16de eeuw samenviel met een bijzonder woelige fase in de strijd tegen het water.

It has struck few historiographers of the political history of the Netherlands that the battle for national independence in the second half of the 16th century coincided with an extremely turbulent phase in the battle against water.

Op 1 november 1570 verzonk alle reeds doorstane ellende in het niet bij een verschrikkelijke noordwesterstorm die over de hele linie, van Vlaanderen tot de Deense kust, de Noordzeeweringen wegsloeg.

On the 1st of November 1570, any misery that had already been endured was nothing compared to a terrible northwestern storm that swept away the North Sea dams across the entire line from Flanders to the Danish coast.

Van de veertien zware stormrampen die Nederland in de 16de eeuw teisterden, was deze Allerheiligenvloed ongetwijfeld de zwaarste.

Of the fourteen great storm disasters, which swept through the Netherlands during the 16th century, this All Saints' Flood was undoubtedly the greatest.

Op enkele plaatsen moet het water tijdens de Allerheiligenvloed zelfs nog hoger zijn gekomen.

In some places, the water must have risen even higher during the All Saints' Flood.

De geschiedschrijver en literator P.C. Hooft – elf jaar na de stormvloed geboren – beschreef de Allerheiligenvloed als de zwaarste ramp sinds mensenheugenis.

The historian and author P.C. Hooft – born eleven years after the flood – described the All Saints' Flood as the worst disaster since time immemorial.

In zijn Nederlandse Histooriën gaf hij een emotionele beschrijving van de ramp.

In his Dutch Histories, he gave an emotional description of the disaster.

Hooft schreef dat in het overstroomde land 'niet minder dan honderduizend' slachtoffers waren gevallen.

Hooft wrote that in the flooded country "no less than one hundred thousand" victims had perished.

Daarmee kostte de Allerheiligenvloed aan ruim vijf keer zoveel mensen het leven als de stormvloed van 1953, waarbij 1.836 doden waren te betreuren.

With that, the All Saints' Flood took the life of over five times as many people as the flood of 1953, in which 1836 deaths were mourned.

De Allerheiligenvloed heeft grote politieke gevolgen gehad.

The All Saints' Flood had high political consequences.

Zo kwam het regelmatig voor dat profiteurs bewust hun dijkslag verwaarloosden, bij de eerste hoge waterstand de noodklok luidden en hun buren het werk lieten opknappen.

Thus it regularly happened that profiteers neglected their dike posts intentionally, and, at the tolling of the emergency bell at the first high water level, let their neighbors do the (dirty) work.

Aan Alva (maar ook aan de Friese stadhouder Casper de Robles) wordt het verhaal toegeschreven dat hij ingelanden, toen deze zich op hun oude privileges beriepen, het volgende zou hebben toegevoegd.

To Alba (but also to the Frisian regent Casper de Robles) the story is attributed that he said the following to the landholders, when they called upon their old privileges.

Maar zoals wel vaker gebeurde, had de Spaanse koning een slecht gevoel voor timing: nog in datzelfde jaar bezweek de kersverse dijk tijdens de Allerheiligenvloed.

But as had happened before, the Spanish king had a bad sense of timing: in that same year, the brand new dike collapsed during the All Saints' Flood.

3.   Translation of the quotes from PC Hooft and Alba:

In zijn Nederlandse Histooriën gaf hij een emotionele beschrijving van de ramp: dorpelingen die in hun bed werden verrast, vee dat in de stallen verdronk, handelswaar ('berghen van kruydery, suyker, oly en andere koopmanschappen') die verloren ging, water dat in de kerk van Scheveningen en de straten van Dordrecht en Rotterdam drie voet diep stond.

In his Dutch Histories, he gave an emotional description of the disaster: villagers who were surprised in their beds, cattle that drowned in the stables, merchandise ('mountains of spices, sugar, oil and other merchandise') that were lost, water that stood three feet high in the church of Scheveningen and the streets of Dordrecht and Rotterdam.

Aan Alva (maar ook aan de Friese stadhouder Casper de Robles) wordt het verhaal toegeschreven dat hij ingelanden, toen deze zich op hun oude privileges beriepen, het volgende zou hebben toegevoegd: 'Haalt uwe vrijbrieven voor de dag, en legt ze op de oever tegen de zee aan, als deze het allerverbolgenst is; indien zij dan de golven kunnen afweren, zult gij vrijdom genieten, anders zult gij met de anderen moeten arbeiden of betalen.'

To Alba (but also to the Frisian regent Casper de Robles) the story is attributed that he said the following to the landholders, when they called upon their old privileges: "Take out your charters and lay them on the bank against the sea when it is most furious; if they can withstand the waves, you will enjoy freedom, or else you will have to work with the others or pay."

Questions with Text IV.3

Strategic reading exercise: Word pinpointing
Important words in *Deltawerken* are:

Lines:

1	Deltawerken
5	grote stromen, hoge waterstanden
7	nieuwe dijken bouwen, oude verstevigen
8	de afdamming, riviermondingen
13	omvangrijk
	een geleidelijke uitvoering
14	de watersnoodramp
	roet in het eten gooien
	het leven laten
15	onder water staan
19–20	de veiligheid duurzaam verhogen
25	compartimenteringsdammen
29	de stormvloedkering
34–35	een sluizencomplex, overtollig water
49–50	extreme waterstanden
53	de getijdenwerking

Grammar and translation exercise: Modal verbs
Go through Text IV.3 of this chapter and find all forms of the modal verbs: *hoeven, kunnen, moeten, mogen, willen, zullen, zou/zouden.* Translate those sentences into English.

Lines:

5   *kon*

…bleek dat de veiligheid van Nederland in tijden van grote stromen en hoge waterstanden niet verzekerd kon zijn.

…appeared that the safety of the Netherlands in times of big floods and high water levels *could* not be ensured.

15   *moest*

Het besef groeide dat er onmiddellijk wat moest gebeuren, en niet geleidelijk aan.

The awareness grew, that something *had to* happen immediately, and not gradually.

19–20   *zou* (twice)

Deze commissie zou adviezen geven over de uitvoering van een Deltaplan dat de veiligheid in het Deltagebied duurzaam zou verhogen.

This committee *would* give advice on the execution of a Deltaplan to increase the safety in the Delta area sustainably.

20–21	*moest moesten*
	Hoe veilig het gebied ook moest worden, de Nieuwe Waterweg en de Westerschelde moesten open blijven vanwege het economische belang van de havens van Rotterdam en Antwerpen.
	No matter how safe the area *had to* become, the Nieuwe Waterweg and the Westerschelde *had to* stay open, because of the economic interest of the ports of Rotterdam and Antwerp.
22–23	*kunnen zouden moeten*
	Om dammen te kunnen aanleggen in de monding van de waterwegen zouden er ook een aantal hulpdammen gebouwd moeten worden in de Zandkreek, de Krammer, de Grevelingen en het Volkerak.
	To *be able to* construct dams in the mouth of the waterways, a few auxiliary dams *would* also *have to* be built in the Zandkreek, the Krammer, the Grevelingen and the Volkerak.
26	*zouden*
	…omdat ze het water in kleinere compartimenten zouden verdelen.
	…because they *would* divide the water into smaller catchments.
35	*kunnen/kunnen*
	In de monding van het Haringvliet werd een sluizencomplex aangelegd om overtollig water uit de Rijn af te kunnen voeren. Ook tijdens zeer strenge winters kunnen de sluizen opengezet worden, zodat de getijdenbeweging hersteld wordt.
	In the estuary of the Haringvliet, locks were constructed to *be able to* drain overflowing water from the Rhine. Also during very severe winters, the locks *can* be opened, to restore the movement of the tides.
37	*zou*
	Alleen in noodsituaties zou er dus weer zout water in het Haringvliet gelaten worden.
	Only in emergency situations *would* salt water be let into the Haringvliet again.
38	*zou*
	Na de aanleg van de Haringvlietdam zou het Haringvliet verder geleidelijk aan zoet worden.
	After the construction of the Haringvlietdam, the Haringvliet *would* become gradually fresh.
44	*zou*
	Het water achter de dam zou dan, net als in het Haringvliet en het Zeeuwse Meer, langzaam zoet worden.
	The water behind the dam *would* slowly become fresh, the same as in the Haringvliet and the Zeeuwse Lake.
46	*zou*
	Het unieke zoutwatermilieu in de Oosterschelde zou namelijk de dupe worden van de vergrote veiligheid.
	The unique salt water environment in the Oosterschelde *would* in effect become the victim of the increased security.
47	*zou*
	Niet alleen het milieu, maar ook de visstand zou lijden onder een afdamming van de Oosterschelde.
	Not only the environment but also the fish *would* suffer from a dam in the Oosterschelde.

50   *zouden hoeven*

      …die slechts bij extreme waterstanden gesloten zouden hoeven worden.

      …which only *would have to* be closed at extreme water levels.

51   *zouden*

      Het unieke zouterwatermilieu en de visstand zouden dan in stand worden gehouden.

      The unique salt water environment and the fish *would* be maintained.

52   *kunnen*

      …om zoveel mogelijk zout water door te kunnen laten.

      …to be able to let as much possible salt water through.

Translation exercise

Translate both sentences with <u>men</u> from Text 3 (ll. 13 and 43). How would you translate <u>men</u> into English? *They* is in most cases an adequate translation.

12–13 *Het Deltaplan in z'n totaal was echter zo omvangrijk, dat <u>men</u> een geleidelijke uitvoering in gedachten had.*

       However, the total Deltaplan was so extensive, that *they* had a construction in phases in mind.

42   *Oorspronkelijk was men ook van plan de Oosterschelde af te dammen.*

       Originally, *they* intended to dam up the Oosterschelde too.

Chapter V. (Post)colonial Netherlands

Reading strategy Text V.1

Lines:

16–18 VOC: *In 1602 worden de krachten gebundeld in een nationale onderneming die de naam Verenigde Oost-Indische Compagnie (VOC) krijgt. De VOC krijgt van de Staten-Generaal het monopolie op de handel met het verre Azië.*

24–26 Deshima: *Ze krijgen het kleine eiland Deshima toegewezen als verblijfplaats. Vanaf dat eiland in de baai van Nagasaki mogen ze handelscontacten leggen.*

29–30 Shogun: *de militaire heerser van Japan* and l. 38: *de hoogste militaire leider.*

       The protective nature of the relationship is discussed in ll. 21–26, introduced by the word *strenge voorwaarden* (strict terms). The modal helping verb in this paragraph is *mogen* and is mentioned three times. Compared to other countries in the Far East, Japan was very cautious and restrictive in its contact with the Dutch: (1) the Dutch were not allowed to interfere in internal affairs, nor allowed (2) to move freely in the country, nor (3) have open contact with the Japanese people, and (4) they had to stay on the island of Deshima near Nagasaki.

Grammar exercise: Transitive verbs

The transitive verbs, which allow passive voice, are:

kopen, lezen, zien, bouwen, ontvangen, verzamelen (to buy, read, see, build, receive, collect). Note that some verbs, like *vliegen*, are intransitive in one language and transitive in the other. In Dutch, you need a prepositional object here: *Ik vlieg met KLM*, while in English you use a direct object: 'I fly KLM'. Other examples would be *houden van* (intr.) versus 'to love' (tr.) or *kijken naar* (intr.) versus 'to watch' (tr.).

Grammar exercise: Passive voice

- *Waarom wordt de lijn hier getrokken?* Tense: present. (Why is the line being drawn here?)
- *Deze tekst is uit een ander artikel overgenomen.* Tense: perfect. (This text has been copied from another article)
- *In de zeventiende eeuw werden overal in de wereld Nederlandse transportschepen gebruikt.* Tense: simple past. (In the seventeenth century, Dutch transport vessels were used all around the world)
- *Japan was toen nog niet opengesteld voor Europeanen.* Tense: pluperfect. (Japan had not been opened up yet for Europeans)
- *Het jachthuis werd tussen 1916 en 1920 gebouwd.* Tense: simple past. (The country house was built between 1916 and 1920)
- *Wat zijn de voorwaarden waaronder euthanasie mag worden uitgevoerd?* Tense: perfect (Who decides under which terms euthansia may be implemented?)
- *De VOC ging akkoord met de voorwaarden die werden gesteld.* Tense: simple past (The VOC agreed on the conditions that were stated)
- *De natuur in Nederland wordt relatief goed beschermd.* Tense: present. Nature is relatively well protected in the Netherlands
- *De Euthanasiewet moet worden herzien.* Tense: perfect. (The law on euthanasia has to be revised)
- *De technische installaties in huis zijn weggewerkt achter de wanden en muren.* Tense: perfect (In the house, the technical installations have been hidden behind the walls)

Grammar exercise: Text V.1

Lines:

3	*In 2009 wordt herdacht* (inf. *herdenken*) – present tense
16	*In 1602 worden de krachten gebundeld* (inf. *bundelen*) – present tense
21	*om in dit netwerk te worden opgenomen* (inf. *opnemen*) – *om*-phrase with infinitive
36	[de reis] *wordt per draagstoel en per schip afgelegd* (inf. *afleggen*) – present tense
41–42	*In deze periode wordt het hoogste gezag in Japan echter feitelijk bekleed door de Shogun* (inf. *bekleden*) – present tense

Grammar exercise 1:

Subclauses with conjunctions, interrogatives and relative pronouns

Exercise:

1. *Als je ronddwaalt door het bijna honderd jaar oude jachthuis, krijg je het gevoel dat Helene Kröller-Müller elk moment kan opduiken*

2. *Het is fascinerend om rond te lopen door het jachthuis, waar het hele jaar door rondleidingen worden gegeven*

3. *De vertrekken hebben allemaal een relatief laag plafond en kleine ramen, waardoor het geheel nogal somber overkomt*

4. *Dutch Design kwam uit de koker van een aantal mensen en instellingen, waaronder het Nederlands Architectuurinstituut en de Nederlandse overheid, die Nederlands design als een soort exportproduct probeerden te verkopen*

5. *Toen de zuilen naar het einde van de vorige eeuw toe verkruimelden, verschrompelden ook de zuiltoppen die zorg droegen voor zin en betekenis*

6. *Minstens zo belangrijk was het feit dat in zijn strijd tegen het multiculturalisme Fortuyn tegelijk zijn status vestigde als beschermer van de Nederlandse identiteit*

7. *De nota van de minister leidde tot een kort en opgewonden debat waarin twee posities naar voren kwamen*

8. *Ondanks het feit dat het sterftecijfer er een stuk hoger lag dan het geboortecijfer, groeiden de Hollandse steden in deze periode als kool*

9. *Een belangrijke groep migranten die vanwege godsdienstige tolerantie in de Republiek neerstreek, waren de uit Portugal en Spanje verjaagde joden*

10. *De wederopbouw verliep zo voorspoedig dat zich in de jaren vijftig een krapte op de arbeidsmarkt begon af te tekenen*

Grammar (translation) exercise 2: Subclauses continued

1. In 2009 wordt herdacht dat beide landen vierhonderd jaar met elkaar zijn verbonden
   (In 2009 both countries commemorated their four hundred year connection.)

2. Het is een winstgevende markt die ook de Nederlandse handelaren aantrekt
   (It is a lucrative market which also attracts Dutch merchants.)

Introduced by conjunctions:

3   In 2009 wordt herdacht dat beide landen vierhonderd jaar met elkaar zijn verbonden.

13   voordat ze sterk genoeg zijn om het monopolie te doorbreken.

45–46 dat de Shogun via zijn hofhouding kenbaar maakt welke geschenken hij het volgende jaar wil ontvangen

Introduced by interrogatives:

46   welke geschenken hij het volgende jaar wil ontvangen

Introduced by relative pronouns:

12   een winstgevende markt <u>die</u> <u>ook de Nederlandse handelaren</u> *aantrekt*

36–37   de opperhoofden <u>die</u> hem *voorgingen* en de opperhoofden <u>die</u> na hem *zullen* komen

40–41   de Japanse traditie <u>waarbij</u> <u>lokale vorsten eenmaal per jaar in Edo aan de keizer hun respect</u>
            komen <u>betuigen</u>

Translation exercise Text V.1

In 1609 it is Japan's turn to be included in this network. De Japanse [rulers] impose strict conditions
on the VOC. The Company is not allowed to interfere with internal politics in any way. Servants of
the Company are not allowed to move freely within the country, and, therefore, cannot mingle with
the people. As their residence, the small island of Deshima is allocated to them. From that island in
the Bay of Nagasaki they may make contacts for trade. In the two centuries following, the VOC will
enhance its commercial contacts with the Japanese. For a major part, this is done during the annual
visit to the *shogun*, the military leader of Japan.

Reading strategy Text V.2

1.

Lines:

4–5   *Had hij nu geleefd, dan had hij waarschijnlijk een film gemaakt en geen boek geschreven.*

26–33   *Zou Multatuli in deze tijd hebben geleefd … op te eisen.*
             Words signaling the contrast with modern times are *nu* and *in deze tijd* and the mode of
             the verbal constructions is hypothetical i.e. *had hij nu geleefd* and *zou hebben geleefd*
             See also *Waarschijnlijk had hij…niet eens gekozen voor een boek* (l. 30)

2.   Multatuli did not write for the sake of literary beauty alone (*niet voor de mooiigheid*, l. 22).
        Literary beauty was a mere means to charm and hold the reader's attention in order to get the
        message across about colonial abuses: (ll. 38–39) *pas als ik hen aan het lijntje heb, kom ik uit de
        hoek met de hoofdzaak* (only when I have got them on a leash, I will present what matters most)

Grammar exercise: Pluperfect tense

1.   *Het boek <u>kwam uit</u> in 1860. Nog nooit eerder <u>was</u> in het openbaar een dergelijke aanklacht tegen
        het kolonialisme <u>verschenen.</u>*
        Kwam uit (*uitkomen*): simple past, *was verschenen* (*verschijnen*): pluperfect. Interrelation: the
        event of the pluperfect occurs prior to the simple past.
        Translation: The book appeared in 1860. Never before had such an accusation against colonial-
        ism appeared in public.

2.   *Wat niemand <u>had verwacht</u>, <u>gebeurde</u> toen toch.*
        Had verwacht: pluperfect; *gebeurde*: simple past. The pluperfect occurs prior to the simple past.
        Translation: What had been expected by no one, happened nonetheless.

Grammar exercise: Hypothetical mode

1. Als je <u>ronddwaalt</u> door het bijna honderd jaar oude jachthuis, <u>krijg</u> je het gevoel dat Helene Kröller-
    Müller elk moment <u>kan opduiken</u>. – present tense
2. Het echtpaar Kröller-Müller <u>had</u>, zoals veel rijke mensen in die tijd, gescheiden slaapkamers. –
    simple past tense
3. Wat <u>zou</u> je <u>doen</u> als ik je een zoen <u>gaf</u>? – simple past tense. Hypothesis
4. Nadat de verantwoordelijke minister en ambtenaar <u>waren opgestapt</u>, <u>droogde</u> de Haagse geldst-
    room op. – pluperfect tense and simple past
5. Nergens <u>waren</u> homoseksualiteit, prostitutie en pornografie zo vrij als in Nederland, nergens <u>was</u>
    de seksuele voorlichting zo goed dat vrouwen en meisjes bijna nooit ongewenst zwanger <u>werden</u>. –
    simple past tense
6. De omslag van Nederland als emigratieland naar Nederland als immigratieland <u>had</u> <u>zich</u> al vóór
    de komst van de Surinamers en Antillianen <u>voorgedaan</u>. – pluperfect tense
7. Veel Turken en Marokkanen <u>hadden</u> in de jaren dat ze in Nederland <u>verbleven</u> allerlei rechten
    <u>opgebouwd</u>. – pluperfect (hadden opgebouwd) and simple past (verbleven)
8. <u>Had</u> je me <u>uitgelachen</u> als ik op je verjaardag een lied voor je <u>had</u> <u>gezongen</u>? – pluperfect tense.
    Hypothesis

Hypothetical mode in Text V.2:
Lines:

4–5   <u>Had hij nu geleefd</u>, dan had hij waarschijnlijk een film gemaakt en geen boek geschreven.
        No conditional conjunction 'als' but verbal inversion in the subclause. Optional 'dan' is
        used. Tense: had geleefd, had gemaakt, had geschreven: all pluperfect.

26–28   <u>Zou Multatuli in deze tijd hebben geleefd</u>, dan <u>had hij documenten kunnen 'lekken' naar de</u>
        <u>media, hij had opiniestukken in kranten kunnen schrijven</u> (na verschijning van zijn boek deed
        hij dat volop<u>), hij had in de politiek kunnen gaan</u> (wat hij wilde).
        No conditional conjunction als but verbal inversion in the subclause. Optional dan is used.
        Tense: zou hebben geleefd: pluperfect with helping verb 'zouden'. had kunnen schrijven, had
        geschreven, had kunnen gaan: all pluperfect.

30–31   Waarschijnlijk had hij, 150 jaar later, niet eens gekozen voor een boek als medium voor zijn
        wanhoopskreet – hij zou een film hebben gemaakt, zoals de ex-VVD'ers Ayaan Hirsi Ali
        (Submission) en Geert Wilders (Fitna) dat hebben gedaan om de aandacht van het brede
        publiek op te eisen.
        Conditional subclause absent. Tenses: had gekozen: pluperfect, zou hebben gemaakt: plu-
        perfect with helping verb 'zouden'.

36–37   <u>Als ik had uitgegeven: "Klacht tegen het Indische Bestuur"</u>, dan <u>had niemand mij gelezen</u>.
        Conjunction als and optional dan. Tenses: had uitgegeven, had gelezen: both pluperfect.

43   <u>Wat zou er sindsdien zijn veranderd?</u>
        No conditional subclause, only main clause. Hypothetical mode is marked by helping verb
        zouden.

Grammar exercise: Imperative

l. 21 noem het nooit een 'roman' of 'een mooi boek' (Don't ever call it a "novel" or "a pretty book").

Translation exercise: Text V.2

Zou Multatuli in deze tijd hebben geleefd, dan had hij documenten kunnen 'lekken' naar de media, hij had opiniestukken in kranten kunnen schrijven (na verschijning van zijn boek deed hij dat volop), hij had in de politiek kunnen gaan (wat hij wilde).

Had Multatuli lived in our times, he would have "leaked" documents to the media, he could have written opinions in newspapers (after his book release he did so frequently), he could have gone into politics (which he wanted to do).

Questions with the Text V.3

Postcolonial immigrants: (ll. 15–30); (ll. 31–39)
Muslim immigrants: (ll. 10–13)
Comparison: (ll. 5–10); (ll. 15–20); (ll. 47–51); (ll. 53–63)

Reading strategy continued

This socio-historical study has relevance for the today's debate on Muslim integration. One histori-cal lesson is that integration cannot be successful or completed in one generation but takes several generations. See the lines 49–51: '*De belangrijkste les uit de vijfenzestig door Oostindie beschreven jaren is dat integratie enkele generaties tijd nodig heeft. Wat dat betreft lijdt de discussie van dit moment aan wat de auteur 'contraproductief' ongeduld noemt.*'

Grammar: Adjectival participial constructions

Exercise:

1. *Uit (1) de (3) vrijdag in Genève (2) bekendgemaakte (1) aanbevelingen blijkt dat het VN-comité bezorgd blijft over de omvang van euthanasie.*
2. *Het merendeel van (1) de (3) in de kolonie (2) wonende (1) Nederlanders werd in interneringskam-pen opgesloten.*
3. *(1) De (3) achter ons (2) liggende (1) eeuw is getekend door de poging de sociale ongelijkheid terug te dringen.*
4. *(3) Te laat (2) gekomen (1) bezoekers worden niet meer binnengelaten.*
5. *Het parlement ging niet akkoord met (1) de (3) door de minister (2) voorgestelde (1) maatregelen.*
6. *Ook in de enkele jaren geleden verschenen vierdelige boekenreeks 'Plaatsen van herinnering' reikte de blik op Nederland verder*

    In de   vierdelige boekenreeks
                          verschenen
          enkele jaren geleden

    (Translation: In the four-part book series 'Plaatsen van Herinnering, which was published some years ago, the perspective on the Netherlands was widened).

Subclause alternative: In de vierdelige boekreeks 'Plaatsen van herinnering', *die enkele jaren geleden verscheen*, reikte de blik op Nederland verder.

7.   *Het in 'Postkoloniaal Nederland' beschreven spel van vergeten, herdenken en verdringen stemt tot nadenken*

Het   spel
                              beschreven
        in 'Postkoloniaal Nederland'

(Translation: The game of forgetting, commemorating and suppressing, as described in 'Postkoloniaal Nederland' is food for thought).

Subclause alternative: Het spel van vergeten, herdenken en verdringen, *dat wordt beschreven in 'Postkoloniaal Nederland'* stemt tot nadenken.

Grammar: Comparisons refresher

comparatives
een stuk minder coulance (l. 11)
steeds minder als zodanig te herkennen (ll. 24–25)
en minder een groepsgebeuren dan voorheen (ll. 29–30)
verder dan alleen het grondgebied (l. 38)
meer burgerrechten (l. 56)
werd eerder aangemoedigd dan geproblematiseerd (ll. 59–60)
meer dan de moslimmigranten (l. 61)
veel minder coulance (l. 62)

superlatives
de grootste criticaster (l. 20)
De belangrijkste les (l. 49)
op zijn minst (l. 57)

Grammar: Passive voice refresher

Lines:
11   *worden door sommigen gretig als symptomatisch voor de hele groep bestempeld*
          bestempeld < bestempel + d, bestempelen
          tense: worden = present tense
16   *De aanwezigheid van beide groepen wordt zeer verschillend beoordeeld*
          Beoordeeld < beoordeel + d < beoordelen
          tense: wordt = present tense

17   *de nationale identiteit al wordt ondermijnd*
         ondermijnd < ondermijn + d < ondermijnen
         tense: wordt = present tense
59–60   *werd eerder aangemoedigd dan geproblematiseerd*
         aangemoedigd < aan + ge + moedig + d < aanmoedigen
         geproblematiseerd < ge + problematiseer + d < problematiseren
         tense: werd = simple past

Grammar: Subclauses with conjunctions, interrogatives and relative pronouns refresher

Lines:

9–10   *maar het publiek weet <u>dat</u> dat soort gedachten ook in eigen kring niet op zeer brede sympathie <u>kan</u> rekenen.*

16–17   *<u>Als</u> de nationale identiteit al <u>wordt</u> ondermijnd,*

22   *zijn stelling <u>dat</u> Nederland wel zo'n beetje klaar <u>is</u> met de naweeën van de paar eeuwen <u>dat</u> de natie <u>heerste</u> in andere hoeken van de wereld. [Prepositional group in final position]*

32   *<u>Juist nu</u> de gemeenschappen <u>verwateren</u>, krijgt hun verleden de erkenning die jarenlang uitbleef*

41–44   *Dergelijke projecten bieden tegengas aan diegenen <u>die stellen dat</u> de canon en andere vormen van hernieuwde aandacht voor vaderlandse historie uitingen <u>zijn</u> van eng nationalisme, van de neiging van de hedendaagse Nederlander om zich terug te trekken achter de dijken. [Prepositional group in final position]*

49–50   *De belangrijkste les uit de vijfenzestig door Oostindie beschreven jaren is <u>dat</u> integratie enkele generaties tijd <u>nodig heeft</u>.*

60–61   *Bijkomend voordeel was <u>dat</u> de nieuwkomers uit Indië, Suriname en de Antillen meer dan de moslimmigranten uit diverse lagen van de maatschappij <u>afkomstig waren</u>.*

Translation exercise

Het in 'Postkoloniaal Nederland' beschreven spel van vergeten, herdenken en verdringen stemt tot nadenken over toon en inhoud van het actuele debat over de multiculturele samenleving. De belangrijkste les uit de vijfenzestig door Oostindie beschreven jaren is dat integratie enkele generaties tijd nodig heeft. Wat dat betreft lijdt de discussie van dit moment aan wat de auteur 'contraproductief' ongeduld noemt.

The game of forgetting, remembering and suppressing, as described in the book 'Postkoloniaal Nederland', is food for thought with regard to the tone and contents of the actual debate on the multicultural society. The most important lesson to be drawn from the 65 years, as described by Oostindie, is that integration takes several generations. In that respect the current debate is suffering from what the author calls "counterproductive" impatience.

Chapter VI. Dutch Golden Age

Reading strategy with Text VI.1

1. this is not a changed edition, see l. 7: *nu is er een derde ongewijzigde druk van uitgekomen*: now a third, unchanged, edition has been published
2. Readers should browse the book (*grasduinen*) or use the book as a work of reference (*opzoeken*) rather than read it cover to cover (*niet een boek dat je van voor naar achter uitleest*): (ll. 9–11) *Het is niet direct een boek dat je met zijn ruim vijfhonderd bladzijden en elfhonderd foto's van voor naar achter uitleest. Het is wel heerlijk om in te grasduinen en bijzonder geschikt om specifieke dingen op te zoeken.* Note the particle *wel* which is used in contrast to *niet*.
3. The last paragraph addresses the principle of chronological organization, and in particular the negative effects of applying chronological order: master painters with a life-long production are dealt with in different sections of the book: (ll. 55–56) *Het nadeel van de indeling in tijdvakken is dat je, wil je de meeste grote meesters volgen, de informatie over het boek verspreid vindt*: the disadvantage of the division into periods is that, if you want to follow most great masters, the information is spread out across the entire book.

Grammar and translation exercise: Worden

1. *Hij <u>wordt</u> gezien als een groot talent.* – tense: present; passive voice (He is regarded a great talent)
2. *De zeventiende eeuw in Nederland <u>wordt</u> meestal de Gouden Eeuw genoemd.* – tense: present; passive voice (The seventeenth century of the Netherlands is generally called the Golden Age)
3. *Maar hoe <u>werd</u> je eigenlijk betaald als schilder?* – tense: simple past; passive voice (But how, as a painter, did you get paid?)
4. *Wie <u>wordt</u> de nieuwe president van Amerika?* – tense: present indicating future so translated with future tense in English; autonomous (Who will be the next president of the United States?)
5. *Indonesië <u>is</u> pas in de twintigste eeuw onafhankelijk <u>geworden</u>.* – tense: present perfect but translated with a simple past in English; autonomous (Indonesia did not become independent until the twentieth century)

Instances of *worden* in the text:

a. Autonomous verb: (l. 20) *zonder opsommerig, verwarrend en uiteindelijk snel vervelend te <u>worden</u>*
b. Helping verb in passive voice: (l. 46) *Daarnaast <u>worden</u> de ontwikkelingen in Delft, Den Haag, Leeuwarden en Leiden niet <u>vergeten</u>.* (*vergeten* as the past participle)

Grammar and translation exercise: Present participles

1, 2. (l. 17): *Al <u>lezend en kijkend</u> groeit alleen maar de bewondering voor de auteur.* Participle Group. Translation: <u>While reading and looking</u> [at the book] one's admiration for the author increases.
3. (l. 56): *dat je <u>al bladerend</u> op interessante andere gegevens stuit.* Participle Group. Translation: …that <u>while browsing</u> you encounter interesting and different facts

Grammar and translation exercise: aan het + *infinitive*

Er is iets grondig aan het veranderen in de seksuele cultuur van Nederland.

Subject: *iets*; *er* is used because of the indefinite subject *iets*; finite verb is *is*; rest of the verbal group is *aan het veranderen*; tense = present; simple past requires *was* as the finite verb; as the verbal group, *aan het veranderen* could also be placed at the end of the phrase.

Grammar and translation exercise: Antecedents

1. a.   *Pim Fortuyn deed <u>wat</u> de paraplu boven de zuilen vroeger niet deed.*
    b.   *<u>Wie</u> alle beschikbare gegevens overziet komt tot een ontnuchterende conclusie.*
    c.   *De daling van het land is een sluipende proces <u>dat</u> door de stijging van de zeespiegel nog versterkt wordt.* [antecedent: 'proces']
    d.   *Nu al is de schooljeugd er in meerderheid afkomstig uit <u>wat</u> straks enkel nog in naam `minderheden' zijn.*

2. a.   *Wie zich in het algemeen <u>wil</u> informeren over de Hollandse schilderkunst,*
    b.   *wie de hoogtepunten <u>zoekt</u>,*
    c.   *wie wat te weten <u>wil</u> komen over stillevens, portretten, dierstukken of een ander genre,*
    d.   *dan wel [wie] kennis <u>wil</u> maken met een bepaalde schilder of met de caravaggisten, italianisanten of de Haarlemse en Leidse fijnschilders <u>neme</u> dit kloeke boek ter hand.*

All four *wie*-introduced subclauses have the conjugated verb in the verbal group position, near the end of the clause. However, three out of four are followed by a prepositional group/phrase.
The last (main clause) has the conjugated verb (i.e. *neme* subjunctive mode) in second position. First position is taken up by the subclauses, which count as one group.

Translation exercise 2

a.   [He/she] who wants general information on Dutch painting,
b.   [he/she] who is looking for the highlights,
c.   [he/she] who wants to learn about still lives, portraits, animal pieces or any other genre, or
d.   [he/she] who wants to get to know a certain painter, or the Caravaggists, the Italianate painters, or the Haarlem and Leiden fine painters, should look at this voluminous book.

Reading strategy with Text VI.2

1.   General thesis: The Dutch Republic did not have absolute freedom of the press. See the opening of the text: *In vergelijking met andere Europese landen kon de Noord-Nederlandse boekhandel zich verheugen in een relatief grote persvrijheid. Dat wil overigens niet zeggen dat hier geen beperkingen bestonden in de drukpersvrijheid; de Republiek kende zowel preventieve als repressieve boekencensuur.* (ll. 6–9)
     Reference to censorship is also made in the conclusion of the article see: *Duidelijk is dat ondanks alle vrijheid die de bijzondere structuur van de Republiek heeft voortgebracht, de censuur in deze periode nooit geheel afwezig is geweest.* (ll. 51–52)

2.   Not true. Suppressive censorship aimed at controlling the distribution and possession and reading of certain books rather than the production. See:

de Republiek kende zowel preventieve als repressieve boekencensuur. […] Met repressieve censuur wordt gedoeld op de controle en verbodsmaatregelen ten aanzien van de verspreiding, het in bezit hebben en lezen van specifieke geschriften die reeds gedrukt waren.' (ll.14–16) (lit. translation: By suppressive censorship is meant the controlling of and measures of prohibition concerning the distribution, the possession and reading of certain writings that had been already printed.)

Grammar exercise: Passive voice in complex verbal groups
Simple groups:
Lines:

a.   18: *Censuurwetgeving […] werd [simple past] toe-ge-pas-t [<toepassen] op centraal, gewestelijk en stedelijk niveau.*

b.   21: *die vaak werden [simple past] over-ge-nomen [<overnemen]door de Staten-Generaal.*

c.   27–28: *Telkens wanneer de openbare orde in de Republiek door gedrukte teksten in gevaar werd [simple past] ge-bracht [<brengen], werd [simple past] streng door de autoriteiten op-ge-treden [<optreden].*

d.   32: *waarin buitenlandse mogendheden waren [pluperfect] beledig-d [< beledigen].*

e.   35–36: *waarin de leer van de Drie-eenheid werd [simple past] af-ge-wezen [< afwijzen],*

f.   37: *hoewel een algemeen verbod hiertegen nooit is [perfect] uit-ge-vaardig-d [< uitvaardigen].*

g.   38–39: *Zolang deze katholieken de openbare orde niet verstoorden, werden [simple past] ze met rust ge-laten [<laten].*

h.   39–40: *Ook de joden die binnen de eigen gemeenschap na 1639 een eigen preventieve censuur toepasten, werd [simple past] […] in de praktijk weinig in de weg ge-leg-d [<leggen].*

Complex groups:
Lines:

a.   28–29: *In die gevallen konden [simple past] zware straffen worden uit-ge-deel-d [<uitdelen]*

b.   45–46: *Vooral aan couranten konden [simple past] zo gemakkelijk inhoudelijke eisen worden ge-stel-d [<stellen]*

c.   46–47: *en kon [simple past] bij niet nakomen van de gestelde regels een verschijningsverbod worden op-ge-leg-d [opleggen]*

Grammar exercise: Subclauses
Conjunctions
Lines:

a.   7–8: *dat hier geen beperkingen bestonden in de drukpersvrijheid*

b.   24–25: *dat hieraan een principieel grotere verdraagzaamheid dan elders ten grondslag lag*

c.   27–28: *Telkens wanneer de openbare orde in de Republiek door gedrukte teksten in gevaar werd gebracht*

d.   30–31: *nadat hen hierover klachten van ambassadeurs hadden bereikt*

e.   37: _hoewel_ een algemeen verbod hiertegen nooit is uitgevaardigd

f.   38–39: _Zolang_ deze katholieken de openbare orde niet verstoorden

g.   48–49: _omdat_ uitgevers en courantiers hun producten meer dan eens, ongestraft, in een andere stad of onder een andere naam van de pers lieten komen

h.   51–52: _dat_ ondanks alle vrijheid[…], de censuur in deze periode nooit geheel afwezig is geweest

Relative pronouns

Lines:

a.   16: _die_ reeds gedrukt waren

b.   20: _waar_ de boekproductie in de zeventiende eeuw het grootst was

c.   32–33: _waarin_ buitenlandse mogendheden waren beledigd

d.   33: _die_ zich verzetten tegen de verspreiding van onorthodoxe geschriften

e.   35–36: _waarin_ de leer van de Drie-eenheid werd afgewezen

f.   40: _die_ binnen de eigen gemeenschap na 1639 een eigen preventieve censuur toepasten

g.   51–52: _die_ de bijzondere structuur van de Republiek heeft voortgebracht

Translation exercise

Censuurwetgeving ging in de Republiek uit van wereldlijke en kerkelijke instanties en werd toegepast op centraal, gewestelijk en stedelijk niveau. Met name het gewest Holland, waar de boekproductie in de zeventiende eeuw het grootst was, vaardigde herhaaldelijk censuurplakkaten uit die vaak werden overgenomen door de Staten-Generaal. Deze op zichzelf strenge maatregelen hielden echter meestal geen gelijke tred met de toepassing ervan. In de praktijk van alledag stond een gewestelijk en stedelijk particularisme een doeltreffende uitvoering vaak in de weg, zonder dat hieraan een principieel grotere verdraagzaamheid dan elders ten grondslag lag.

Censorship legislation in the Republic was enforced by both secular and religious institutions, and was implemented at the central, provincial and city level. Especially the Province of Holland, which was dominant in book production, repeatedly issued several censorship laws, which were often endorsed by the States General. These measures, although rigid in themselves, did not keep up with their application. In daily life/In reality, provincial and urban autonomy obstructed the laws' effectiveness and so it was not based on a principle of greater tolerance.

Questions with Text VI.3

Reading strategy

1.   He used cartographic information from the East and West India Companies. See ll. 16–19: […] _de werkwijze van de kunstenaar, die in de Amsterdamse St. Anthoniebreestraat nr. 64 overzeese voorstellingen schiep op basis van het kaartenmateriaal uit de collecties van de West- en Oostindische Compagnieën._

2.   The Vingboons representation is based on a drawing that was made on the spot. Quite a few details were adapted in the process (ll. 24–30). Fortress: _met wiskundige precisie aangelegd_ as opposed to _niet meer dan een uitgezakte aarden wal_. Church: _statig_ vs. _tweemaal zo laag en een_

beetje scheef. Wind mill: *fier* vs. *blijkt een wiek te missen.* Overall impression: *een fris, ordentelijk stadje* and *florerende handelspost* vs. *een en al misère.* In other words, Vingboons did not produce drawings that were true to nature. At his desk, he more or less invented, or re-created, the overseas worlds: *dat de verre wereld onder zijn handen herschapen werd.*

Grammar exercise: Infinitive clause introduced by a preposition

1. <u>Zonder</u> <u>het te merken</u> had ik langzamerhand een grote kennis opgebouwd van de Nederlandse schilderkunst.
   Without noticing, I had gradually built up a sizeable knowledge of Dutch painting.

2. <u>Door</u> <u>veel schilderijen te zien</u> is hij uiteindelijk een specialist geworden.
   By looking at a lot of paintings he finally became a specialist.

3. <u>Na</u> <u>eeuwenlang een bloeiende handelscompagnie geweest te zijn</u> ging de VOC aan het eind van de 18^e eeuw failliet.
   After having been a flourishing trading company for centuries, the VOC went bankrupt by the end of the 18th century.

4. <u>Om</u> <u>haar gelijk te bewijzen</u> loopt ze naar een kast.
   In order to prove she was right, she walked towards an armoire.

5. Je hebt het gevoel dat Helene Kröller-Müller elk moment kan opduiken, al was het maar <u>om</u> <u>bezoekers</u> die stiekem een laatje opentrekken van een kast, <u>bestraffend toe te spreken.</u>
   You have the feeling that Helene Kröller-Müller might show up any moment, if only to lecture visitors who secretly open a tray of an armoire.

6. De achter ons liggende eeuw is getekend door de poging (<u>om</u>) <u>de sociale ongelijkheid terug te dringen.</u>
   The past century has been characterized for its effort to reduce social inequality.

7. <u>Door</u> <u>alle disciplines op één hoop te gooien</u> werden de oppervlakkige overeenkomsten zichtbaar.
   By bringing all disciplines together, the superficial commonalities became visible.

8. <u>Na</u> <u>zes jaar voor het echtpaar te hebben gewerkt</u> was hij de tirannieke Helene zat.
   After having worked for the couple for six years, he became fed up with tyrannical Helene.

9. Veel Surinamers stemden 'met de voeten' <u>door</u> <u>naar Nederland te vertrekken.</u>
   A lot of Surinamese people voted 'with their feet' by going to the Netherlands.

10. In 1609 verleende het stadsbestuur van Leiden de Pilgrim Fathers toestemming <u>om</u> <u>zich in de stad te vestigen.</u>
    In 1609, the City Council of Leiden granted permission to the Pilgrim Fathers to settle in their city.

Infinitive constructions in Text VI.1

(l. 10)   Het is wel heerlijk <u>om</u> in <u>te grasduinen</u>

(l. 11)   bijzonder geschikt <u>om</u> specifieke dingen <u>op te zoeken.</u>

(l. 20)   <u>zonder</u> opsommerig, verwarrend en uiteindelijk snel vervelend <u>te worden</u>

(ll. 45–46)   maken het onmogelijk <u>om</u> van een werkelijke samenhang <u>te spreken</u>

Grammar refresher exercise

1.

    (1) een

                                              vesting Fort Amsterdam.

                         aangelegde

             met wiskundige precisie

    alternative: Fort Amsterdam, een vesting die met wiskundige precisie is aangelegd

    (2) Het   boek

                       goed vormgegeven

    alternative: Het boek dat goed is vormgegeven

Vice versa

een kort tevoren vanuit Nieuw Nederland naar *patria* gezonden tekening

2.   Passive voice

Lines:

a.   6: *ge-organiseer-d* < *organiseren* – tense: –

b.   12: *was* […] *aan-ge-vul-d* < *aanvullen* – tense: pluperfect

c.   15–16: *Samen-ge-stel-d* < *samenstellen* – tense: –

d.   20: *her-schapen werd* < *herscheppen* (irregular) – tense: simple past

e.   25: *was ge-zonden* < *zenden* (irregular) – tense: pluperfect

f.   26: *was over-ge-laten* < *overlaten* – tense: pluperfect

g.   31: *vorm-ge-geven* < *vormgeven* – tense: no tense because this is a past participial serving as an adjective to *boek*.

3.   Subclauses

Lines:

a.   8–9: *omdat* de aquarellen van overzeese Nederlandse vestigingen een heerlijke historische sensatie bewerkstelligen

b.   10–11: *omdat* het onderliggende onderzoek en de materiaalverzameling zeer grondig zijn geweest

c.   17–18: *die* in de Amsterdamse St. Anthoniebreestraat nr. 64 overzeese voorstellingen schiep op basis van het kaartenmateriaal uit de collecties van de West- en Oostindische Compagnieën

d.   19–20: zover *dat* de verre wereld onder zijn handen herschapen werd

e.   25: *die* kort tevoren vanuit Nieuw Nederland naar *patria* was gezonden

f.   26–27: *dat* de WIC-vestiging aan haar lot was overgelaten, in verval was geraakt en nog amper te verdedigen was

Translation exercise

Het gelijknamige boek bij de tentoonstelling getuigt van diezelfde toewijding. Samengesteld door kunsthistorica Martine Gosselink belicht het onder meer de werkwijze van de kunstenaar, die in de Amsterdamse St. Anthoniebreestraat nr. 64 overzeese voorstellingen schiep op basis van het kaartenmateriaal uit de collecties van de West- en Oostindische Compagnieën. In de beeldvorming ging hij soms zover dat de verre wereld onder zijn handen herschapen werd. Eén van de sprekendste voorbeelden is het aanzicht van Nieuw Amsterdam op Manhattan.

The book, which has the same title as the exhibition bears witness to the same dedication. Edited by art historian Martine Gosselink, it shows, among other things, the method of the artist, who at [the house on] 64 Anthonie Breestraat in Amsterdam, created overseas representations on the basis of the cartographic materials from the West and East India Company archives. In his visualization, he sometimes went so far as to reshape the faraway world in his hands. One of the most telling examples is the view of New Amsterdam from Manhattan.

Refreshers

Reflexives

De Compagnie mag zich op geen enkele manier mengen in de binnenlandse aangelegenheden.
(*zich mengen met* = to interfere with). Perfect tense: *De Compagnie heeft zich op geen enkele manier mogen mengen in de binnenlandse aangelegenheden.*
Compagniesdienaren mogen zich niet vrij bewegen in het land (*zich bewegen* = to move (about))
Perfect tense: *Compagniesdienaren hebben zich niet vrij mogen bewegen in het land*
…en kunnen zich dan ook niet vermengen met de bevolking. (*zich vermengen met* = to mix with)
Perfect tense: *…en hebben zich dan ook niet kunnen vermengen met de bevolking*

Verbs

(l. 7) *toonde*: simple past (*tonen*); (l. 9) *bewerkstelligen*: present (*bewerkstelligen*); (l. 11) *zijn geweest* perfect (*zijn*); (l. 11–12) *was aangevuld*: pluperfect (*aanvullen*); (l. 15) *getuigt*: present (*getuigen*); (l. 16) *belicht*: present (*belichten*); (l. 18) *schiep*: simple past (*scheppen*); (l. 19) *ging*: simple past (*gaan*); (l. 20) *herschapen werd*: simple past (*herscheppen*); (l. 20) *is*: present (*zijn*); (l. 21) *oogt*: present (*ogen*); (l. 23) *versterken*: present (*versterken*); (l. 24) *creëerde*: simple past (*creëren*); (l. 25) *was gezonden*: pluperfect (*zenden*); (l. 26) *was overgelaten*: pluperfect (*overlaten*); (l. 26) *was geraakt*: pluperfect (*raken*)

schreef	(a) finite (b) simple past (c) end position in subclause (*schrijven* is the infinitive)
gaf	(a) finite (b) simple past (c) V2 in main clause because of inversion (*geven*)
noteerde	(a) finite (b) simple past (c) V2 in main clause because of inversion (*noteren*)
had	(a) finite (b) simple past (c) auxiliary position in verbs group at the end of the subclause (*hebben*)
uitgegeven	(a) past participle (b) perfect (c) main verb and end position in subclause (*uitgeven*)
had	(a) finite (b) simple past (c) V2 position in main clause because of inversion (*hebben*)
gelezen	(a) past participle (b) perfect (c) end position in main clause (*lezen*)
laat	(a) finite (b) present (c) present (*laten*), in main clause, V2 position
lezen	(a) finite (b) present (c) end (and main verb) position in subclause (*lezen*)
heb	(a) finite (b) present (c) end position in subclause (*hebben*)
kom	(a) finite (b) present (c) V2 position in main clause because of inversion

Inversion in Text V.1, p. 102

Lines:

15   *Met het geld* financieren <u>ze</u>

16   *In 1602* worden <u>de krachten</u>

18   *Snel bouwt <u>de VOC</u>*

21   *In 1609 is <u>Japan</u>*

25   *Vanaf dat eiland in de baai van Nagasaki* mogen <u>ze</u>

34   *In 1783 reist <u>VOC-vertegenwoordiger</u>*

41   *In deze periode* wordt <u>het hoogste gezag in Japan</u>

Prepositions

*Tegelijkertijd geeft hij **aan** (sep. verb: aangeven) dat de nieuwkomers **uit** de voormalige Oost en West (noun) niet één op één te vergelijken zijn **met** de voornamelijk **uit** Turkije en Marokko (noun) afkomstige moslims (noun). Oostindie introduceert **in** zijn boek (noun) de term 'postkoloniale bonus'. Nieuwkomers **uit** de voormalige koloniën (noun) waren sterk **in** het voordeel (noun). Ze hadden meer burgerrechten, waren **op** zijn minst (noun) al een beetje vertrouwd **met** de Nederlandse taal en cultuur (noun) en kregen ruimte **voor** het beleven (noun) **van** hun eigenheid (noun). **Bij** deze groep (noun) geen gezeur **over** dubbele loyaliteiten (noun). Engagement **met** het land (noun) **van** herkomst (noun) werd eerder aangemoedigd dan geproblematiseerd. Bijkomend voordeel was dat de nieuwkomers **uit** Indië, Suriname en de Antillen (noun) meer dan de moslimmigranten **uit** diverse lagen (noun) **van de** maatschappij (noun) afkomstig waren. **Voor** migranten (noun) **uit** moslimlanden (noun) bestaat veel minder coulance. Nieuwkomers **uit** Oost en West (noun) zijn voluit geïntegreerd.*

Separable verbs

In vergelijking met andere Europese landen kon de Noord-Nederlandse boekhandel zich verheugen in een relatief grote persvrijheid. Dat wil overigens niet zeggen dat hier geen beperkingen bestonden in de drukpersvrijheid; de Republiek kende zowel preventieve als repressieve boekencensuur. Preventieve censuur richtte zich vooraf op de productie van drukwerk, maar sinds het einde van de zestiende eeuw, na de vestiging van de Republiek, hoefden drukkers hier geen privilege meer <u>aan te vragen</u> voor hun uitgaven. In kerkelijk verband bleef deze censuurvorm tijdens de gehele periode bestaan; lidmaten van de Nederduits gereformeerde kerk dienden in beginsel hun manuscripten vooraf aan de kerkelijke autoriteiten ter goedkeuring <u>voor te leggen</u>. Met repressieve censuur wordt gedoeld op de controle en verbodsmaatregelen ten aanzien van de verspreiding, het in bezit hebben en lezen van specifieke geschriften die reeds gedrukt waren.

Censuurwetgeving <u>ging</u> in de Republiek <u>uit</u> van wereldlijke en kerkelijke instanties en werd <u>toegepast</u> op centraal, gewestelijk en stedelijk niveau. Met name het gewest Holland, waar de boekproductie in de zeventiende eeuw het grootst was, <u>vaardigde</u> herhaaldelijk censuurplakkaten <u>uit</u> die vaak werden <u>overgenomen</u> door de Staten-Generaal. Deze op zichzelf strenge maatregelen hielden echter meestal geen gelijke tred met de toepassing ervan. In de praktijk van alledag stond een gewestelijk en stedelijk particularisme een doeltreffende uitvoering vaak in de weg, zonder dat hieraan een principieel grotere verdraagzaamheid dan elders ten grondslag lag.

aan (aanvragen)	to ask for; solicit
voor (voorleggen)	to show in order to get approval (literally, to lay before)
uit (uitgaan)	to depart from (literally, to go from)
toe (toepassen)	to apply to
uit (uitvaardigen)	to issue
over (overnemen)	to take over; adopt

The use of er

Lines:

7	with preposition *(er – van)*
8	with indefinite subject *(internationale waardering)*
18–19	with preposition *(er – bij)*
52–53	with indefinite subject *(geen belangrijke ontwikkelingen meer)*

Passive and infinitive constructions

Uit studies van Rijkswaterstaat die sinds 1937 <u>waren uitgevoerd</u>, bleek dat de veiligheid van Nederland in tijden van grote stromen en hoge waterstanden niet <u>verzekerd kon zijn</u>. In de dichtbevolkte gebieden aan de monding van de Rijn, Maas en Schelde bleek het moeilijk en duur <u>om nieuwe dijken te bouwen of oude te verstevigen</u>. In eerste instantie leek de oplossing de afdamming van alle riviermondingen: de Westerschelde, de Oosterschelde, het Haringvliet en het Brouwershavens Gat. Dit voorstel <u>werd</u> het Deltaplan <u>genoemd</u>.

There are three passive constructions: *waren uitgevoerd, verzekerd kon zijn* and *werd genoemd*. There are two infinitive constructions with *om: bleek het moeilijk om nieuwe dijken te bouwen of [om] oude te verstevigen*. Translation: From studies of the Ministry of Waterways and Public Works that <u>had been conducted</u> since 1937 it appeared that the security of the Netherlands in times of large floods and high water levels <u>could not be</u> guaranteed. In the densely populated areas at the estuary of the Rhine, Maas and Schelde rivers it proved difficult <u>to build new dikes or reinforce old ones</u>. At first the solution seemed (to be) the damming off of all river estuaries: the Westerschelde, Oosterschelde, Haringvliet and the Brouwershaven Gat. This proposal <u>was called</u> the Deltaplan.

Bibliography

van Baalen, Christine. 2011. De noodzaak van Nederlands als bronnentaal in Nederlandstalige collecties in het buitenland. *Kunsttijdschrift Vlaanderen,* 49–50.

Balk, G. L., van Dijk, F., Kortlang, D. J., Gaastra, F. S., Niemeijer, Hendrik E. & Koenders, P. (eds). 2007. *The Archives of the Dutch East India Company (VOC) and the Local Institutions in Batavia.* Leiden: Brill.

Barnett, Marva A. Reading through context: How real and perceived strategy use affects L2 comprehension. *MLA Journal* 72(2): 150–162.

Booij, Geert. 2002. *The Morphology of Dutch.* Oxford: OUP.

Bos-Roper, Yvonne, Bruggeman, Marijke & Ketelaar, Eric (eds). 1994. *Archiefwijzer: Handleiding voor het gebruik van archieven in Nederland.* Bussum: Coutinho.

Brown, Gillian. Making sense: The interaction of linguistic expression and contextual information. *Applied Linguistics* 10(1): 97–108.

Carrell, P. L., Devine, J. & Eskey, D. E. (eds). 1988. *Interactive Approaches to Second Language Pedagogy.* Cambridge: CUP.

Carrell, Patricia L. 1991. Second language reading: Reading ability or language proficiency? *Applied Linguistics* 12(2): 159–179.

dnbl, digitale bibliotheek voor de Nederlandse Letteren <http://www.dbnl.org/>

Donaldson, Bruce. 1997. *Dutch. A Comprehensive Grammar.* London: Routledge.

Florijn, Arjen. 2004. *De regels van het Nederlands: Grammatica voor anderstaligen* Groningen: Wolters-Noordhoff.

Gobardhan-Rambocus, Lila. 2001. Nederlands als bronnentaal in Suriname (1). In *Perspectieven voor de internationale neerlandistiek in de 21ste eeuw: Handelingen Veertiende Colloquium Neerlandicum, Katholieke Universiteit Leuven, 27 augustus – 2 september 2000 / Internationale Vereniging voor Neerlandistiek,* 271–275. Münster: Nodus.

Grabe, William. 1991. Current developments in second language research. *TESOL Quarterly* 25(3): 375–406.

Groot, Hans. 1998. Nederlands, relevante leestaal voor wetenschappers. In *Nederlands tweehonderd jaar later. Handelingen Dertiende Colloquium Neerlandicum. Internationale Vereniging Neerlandistiek, 24–30 augustus 1997,* 527–533. Münster: Nodus.

van der Horst, J. M. 2008. *Geschiedenis van de Nederlandse syntaxis,* Deel 1 & 2. Leuven: Leuven UP.

Hosenfeld, Carol. 1981. Second language reading: A curricular sequence for reading strategies. *Foreign Language Annals* 14(5): 415–422.

Jannach, Hubert & Korb, Richard Alan. 2005. *German for Reading Knowledge.* Boston MA: Heinle.

van Kalsbeek, Alice. Het 'hoe' en 'wat': Inventarisatie en didactiek van Nederlands als bronnentaal. 2001. In *Perspectieven voor de internationale neerlandistiek in de 21ste eeuw: Handelingen Veertiende Colloquium Neerlandicum, Katholieke Universiteit Leuven, 27 augustus – 2 september 2000 / Internationale Vereniging voor Neerlandistiek,* 297–314. Münster: Nodus.

Moka-Lappia, Margriet & Groot, Hans. 2001. Historisch ABC in 35 lessen: Indonesische studenten geschiedenis leren Nederlands lezen. In *Perspectieven voor de internationale neerlandistiek in de 21ste eeuw: Handelingen Veertiende Colloquium Neerlandicum, Katholieke Universiteit Leuven, 27 augustus – 2 september 2000 / Internationale Vereniging voor Neerlandistiek,* 247–270. Münster: Nodus.

Nassaji, Hossein. 2007. Schema theory and knowledge based processes in second language reading comprehension: A need for alternative perspectives. *Language Learning* 571(1): 79–113.

Nuttall, Christine. 1982. *Teaching Reading Skills in a Foreign Language*. Oxford: Heinemann.

Oosterhoff, Jenneke. 2009. *Basic Dutch, A Grammar and Workbook*. London: Routledge.

Oosterhoff, Jenneke. 2009. *Intermediate Dutch. A Grammar and Workbook*. London: Routledge.

Paasman, Bert. 1998. Terug naar de bronnen. Het belang van het Nederlands als bronnentaal. In *Nederlands tweehonderd jaar later. Handelingen Dertiende Colloquium Neerlandicum. Internationale Vereniging Neerlandistiek, 24–30 augustus 1997,* 517–526. Münster: Nodus.

Paasman, Bert. 2001. Nederlands als bronnentaal in Suriname (2): Wat zijn bronnen, noem er een paar op? In *Perspectieven voor de internationale neerlandistiek in de 21ste eeuw: Handelingen Veertiende Colloquium Neerlandicum, Katholieke Universiteit Leuven, 27 augustus – 2 september 2000 / Internationale Vereniging voor Neerlandistiek,* 271–281. Münster: Nodus.

Palmeri, Joseph & Milligan, Edward Elgin. 1969. *French for Reading Knowledge*. Boston MA: Heinle.

Poelman, H. 1998. Nederlands als bronnentaal: Leerpsychologische implicaties. In *Nederlands tweehonderd jaar later. Handelingen Dertiende Colloquium Neerlandicum. Internationale Vereniging Neerlandistiek, 24–30 augustus 1997,* 535–546. Münster: Nodus.

Riyanto, Sugeng. 1998. Werken met de nieuwe lesmethode "Nederlands Leren Lezen (Nederlands als bronnentaal), *Bahasa Belanda sebagai Bahasa Sumber*, Drempelniveau." In *Nederlands tweehonderd jaar later. Handelingen Dertiende Colloquium Neerlandicum. Internationale Vereniging Neerlandistiek, 24–30 augustus 1997,* 547–559. Münster: Nodus.

Riyanto, Sugeng, Manus, M. P. B., Nurtjahjo, Andry & Ismarini. 1999. *Nederlands leren lezen, Bahasa Belanda sebagai Bahasa Sumber*. Jakarta: Erasmus Taalcentrum. Sandberg, Karl C. & Tatham, Eddison C. 1997. *French for Reading Knowledge*. Englewood Cliffs NJ: Prentice Hall.

Schoenaerts, Peter & van Loo, Helga. 2009. *Thematische woordenschat. Nederlands voor anderstaligen.* Amsterdam: Intertaal.

Schulz, Renate A. 1983. From word to meaning: Foreign language reading instructions after the elementary course. *MLA Journal* 67(2): 127–134.

Smith, F. 1973. *Psycholinguistics and Reading*. New York NY: Holt, Rinehart & Winston.

Verkruysse, Piet. 2001. De toekomst ligt in de bronnen van het verleden. In *Perspectieven voor de internationale neerlandistiek in de 21ste eeuw: Handelingen Veertiende Colloquium Neerlandicum, Katholieke Universiteit Leuven, 27 augustus – 1 september 2000 / Internationale Vereniging voor Neerlandistiek,* 291–295. Münster: Nodus.

Verkruysse, Piet. 2007. *Ad Fontes, Nederlands als bronnentaal.* (cd-rom, self-published)

Walker, Carolyn. 1998. Review. *ELT Journal* 52(2): 169–173.

Wikén Bonde, Ingrid. 2001. Frederik Coyett, een Zweed (?) in dienst van de Verenigde Oostindische Compagnie: Kun je die met studenten in het Zweeds vertalen?' In *Perspectieven voor de internationale neerlandistiek in de 21ste eeuw: Handelingen Veertiende Colloquium Neerlandicum, Katholieke Universiteit Leuven, 27 augustus – 2 september 2000 / Internationale Vereniging voor Neerlandistiek* 283–290. Münster: Nodus.

Index